大学美育十六讲

DAXUE MEIYU SHILIUJIANG

沙家强 编著

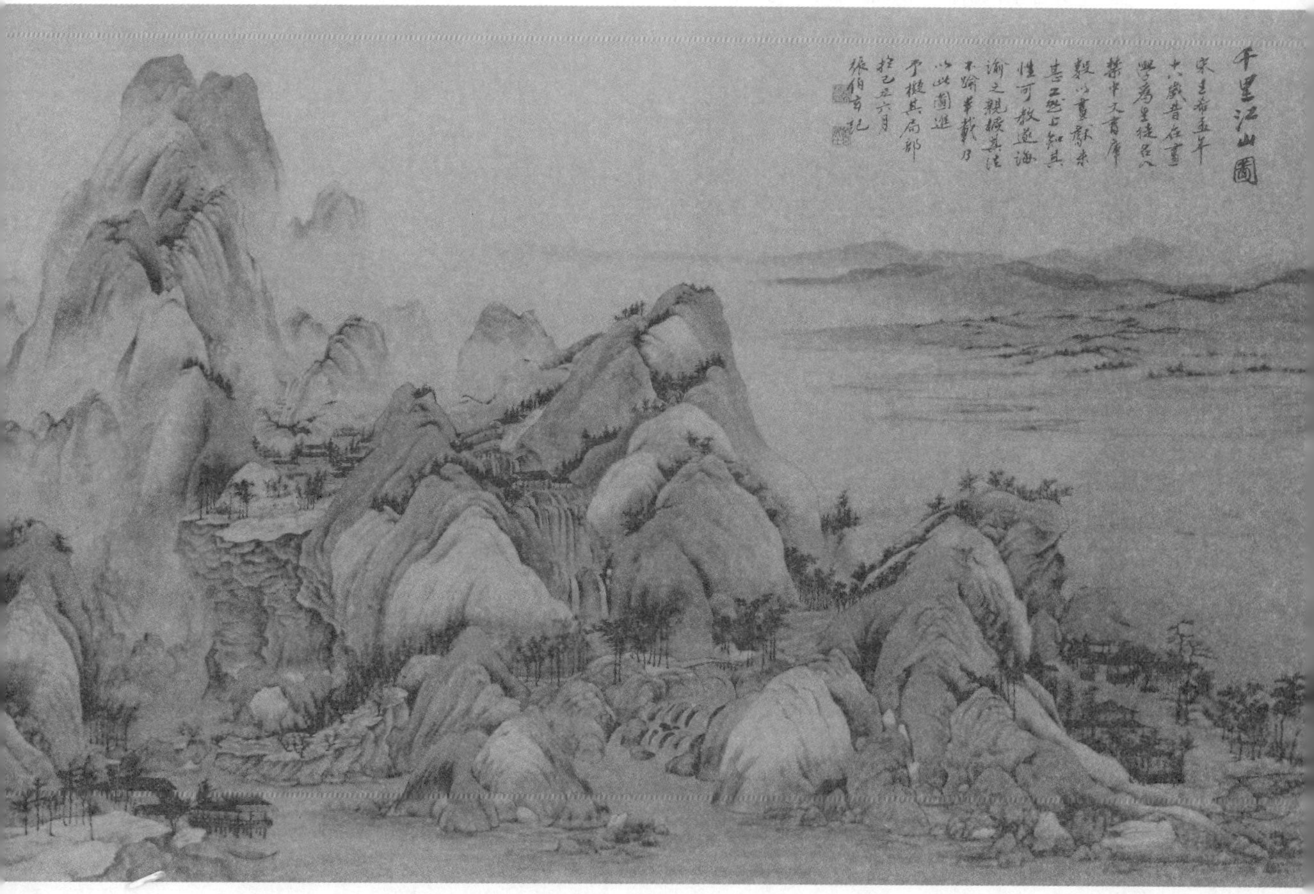

高等教育出版社·北京

内容提要

本书是大学通识教育教材。

本书内容包括：绪论；中国古人如何谈美；西方人怎样谈美；美丽人生之自然美维度；美丽人生之社会美维度；美丽人生之艺术美维度；美丽人生之技术美维度；优雅；崇高；中华优秀传统文化；经济精神与美育；管理美学与美育；法治文化与美育；中原文化与特色艺术美育专题。

本书适合作为高等学校相关课程的教科书，也可供社会读者参考阅读。

图书在版编目（CIP）数据

大学美育十六讲 / 沙家强编著. —北京：高等教育出版社，2019.8（2021.8重印）

ISBN 978-7-04-052327-0

Ⅰ. ①大… Ⅱ. ①沙… Ⅲ. ①美育—高等学校—教材 Ⅳ. ①G40-014

中国版本图书馆CIP数据核字（2019）第155584号

策划编辑 刘自挥 **责任编辑** 宇文晓健 **封面设计** 张文豪 **责任印制** 高忠富

出版发行	高等教育出版社	**网　　址**	http://www.hep.edu.cn
社　　址	北京市西城区德外大街4号		http://www.hep.com.cn
邮政编码	100120		http://www.hep.com.cn/shanghai
印　　刷	江苏德埔印务有限公司	**网上订购**	http://www.hepmall.com.cn
开　　本	787 mm × 1092 mm　1/16		http://www.hepmall.com
印　　张	18.5		http://www.hepmall.cn
字　　数	385千字	**版　　次**	2019年8月第1版
购书热线	010-58581118	**印　　次**	2021年8月第4次印刷
咨询电话	400-810-0598	**定　　价**	38.00元

物 料 号　52327-00

前　言

“大学美育”
MOOC 宣传片

进入新世纪以来，美育愈发引起国家的高度重视。现阶段我国美育的实施，与国家育人政策的顶层设计密切相关。《国家中长期教育改革和发展规划纲要（2010—2020 年）》提出“加强美育，培养学生良好的审美情趣和人文素养”的目标；党的十八大报告提出将“立德树人”列为教育根本任务；国务院办公厅《关于全面加强和改进学校美育工作的意见》（国办发〔2015〕71 号）对实施美育相关工作进行了全面部署；2018 年 9 月，习近平总书记在全国教育大会上，围绕“培养什么人、怎样培养人、为谁培养人”这一根本问题，强调“要全面加强和改进学校美育，坚持以美育人、以文化人，提高学生审美和人文素养”；2019 年 4 月，教育部《关于切实加强新时代高等学校美育工作的意见》（教体艺〔2019〕2 号）要求普通高校要强化面向全体学生的普及艺术教育；2019 年第 8 期《求是》杂志发表习近平总书记的文章《一个国家、一个民族不能没有灵魂》，指出文化文艺工作者、哲学社会科学工作者“承担着以文化人、以文育人、以文培元的使命”。美育迎来春天，全社会都在关注，但美育如何落地，尤其是大学美育如何有效实施值得深入探讨。大学美育，育的是处于新时代语境下具有自我评判力的大学生，育人环境和育人对象呈现出鲜明的时代特质。因此，以文化人，以美育人，实施大学美育，就必须以敏锐的当下意识厘清如下问题：逻辑起点是什么？即坚持怎样的育人方针和秉持怎样的育人立场以实施美育；面临的问题和症结何在？即客观理性地审察对美育的认识误区和实施美育的短板；新时代如何创新美育方略？即立足于新时代大学生成长语境，开拓实施美育的有效路径。就教材体系设置而言，编著彰显新时代气象和校本特色的教材，已是当务之急，并且是实施美育的关键一环。

河南财经政法大学积极落实国家及本省有关美育政策，于 2017 年秋季在全校开设“大学美育”通识必修课。2018 年秋季，完成慕课制作并上线投入使用，迄今已探索出一些行之有效的路径，取得了比较理想的育人效果。学校立足时代，坚持立德树人，明确育人目标，帮助学生经营美丽人生，着力建构美丽大学。为此，注重凸显“一校一品”特色，重点做好课程美育，把美育深度贯彻到专业学习中，以切实提升大学生的审美情怀和“审美力”，增强其综合竞争力。在审美实践条件有限的情况下，我们坚持向课堂要质量，以中国大学 MOOC 网为平台，积极开发“大学美育”精品在线开放课程，切实进行课堂翻转教学改革。这种课堂改革，给教师教学和学生学习都带来了全新体验，教学质量和育人效果均有显著提升。本教材与在线开放课程相配套，紧扣时代脉搏，以案例为导入，突出课堂教学现场感，激活理论传授，让每一个知识点最终落实到“育人”基点上。以每周一“讲”的形式，增强现场感染性和语言亲和力，以满足新时代大学生学习的心理需求。因之，本课程体系注重既遵循课程的逻辑演进，突出美育基础理论和艺术教育的基本内容，又始终以“美丽人生”为红线，尝试开展课程美育。本教材体系主要内容是：何谓美育与美育何为，美是什么，美丽人生之自然美维度，美丽人生之社会美维度，美丽人生之艺术美维度，美丽人生之技术美维度，美丽人生形态之优雅与崇高，美丽人生基因之中华优秀传统文化，经济精神与美育，管理美学与美育，法治文化与美育，中原文化与特色艺术美育专题。以上内容体系，皆以马克思主义美学思想为根本纲领，以中华美学精神为理论基石，按照美的规律来育人。

本教材由本人独立完成，但这离不开河南财经政法大学“大学美育”教学团队的大力支持。在慕课脚本制作、教材资料收集、文档校对、插图筛选等过程中，全体团队成员都参与其中。这是团队的优势，也是我们最大的财富：优秀的团队，合力凝神必克难关。在编撰过程中，我参考了诸多学者的成果，谨致深深谢意。教材初稿完成之后，我送呈多位专家审核，获得了诸多宝贵的意见和建议，在此感激不尽。作为作者，我真诚地向专家致敬，向团队致敬，亦向国内选修此课的同学们和社会学习人士表示感谢。由于本人专业所限，在特色美育跨专业内容撰写中，还存在不尽如人意的地方，恳请谅察。写一本既有启发性又有趣味性，读起来自然流畅，合起书来让人若有所思的教材，乃是本人的理想。但能否实现，能否经得起专家考量和同学们认可，还有待时间检验和进一步完善。我们力求在实践中不断优化，为“立德树人”、培养时代新人作出应有的贡献。

敬请读者批评指正。

沙家强
2019 年 7 月

目 录

第一讲 绪论

第一节

美学复兴与美之召唤

第二节

何谓美育

第三节

马克思主义美学与大学美育课程建设

美，让人如沐春风！美，具有很强的生命力！美，正融入生活每一个细节！美，具有无穷的征服力量！美，能转化成竞争力，无声无形地助推软实力的提升！美好时代，新时代，美更具有存在的价值。美学复兴，正在成为这个时代最令人振奋的强音。一个不懂美的人，一个不知如何审美的人，一个不会以审美原则来演绎生活的人，他就会落后于时代。以文化人，以美育人，人由此抵达“第三王国”即“审美的王国”①，进而实现自我人格的完善与生命的和谐。在此，让我们一起走进“大美”课堂，并以审美的眼光来打量这个丰富多变的世界。

第一节　美学复兴与美之召唤

教学视频

2019年1月，我国“嫦娥四号”月球探测器成功实现了在月球背面首次着陆。其中生物科普试验载荷内搭载了棉花、油菜、土豆、拟南芥、酵母和果蝇六种生物，均放置于密封的生物科普试验载荷罐内，还有18毫升水、土壤和空气，构成了一个微型生态系统。1月15日，棉花种子成功发芽，这是人类第一次在月面上做生物生长试验，这是第一株在荒芜的月球上培育出来的植物嫩芽！当我们从遥远的地球上看到这片绿叶时，我们为国家的高科技水平感到惊叹和自豪，更会为这特殊的生命绽放而激动不已。

虽然，科技早已引领人们突破空间局限，但在神秘的宇宙里，地球之外的生命存在本身还是让我们浮想联翩。此时，人们潜意识地已把这个嫩芽视为独特的美！这里涉及**“技术美学”**抑或**“生命美学”**等关键词。

今天，我们强调文化自信，那我们共同的文化根基即基因何在？其实，我们的“文化基因”就根植于汉字。第一套完善的汉文字系统甲骨文出土于河南，李斯帮助秦始皇“书同文”，制定规范书写的“小篆”并统一文字，可以说承载于“小篆”中的中华文化，由此得到合法化稳固地传承。我们可以想象，以音、意结合的一个个汉字，本身就是一个个故事，这里演绎着华夏的生命情怀。虽然近代以来，汉字遭遇了四次危机②，尤其是今天电子媒体对汉字带来更大冲击，但汉字的魅力依然

① 有关“审美的王国”“第三王国”理论参见［德］席勒：《美育书简》，徐恒醇译，北京：中国文联出版社1984年版。

② 郦波：《汉字百年经历的四次危机》，《北京日报》，2014年9月22日。

图 1-1　九寨沟

扫码观看彩图

永恒。人们以更富前瞻性的担当精神在固守汉字这一神圣的精神家园，于是安阳“中国文字博物馆”得以建立，这是以固态的庄严感向汉字致敬。如今，各类有关汉字及汉字文化的综艺节目，如《中国成语大会》《中国诗词大会》《经典咏流传》《汉字英雄》等，都是以大众文化传播的形式激活汉字的魅力，夯实人们对中华文化的认同感。与此同时，与汉字密切相关的形体柔滑的“女书”，也成为被抢救的对象，这抢救的不仅仅是书写符号，更是文化，亦是我们久远的集体记忆。

为什么我们对汉字如此空前关注？这又蕴含着什么样的时代困境？很显然，这里涉及**“汉字美学”**这个关键词。

再看看九寨沟这张图片。九寨沟成为独特的景观（图 1-1），是经过亿万年的地质构造演变而成的，它是自然馈赠给人类的宝贵礼物。人们向往她，倾心她，意在寻找纯粹的自然本色。但很不幸的是 2017 年发生了 7.0 级地震，极大地破坏了五彩斑斓、绝佳美妙的五彩石池和壮观的瀑布等景观，人们似乎永远难以再见到其原初面貌，五彩池和瀑布等景观留给世界的是永远的记忆。未来这些被破坏的景观能否被修复，我们不得而知，但这种景观本身就是千万年地质构造的一部分，是自然而然形成的，如果人们把它恢复到原样或许也是一种破坏。有时，原初的残缺也是一种美，人们依然能从中寻觅到大自然最纯粹的生命的根，就像静谧的湖泊一样，人们静谧地享受其中的美。尤其是瓦尔登湖，1845 年至 1846 年，美国超验主义代表作家梭罗先生，在此隐居两年，自耕自食，体验简朴原味和接近自然的生活，并以此为题材，写出了经典散文《瓦尔登湖》，让我们从中品味到了作家那来自生命本原的感动。

向往与亲近大自然，回归自然，诗意地栖居于大地，是人之心灵本能渴望，有时适度地“人化自然”，也明证着人之力量的强大。但一旦人为过度地改变自

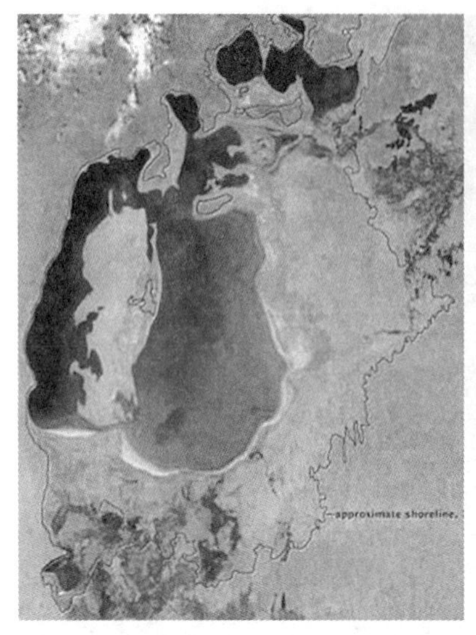

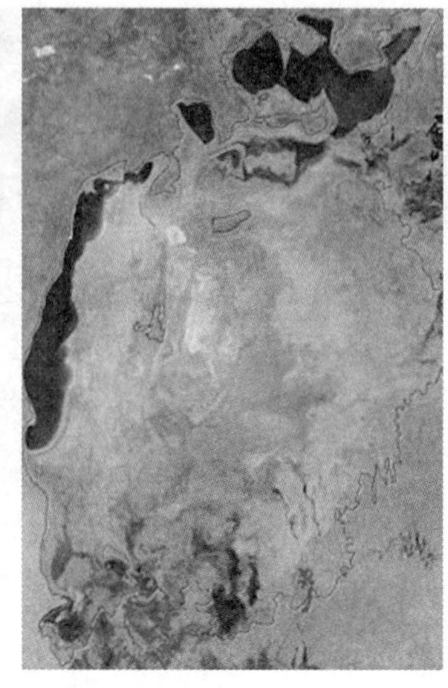

扫码观看彩图

图 1-2　咸海变迁

然，就有可能遭到自然的惩罚。美丽的哈萨克斯坦咸海，曾经充盈的海面，万物生长，生机盎然。可历经 20 世纪中叶近五十年的农业开垦后，现在却渐渐消失，漫天飞沙，生态系统早已被破坏（图 1-2），居民被迫弃家离乡，成为生态灾难的典型案例。

以上，或亲近自然，或遭到自然惩罚，这里涉及**“生态美学”**这个关键词。

临海傍山的厦门大学，四季葱茏，每年的六七月份，凤凰花开，分外妖娆。校园内充满复古风的建筑，在红花绿叶的映衬下，显得无比灵动。在这样的宿舍中生活休息，真是一种幸福！但问题的另一面，若过度地依赖于宿舍，而不愿走出宿舍，不走进图书馆，不走进名师讲座会场，那样的宿舍恰恰可能会成为束缚我们成长的桎梏了。著名的法国后现代主义哲学家福柯，在考察了监狱的形成过程后，在其代表作《规训与惩罚：监狱的诞生》中指出，监狱乃是对“空间”过度缩小的结果。①换言之，若过度蜗居于宿舍，那如此美丽的宿舍就会成为“牢笼”了。所以，我们一向主张，大学生要自觉地突破这种束缚，去开拓属于大学生自我青春的“空间”。

很显然，这里的空间哲学，就涉及空间政治或**“空间美学”**这个关键词。

我们也会为这些问题困惑：火车上毫无羞耻感的“霸座男”，这是对公共权益的公然挑战；狂犬疫苗大案，是对药品安全底线的突破。法律赋予公民为保护生命安全实施正当防卫的权利。法律维护人的尊严，维护社会的和谐秩序，法与美始终无法脱离，很显然，这里涉及**“法美学”**这个关键词。

我们会为大美新疆每一处绝佳风光而震撼，更为阿拉山口守卫边疆的将士们而

① 福柯：《规训与惩罚：监狱的诞生》，刘北成、杨远婴译，北京：生活·读书·新知三联书店 1999 年版。

图 1-3　钧瓷花瓶

扫码观看彩图

心生敬佩，那一个个不畏狂风的英姿就是边防独特的风景；雅加达亚运会，男女篮队双双勇夺冠军，篮协主席姚明端坐在球场上，双手托起的瞬间，令人振奋；“时代楷模”“感动中国”人物张玉滚长期扎根于黑虎庙村小学，教室里这个“全能型”高尚教师的形象是那样令人敬仰。这一个个英雄人物形象俨然成为一个个特殊的符号，言说着特殊的故事，身体定格的瞬间，令人高山仰止。这里涉及“**身体美学**”这个关键词。

我们知道，禹州钧瓷（图 1-3）、开封“三宝”（汴绣、版画、官瓷）、镇平玉等特色文化产业，还有乡村休闲产业和诸多领域的文旅产业，正在蓬勃发展，它们以其各自的创意和文化底蕴，满足着人们日益提高的精神生活需求。“新时代”的中国，“新经济”的到来，这些都无不告诉我们，如今的经济结构正发生着深刻的转型，文化产业成为朝阳产业，这些更明证着人们对美好生活的热情向往。经济已不再是简单地以 GDP 数据来衡量，更多的是关注社会全面发展，尤其是人之全面发展。《资本论》《国富论》《正义论》等经典，又一次成为人们精读的文本。经济文化化，文化经济化，成为当今社会发展的关注热点。今天的中国正处于新时代，无比重视经济结构转型，无比重视经济由高速度发展向高质量发展，这是经济科学发展的必然趋势。

有人说，如今的时代是新媒体时代，是微时代，是精神经济时代，更是文化创意时代，这些都不为过。这里涉及“**美学经济**”或“**经济美学**”等关键词。

现如今，随着城镇化的加速，人们在新兴城市里，怀着焦虑的“城愁”和伤感的“乡愁”，城市的现代化建筑，无法让人诗意地栖居于大地①，更缺少如瓦尔登湖那样久违的宁静和感动。于是，日常生活审美化，美深入到生活的每一个细节之中。城市规划、居室装饰、景观设计，甚至商场购物等，都时时闪放着“美”的光晕，这无处不凸显出人们对诗意栖居的渴望与热情，以及对“美好生活”的追寻与期待！

① 荷尔德林：《人，诗意地栖居》。

以上，经济美学或美学经济、管理美学或文化管理、法治文化或法美学等，越来越成为社会或学术的热点话题。从中我们又发现了什么？无论是轰轰烈烈的社会事件，多变的自然景观，还是经济发展或管理发展出现的新阶段，其实这些新变化都表明，各领域的发展，越来越关注人，关注人的生命质量，关注人的情感世界。回归情感，获得满满的幸福感，是人类永恒的追求。

但我们又不得不承认，如今的我们正遭受着空前的精神困境，从这个意义上说，如今的时代又是精神贫乏的时代。可能有时这个世界会显得薄情，但我们依然深情地活着。处在象牙塔中的大学生，或许也会有诸多复杂感受，“美化”大学生活，让大学生活变得美丽而丰富，是时代赋予高校的历史使命。因此“大学美育”课程应运而生。那么，何谓“美育”？如何学习“大学美育”？该课程体系与特色有哪些？诸如此类的问题有必要予以明确解答。

第二节 何谓美育

人生活在世上，除了满足基本的生理安全等需要外，还更渴望被尊重和自我价值的实现，马斯洛“需要层次论”告诉我们，处于顶层的“自我实现”往往需求分量更重，这也切实证明了人之情感维度对实现完满人生的价值意义。人之生存的美学向度，向往大地上的诗意栖居，渴望做一个审美的人，是人之本能的需求。如何成为一个审美的人，审美的人有什么样的特质，这对当下社会乃至人类文明进程将产生什么样的积极意义等问题，涉及“美育”的话题。“以文化人”“以美育人”，说到底是要把人育成什么样人的问题。这既是政治家、思想家所极为关注的问题，也是我们自身需要关注的问题，古今中外深厚的美育思想及传统乃是我们探讨这个问题的重要资源。

一、中西美育思想史述略

三千年前的周王朝是孔子极为向往的“礼乐”完善的社会，以致到礼乐崩溃时，孔子以其强烈的忧患意识、近乎悲壮的姿态周游列国，以救赎沧桑庶民。礼即道德教育，乐即美感教育。孔子认为人在“礼”中得以自立成人之后，人格走向完善依靠的是音乐的教育与熏陶，即所谓“兴于《诗》，立于礼，成于乐”[1]；人之美

① 孔子：《论语·泰伯》。

应是内外一致的“文质彬彬”，艺术之美是内容与形式统一的“尽善尽美”，并切实做到“乐而不淫，哀而不伤”的和谐与恰当。无独有偶，同在“轴心时代”的古希腊的柏拉图和亚里士多德也极为重视美育。柏拉图强调优秀的诗歌、绘画、雕刻，尤其是音乐应成为美育的重要途径，“音乐是求心灵的美善的”。柏拉图这种以“美育”为核心的缪斯教育，突出的是融美于心灵的德性教育。亚里士多德悲剧理论中的“卡塔西斯”作用，就是以悲剧艺术的巨大冲击，来陶冶和净化人们的心灵。现实灾难的无法抗拒，令人恐惧；命运的不可预料，令人怜悯。悲剧的沉重感，带来表面看似负面的情感撞击，恰恰能让人警醒和振奋，进而自觉和自为，人生命的进行过程由此会获得无穷的力量，进而会创造一个个生命的奇迹。亚里士多德的悲剧教育实质上就是审美教育，这无疑给我们提供了关于美育的独特认知。

音乐的感染，悲剧的净化，深层次地指向了人的情感层面。18世纪中期，鲍姆嘉通相继在《诗的哲学默想录》和《美学》（图1-4）等论著中，提出“情感学”和“感性学”，将“情感”提升为美学学科研究的核心范畴。我们也可以认为，鲍氏关于感性的或情感的教育就是美育的核心内涵。但“美育”作为一门独立的学科，却是1795年由德国诗人与美学家席勒（图1-5）在著名的《美育书简》中提出的。席勒指出：“从感觉的受动状态到思维和意志的能动状态的转变，只有通过审美自由的中间状态才能完成。……**要使感性的人成为理性的人，除了首先使他成为审美的人，没有其他途径。**”①这是一种典型的“美育中介论”，即要使自然的“感性的人”转为道德的“理性的人”，弥补这种分裂，中间必须经过处于审美活动的“审美的人”这一环节。席勒进一步指出：“一切其他的训练都会给心绪以某种特殊的本领，但也因此给它划了一个界限，唯独**审美的训练**把心绪引向不受限制的境界。”“不受限制”即为自由，人只有通过审美才能走向真正的自由，成为“审美

AESTHETICA
SCRIPSIT
ALEXAND. GOTTLIEB
BAVMGARTEN
PROF. PHILOSOPHIAE.

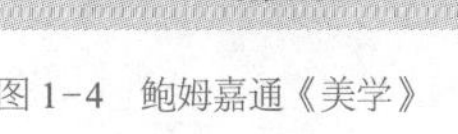
TRAIECTI CIS VIADRVM
IMPENS. IOANNIS CHRISTIANI KLEYB
CIↃIↃCCL.

图1-4　鲍姆嘉通《美学》

图1-5　席勒

① 席勒：《美育书简》，徐恒醇译，北京：中国文联出版社1984年版，第116页。

的人”才是真正自由的人，人方可称为绝对的存在。可见，席勒把美的问题放在自由问题之前，确切地说把审美自由称为实现人之精神解放与全面和谐发展的前提，而席勒所言美育的目的正在于培养人之精神整体达到尽可能的完整和谐状态。

显然，席勒的美育理论是一种人生美学，旨在克服现实生活中人性的分裂，实现人性的完整，造就人性得到全面发展的自由的人。席勒的美育思想，加之康德和叔本华等思想的引入，促进我国现代美育理论于20世纪初期得以逐步形成，并与美学学科一起在我国得到快速发展。这其中，近代三位美育思想家影响巨大：梁启超、王国维和蔡元培。梁启超作为我国近代资产阶级改良主义的思想家，认为情感教育像“催眠术”一样在不知不觉中感化人、感染人，强调应把情感教育放在第一位。王国维深受康德和叔本华哲学思想影响，是中国近代第一个将美育列入教育方针的人。他在《论教育之宗旨》一文中强调美育的重要作用，认为美育与德育和智育三者结合起来，方能培育出“完美”的“完全之人物”，“美育者，一面使人之感情发达，以达完美之域；一面又为德育与智育之手段。此又教育者所不能不留意者也”。[①]王国维以此精辟地阐述了以德、智、体、美作为培养全面发展的人的要求，就是教育的宗旨所在。蔡元培（图1-6）是我国现代美育的真正首创者，他有两篇重要文章论及美育。在《美育实施的方法》中，蔡元培强调美育的目的在于陶冶活泼、敏锐的性灵，养成高尚纯洁的人格，并从家庭、学校和社会三方面实施美育。《对教育方针之意见》全面阐述了美育方针的宗旨，他认为美育就像神经系统，可以传导感化人，使人高尚。“纯粹之美育，所以陶养吾人之情感，使有高尚纯洁之习惯，而使人我之见、利己损人之思念，以渐消沮者也。”内心消失了“利己损人”思想，人本身就更加美丽而有尊严，正如“美感者，合美丽与尊严而言之，介乎现象世界与实体世界之间，而为之桥梁”。这也可能正是他提出“以美育代宗教”的

图1-6　蔡元培

① 王国维：《论教育之宗旨》（1903），见佛雏：《王国维学术文化随笔》，北京：中国青年出版社1996年版，第146页。

主张之重要原因。“以美育代宗教”说的提出，得到了王国维、冯友兰、朱光潜与丰子恺等一代大家的积极呼应。朱光潜的“人生艺术化”思想也对后来的美育思想影响深远，他认为：“每个人的生命史就是他自己的作品，知道生活的人就是艺术家。”近现代美学大师们的思想在补救我国现代化进程中人文精神之缺失，推动美育学科建设等方面发挥着巨大作用。

综合以上中西美育思想，我们可以看到其中的鲜明差异：现代以来西方美学走向人生美学呈现“美育转向”，中国古代倡导“中和论”美育观，中国近代倾向“审美人生境界论”。在近现代这一段，我们发现，中西美育都着力使人趋向人生境界的美化追求。这背后的现实困境，彰显出美育实施的现实必要性。现代社会（尤其是西方）的发展使个人受机器奴役，人性发生了“异化”，此时的美育一方面使人认识到新时代的美，另一方面可以修补社会分工造成的人性分裂。现代科学技术给社会带来巨大发展，教育深受实用主义思潮影响，人文教育被削弱，片面强调科学技术教育，认为智育第一。如此，教育对象则成为经济人和工具人，人与人发生冲突，人与自然发生冲突，致使心理失衡，急需美育的救赎。就当前我国现实而言，美育的加强也是当代中国社会发展的紧迫需要。新时代的中国，走进了一个审美时代、消费时代，人们对美好生活充满了更多的期待与向往。市场、商品、城市甚至乡村的审美化得到高度发展。日常生活审美化，生存被审美化，已成为当代人的日常生活方式，追求美、发现美、创造美、享受美，已成为当代人的主要特征。但另一方面，单纯的经济发展与生活富裕不能实现现代化与中华民族的伟大复兴，逐步蔓延并难以遏止的诚信的缺失，浮躁与功利观的盛行，环境的严重污染，城市病的发展，精神疾患的增多与文化艺术的低俗化等，从某一方面来说，一个“精神贫乏时代”存在着可能性，事实本身也说明经济增长之外还应有更加重要的人的素质的提高。美育的实施与重视已是当代社会发展的急迫需求，是时代的呼唤。

二、新时代我国美育政策

现阶段我国美育的实施与国家“育人”政策的顶层设计密切相关。党的十八大报告明确提出将“**立德树人**”列为教育根本任务，并提升到教育方针的高度。“立德树人”被首次确立为教育的根本任务，这是对十七大“坚持育人为本、德育为先”教育理念的深化，指明了今后教育改革发展的方向。“立德树人”中“立德”源自《左传·襄公二十四年》：“太上有立德，其次有立功，其次有立言，虽久不废，此之谓不朽。”即著名的“三不朽”说。孔颖达疏“立德”为“创制垂法，博施济众”，后来“立德”系指道德操守，总体上还是在强调做一个什么样的人以及培育成一个什么样的人的问题。很明显，这种“德”“立”的过程就是“育”的过程，美育的重要性彰显其中。“德”字为先，把“立德树人”作为教育的根本任务，这抓住了育人问题的实质和核心，也是我国新时代一切育人工作的逻辑起点。教育事业不仅要传授知识、培养能力，还要把社会主义核心价值体系融入国民教育体系之中，引导学生树立正确的世界观、人生观、价值观和荣辱观，追求高尚的人生境界，最终“学以成人”。

2015 年 9 月 15 日，国务院办公厅印发**《关于全面加强和改进学校美育工作的意见》**（国办发〔2015〕71 号）。该《意见》从构建科学的美育课程体系、大力改进美育教育教学、统筹整合学校与社会美育资源、保障学校美育健康发展等方面，对实施美育相关工作进行了全面部署，更对高校美育提出了针对性的指导意见。该《意见》明确指出：“美育是审美教育，也是情操教育和心灵教育，不仅能提升人的审美素养，还能潜移默化地影响人的情感、趣味、气质、胸襟，激励人的精神，温润人的心灵。”高校美育内涵的界定及实施的路径，得以明确化，美育工程势在必行。2018 年 6 月 21 日，教育部长陈宝生在新时代全国高等学校本科教育工作会议上，强调习近平总书记 2018 年 5 月 2 日在视察北京大学时提出的高等学校根本任务是培养人，高等学校的根本标准是立德树人的成效，是今后高等教育工作的指导方针。陈宝生部长强调，本科教育要回归人才培养的根本，要回归让学生成人成才的初心。无疑，这是对“立德树人”内涵的进一步明确化。2018 年 9 月 10 日，习近平总书记在全国教育大会上，强调围绕“培养什么人、怎样培养人、为谁培养人”这一根本问题，全面加强党对教育工作的领导；培养什么人，是教育的首要问题，更是明确强调“要全面加强和改进学校美育，坚持以美育人、以文化人，提高学生审美和人文素养”；2019 年 4 月 11 日，教育部下发了**《关于切实加强新时代高等学校美育工作的意见》**，教育部要求普通高校要强化面向全体学生的普及艺术教育；2019 年第 8 期《求是》杂志发表习近平总书记的文章《一个国家、一个民族不能没有灵魂》，指出文化文艺工作者、哲学社会科学工作者“承担着以文化人、以文育人、以文培元的使命”。至此，“美育”，尤其是高校美育，在“培养什么人”方面承担着重要的时代使命，在新时代也具有了明确的方向。但在具体课程学习上，首要的是我们要厘清大学美育的内涵、设定科学的课程体系和制定可行的践行路径。

三、美育内涵

何谓美育，学界有很多观点值得借鉴。曾繁仁教授认为：“美育，即通过自然美、艺术美与社会美的途径，在潜移默化中对广大人民、特别是青年一代进行情感的陶冶、健康审美力的培养与健全人格的塑造。”[①]仇春霖教授认为：教育的根本

① 曾繁仁：《美育十五讲》，北京：北京大学出版社 2012 年版，第 1 页。

任务在于“育人”，教育的核心问题是培养人的文化素质，亦即人的完善的人格。①仇春霖教授更以宽广的视野指出：美育的意义不仅是为了培养人的审美能力，还将美化我们人类自身，②推进世界文明进程的发展。一句话，美育是关于人类自身美化、塑造完美人格的科学。很显然，美育不能等同于艺术教育，更不能简化为音乐教育和美术教育。但这些艺术教育又承担着以美育美，即“由美的对象产生美”的角色与功能。③

进一步可以看出，厘清“美育”的内涵，就离不开对“美”的本质内涵阐释，但自古以来，关于什么是美，又太难以归结，柏拉图“美是难的”的感叹显现出其中的无奈与困惑。不过，受马克思“人也按照美的规律来建造”论断的启发，人类何尝不也是按照美的规律在建造着社会产品及人自身？“建造人自身”本身就是一个“育”的过程，当然这里更强调以“美”来建造人。“美”是以感性形式存在，显现为看得见的外在符号，这一点已得到人们广泛认同。当这种“美”的事物或现象触动我们情感并使我们感到愉悦或自由时，于是美感就产生了，我们通过外在符号读到了内在的理念、思想或人之本质力量，会进一步提高我们的审美能力，提高我们的心智，完善我们的人格，美化人类自身。所以，一个具有很高审美能力的人，亦即审美情感判断力很强的人，往往会以更合理积极的方式投入到生活和工作中去，其本身就具有很强的生存竞争力。早在 18 世纪，英国美学家博克就在《论崇高与美两种观念的根源》一文中指出，“美”与“社会交往情欲”带来的“竞争心”密切相关，“竞争心”是自己在人类公认为有价值的东西方面要比旁人优越的要求，由此会给人带来快乐或生存的资本。所以，我们把“美”的内涵理解为：**“美是一种看得见的竞争力。”**“看得见”旨在说明美依托一种符号的形式呈现，并且这种符号往往与注意力的吸引密切相关；而“竞争力”的核心则是指以情感为核心的审美力，即在审美的情感体验中直接渗透着融化了的审美情感判断。所以，这里我们很赞同曾繁仁教授的观点：“审美力是一种特殊的情感判断力。”④审美力彰显着鲜明的人的印记，即人本化特征。基于“美是一种看得见的竞争力”这个认知，我们可以发现美学与同样具有人本化特征的经济学、管理学、法学甚至科学技术等存在着诸多交集。由此可以判断，当代美学发展的一个重要趋势就是从思辨、哲理走向实验和实用，或许审美功利性也体现于此。

美育，以美育美，其内涵包含着的是在感性与情感方面对人的教育，直接目的是提高人的审美力，**“审美力”**是美育学的基本范畴。所以，我们认为，美育的核心在于让人成为一个感情丰满、境界高远、审美判断力发达的人。美育的终极

① 仇春霖：《大学美育》，北京：高等教育出版社 2005 年版，第 1–2 页。
② 仇春霖：《大学美育》，北京：高等教育出版社 2005 年版，第 15 页。
③ 席勒：《美育书简》，徐恒醇译，北京：中国文联出版社 1984 年版，第 93 页。
④ 曾繁仁：《美育十五讲》，北京：北京大学出版社 2012 年版，第 63 页。

目的是美化人生，也美化人类自身。党的十八大报告提及的“美丽中国”，这里的“美丽”原指生态学概念，但我们也可从抽象化存在论意义来理解：完满、和谐与自由。美丽中国，一切美好生活的实现其根基还在于“美丽人生”上。人生“美丽”了，情感饱满了，审美力提高了，竞争力或软实力的提升就在潜移默化中得到彰显，那人生的或社会的很多目标就可实现，“人生艺术化”的价值也正在于此。对于当代大学生来说，助其实现**“美丽人生”**，就可让其拥有**“美丽大学”**：有大德大情怀、有阳光、有温情、有境界、有竞争力、有作为并全面发展，这正是“立德”后“树人”的成果。关注“人的全面发展”和“人的自由发展”正是马克思主义的核心价值目标，马克思主义美学是新时代以美育人的根本纲领。

第三节　马克思主义美学与大学美育课程建设

一、马克思主义美学

在美学史上，千百年来无数哲人对“美是什么”的问题作了有益的探讨，发表了许多精辟的见解，留下了丰富而宝贵的思想资料。但是前人由于受时代和阶级的局限，受唯心主义和形而上学的束缚，在探讨美的根源和本质时存在各种缺陷，使他们不可能全面地科学地解开这个美学难题。而卡尔·马克思（图1-7）运用“美的规律”的论点，为美的本质的探讨提供了有益启示。“美的规律”客观地存在于现实之中，不依赖于任何主观的精神和观念。马克思主义美学的产生是历史发展的必然结果，继承和吸收了美学思想史上一切合理的有价值的理论遗产，又批判和抛弃了唯心主义和形而上学的错误与糟粕。所以，**马克思主义美学是“迄今无法逾越**

图1-7　卡尔·马克思

的现代哲学美学制高点”[①]。在《德意志意识形态》《1844年经济学哲学手稿》《关于费尔巴哈的提纲《资本论》《1857—1858年经济学手稿》等著作里，蕴藏着马克思丰富而深厚的美学思想。

（一）劳动创造了美

美的根源到底来自何处？马克思从辩证唯物主义和历史唯物主义基本观点出发，明确提出：“整个所谓世界历史不外是人通过人的劳动而诞生的过程。”[②]“**劳动生产了美**。”[③]人类社会生活中所有的东西都是通过劳动创造的，劳动是美产生的重要前提。但如何理解“劳动”？作为人的劳动与动物劳动又存在何种区别？劳动过程是如何产生美的？回答这些疑问，对探讨美的根源非常关键。

我们可以说，劳动生产出了美丽时尚的服饰、色味俱佳的美食、雄伟壮观的建筑、便利优质的交通工具……人类的衣食住行等方方面面都是通过劳动创造出来的。简言之，美好的物质生活是由劳动创造生产的。不止如此，卷帙浩繁的书籍、优美动听的音乐、精妙绝伦的影视作品等精神文化产品，同样来自劳动的创造。无论是实用的生产工具、生活器具、能源资材，还是为满足精神文化需求而进行的艺术创作、审美活动，都须以人类的劳动生产、劳动创造为前提；无论是物质产品还是精神产品，都可以产生美。

很显然，联系马克思的观点，从人类学历史深度上看，“劳动”应该指向的是三个层面：用什么劳动，即工具；为何而劳动，劳动达到什么目的，即过程；劳动最终会以什么样的结果呈现，并且这种结果会给劳动者带来什么样的感受，即产品。可以发现，在这里劳动主体即身体始终是参与其中的。**劳动工具、劳动过程和劳动产品最终可能会成为劳动主体的审美对象，**美正产生于其中。由此，我们可以发现，就人类漫长的历史而言，美最初就是产生于原始人制造和使用工具的劳动之中，原始劳动过程、原始工具、产品，是原始的自由自觉活动及其结晶，即人类劳动创造的原始美。劳动是从制造工具开始的，工具的制造和使用，最明显地体现了人的劳动不同于动物活动的特性，如石器工具的变化，由当初实用，到逐渐重视造型的对称平滑等；人的劳动过程和劳动动作是有意义、有目的的活动，而非无意识的本能活动，因此会获得达到目的的愉悦，此时的劳动就有可能成为审美对象；最终以美的法则创造的劳动产品，更会成为审美对象。总之，在劳动中劳动者（审美主体）的审美意识和审美能力逐渐得到丰富和提高，劳动创造了美。社会实践——劳动，是一切历史现象、一切现实生活的终极根源，也是

① “马工程教材”《美学原理》编写组：《美学原理》，北京：高等教育出版社2018年版，第8页。

② 马克思、恩格斯：《马克思恩格斯全集》（第3卷），中共中央马克思恩格斯列宁斯大林著作编译局译，北京：人民出版社2002年版，第310页。

③ 马克思、恩格斯：《马克思恩格斯全集》（第3卷），中共中央马克思恩格斯列宁斯大林著作编译局译，北京：人民出版社2002年版，第269-270页。

美的终极根源。

问题是，美让人感到愉悦，创造了美的“劳动”要具备何种属性？即什么样特质的劳动才能产生美？马克思告诉我们，**审美的本质源于“自由的劳动”**[①]。自由劳动与异化的雇佣劳动相对立，自由的劳动是人性自我展开的方式：自觉而能动。“自由”超越了现实谋生劳动，很显然，自由劳动并非有限的具体劳动，恰恰是劳动的理想形态。这样，自由劳动依据“内在尺度”，突破“种的尺度”，达到劳动的自由境界，这种具有超越性的自由境界凸显人的理想人性维度，审美主体由此获得情感的饱满和身心的愉悦，美由此产生了，人正是按这种“美的规律”来建构理想人生、推进人类社会前行的，而这方面动物绝对无法做到。这方面内容在马克思著作中得到很权威的阐释：

> 通过实践创造对象世界，改造无机界，人证明自己是有意识的类存在物，就是说是这样一种存在物，它把类看作自己的本质，或者说把自身看作类存在物。诚然，动物也生产。……因此，**人也按照美的规律来构造。**[②]

“按照美的规律来构造”的过程就是体现人本质的自由劳动的过程，是社会实践的过程。人类靠劳动养育着自己、完善着自己、成就着自己，并在劳动中体会到了快感和美感，领悟到了存在的价值。人是万物之灵长，因为人用有思想的劳动生产出了丰富的物质产品和精神产品，也创造出了属于自己的美。劳动创造了美，严格来说是“自由劳动”创造了美，美是人类自由劳动过程中社会实践的产物，美根源于社会实践，随着社会实践产生和发展。

由此我们不难理解，社会美和艺术美就是根源于人类的生产实践；但对**自然美是否也根源于人类的社会实践，是否也由人类的生产劳动创造**等问题存在着不同看法。问答这个问题，首先应把自然与自然美区别开。在人类社会出现之前，就存在自然物和各种自然现象，它们只是自在之物，与人类无关，甚至与人对立，无所谓美丑。后来人在劳动改造自然过程中，与人对立的自然变得亲近，以“人化自然”形式成为审美对象；那些未经人类直接加工改造过的自然物和自然现象，如太阳、大海、星空，虽然人类还不能改变其物质形态，但是人类已在社会实践中同它们建立了精神上的联系。这些自然物和自然现象也不再是自在之物了，而变成“为人”的对象，成为人类生活的组成部分。甚至还常被比作人的某种品格、理想，打上人的生活、人类情感、人的本质力量的印记，因而具有审美价值，成为审美对象。因此，自然美无论就其内容还是形式来看，都是源于人类的社会生产实践，归根结底

---

① “马工程教材”《美学原理》编写组：《美学原理》，北京：高等教育出版社 2018 年版，第 26 页。

② 马克思、恩格斯：《马克思恩格斯全集》（第 3 卷），中共中央马克思恩格斯列宁斯大林著作编译局译，北京：人民文学出版社 2002 年版，第 273-274 页。

都是劳动创造的。

（二）美是人本质力量的对象化显现

自由劳动创造了美，人在劳动过程或创造劳动产品过程中获得愉悦，问题是人从中获得或发现了什么才感到愉悦或理想的满足？马克思告诉我们：

> 正是在创造对象世界中，人才真正地证明自己是类存在物。这种生产是人的能动的类生活。通过这种生产，自然界才表现为他的作品和他的现实。因此，劳动的对象是人的类生活的对象化：人不仅像在意识中那样在精神上使自己二重化，而且能动地、现实地使自己二重化，**从而在他所创造的世界中直观自身。**[①]
>
> 随着对象性的现实在社会中对人来说到处成为人的本质力量的现实，成为人的现实，因而成为人自己的本质力量的现实，一切对象对他来说也就成为他自身的对象化，成为确证和实现他的个性的对象，成为他的对象，这就是说，对象成为他自身。[②]

在这里，有几个重要的关键词："对象化""直观自身""人自己的本质力量""确证"。当把这几个关键词准确理解后，我们就能领悟到马克思美学的核心观点：美是人本质力量的对象化显现。联系到"劳动创造了美"有关理论，可以再进一步说，**美的本质是人类通过社会实践在对象身上显现出对人的本质力量的肯定和确证。**

首先，人的本质力量是人类一切积极正面肯定的求真向上的力量，比如对未知世界的探询，对客观规律的洞察，对苦难的战胜，对美好生活的向往，对人类正义的守护，对创造智慧的开拓，等等。总之，只有遵循一定客观规律的自由自觉活动，以及正确认识和改造世界、推动社会进步的活动，才是人的本质力量的体现。相反，那些违背历史发展方向、腐朽没落的行为则是对人的本质力量的反动；而那些表现出对人的本质力量的否定和歪曲的对象产品，人们往往对其厌恶。所以，是否显现了人的本质力量，就成为判断美丑的根本标准。阶级社会中体现在进步阶级和民族中，又体现在一切顺应历史潮流的人们身上，具有普遍共同性；人之本质不断丰富发展，美也是不断丰富发展，具有时代性。

其次，在人类实践活动中，"人之本质力量"似乎显得很抽象而不可捉摸，那么最终在何处能感受或发现呢？马克思启发我们，他把人类生产实践比作镜子，人们在自己所创造的对象中，看到了自己的形象和生命。这"镜子"就立在我们面前，人就从"镜子"中看到了那些"人之本质力量"，尤其是在实践对象和劳动产

① 马克思、恩格斯：《马克思恩格斯全集》（第 3 卷），中共中央马克思恩格斯列宁斯大林著作编译局译，北京：人民文学出版社 2002 年版，第 274 页。

② 马克思、恩格斯：《马克思恩格斯全集》（第 3 卷），中共中央马克思恩格斯列宁斯大林著作编译局译，北京：人民文学出版社 2002 年版，第 304 页。

品上，人通过实践使自己的本质力量在这些对象或产品上显现出来，亦即人可以从中直接观照到自身的创造活动本质，于是人的本质就会以物化的形式存在。人的本质就被物化，并显现于自身面前，这就是“对象化”。人按“美的规律”来构造自身和世界，这个被用来“构造”的对象就是人及人类的作品（或镜子），在这个“对象化”过程中，人不仅像在意识中那样理智地复现自己，而且能动地、现实地复现自己，也复现了人自身，“从而在他所创造的世界中直观自身”。

另外，人之本质力量对象化，人从中“直观自身”，从中直接观照到自身的创造活动本质和自身的力量，进而在自觉观照或欣赏中会“肯定和确证”人之本质力量，发现自己的人格。这种“肯定自己”和“确证自己”的过程，会让自己由衷地感到自豪，产生喜爱愉悦的情感，获得个人的乐趣，美感也就产生了。可见，对人之本质的肯定和确证，是美感产生的关键所在。需要进一步说明的是，人之本质被物化，以感性形式存在，并不是抽象的逻辑推理，因此人在肯定和确证的过程中，离不开生动的形象这个中介。形象性正是美存在的基础前提，美的本质是整合和表现在形象之中的。点、线、形、音、韵等形式都表现着内容的意义、情感和价值。书法美之线条，音乐美之听觉，文学美之想象，科学美之宏大或优雅等，正是这些迥异的形象，让世界变得丰富多彩，也让人在直观自身中感悟到愉悦；另外，从根本上说，一个对象之所以能以其感性形象引起人们的愉悦之情，就在于它是人类劳动的成果，显示了人的本质力量，人们从中感受到了自己的创造才能，自己的生命表现和个性。这个“成果”就极具感染性，怡情悦性，愉悦感人。情感被深深触动，审美主体就能敏锐地从中发现自我，感受到劳动的惬意和生之快乐。

至此，马克思以辩证唯物主义和历史唯物主义为出发点，指出社会生产实践是美的终极根源，美是人类自由劳动过程中社会实践的产物，把审美的本质归结于自由的劳动，人从宜人的感性形式中肯定和确证人之本质力量，进而直观到自己人格、情感和精神等，感受到由衷的愉悦。马克思关于劳动创造了美，实践产生了美感的思想，彰显了划时代的思想张力，直抵问题的核心处。可以说，马克思运用美的规律的论点，全面而科学地解开美的本质这个难题，具有重大意义。可以理解，我们从雄伟壮观、气势磅礴的三峡大坝里（图 1-8），看到了内部凝聚着我们水利部门人的精神的伟大；我们从一个个民族图腾里，发现了这个民族的文化基因与精神密码；我们从体育运动里，感悟到运动员团结协作、顽强拼搏、超越向前的动感精神，等等。我们为什么被这些伟大的工程、作品或艺术人文世界所打动，就是因为里面满载着令人感动的人之本质力量。我们要向这“成果”致敬，也就是向人的本质力量致敬！

二、课程体系设计

马克思主义美学中的“美的规律”，集中体现着人的本质及劳动的理想性——

扫码观看彩图

图 1-8 三峡大坝

自由。人在自由劳动过程中，个性得到自由发展，个人本身也会在艺术和科学等方面得到全面发展。人由此成为“丰富性的人”，具有“全面而深刻的感觉的人”①。总之，人最终会实现全面而自由的发展。“人的全面发展”是马克思主义的核心价值目标，也是我们理解美育内涵和实施美育的根本性纲领。

所以，基于马克思主义美学思想精髓，我们认为“大学美育”的课程性质在于，它是把大学生培育成为感情充沛、境界高远、生命和谐并实现全面发展的课程。“大学美育”课程在定位上，应当立足于解决这样一个问题，即如何在当今社会文化语境中，让大学生活变得和谐而“美丽”，拥有一个真正健康向上的“美丽大学”。“大学美育”课程的教学目的和作用是通过美育，使大学生树立正确的审美观，懂美、爱美、追求美、鉴赏美、创造美、传递美，并美化自己的心灵，培养完美的人格，自觉地塑造自身美的形象。最终帮助学生，在提高面向人才市场及社会的就业、创业竞争力等方面，提供有力的帮助，以审美的心胸从事现实事业，使自己得到全面和谐的发展。认识美，发现美，欣赏美，创造美，传递美，是我们美育课学习内容的逻辑路径。这也正如《大学》篇中的“止于至善”，大学意在培养人，引导人，走向一个“向善”的过程，更是一个向“美”的过程。如此，高校美育的实施与推进，就应把“美丽人生”和“美丽大学”这条红线贯穿；如何实践高校育人，如何以美化人，关键还是立足高校自身特色，紧跟时代步伐，彰显“一校一品”或“一校多品”，课程体系设置科学化，适时开展特色美育，做到专业美育与课程美育有机结合，美育工程目标的实现会指日可待。

① 马克思、恩格斯：《马克思恩格斯文集》（第 1 卷），中共中央马克思恩格斯列宁斯大林著作编译局译，北京：人民出版社 2009 年版，第 192 页。

一般来说，大学美育课程包括美育基础理论课程、艺术欣赏课程和美育实践课程，这是一个有机整体，但现实中存在着理论灌输、审美体验消解和评价方式单一等问题。尤其是在美育实践这个环节，受众主体很渴求，但现实实践基地受局限，美育的空间更多的还是在教室里。所以，向课堂要质量，充分发挥学生主体性积极参与，就显得很重要。这就要求教师本人的授课水平和管控课堂能力要高，更需要现代技术的支撑，比如多媒体技术，线上平台的运行。实行线上线下有效补充，以“慕课”的形式实现课堂翻转，进行课堂革命，已成为当下教学形式的主流趋势。但无论如何，线上线下，课堂内外，科学设计好课程内容是基础，更是关键。

在设计课程体系过程中，我们会多方面参考其他美育教材，进行比较，结合自身实际，最后确定我们自己的设计原则与体系。从现有的美育教材看，总体上涵盖了美的本质、类型、特征，审美形态，审美心理，审美范畴，美育的性质，美育与教育的关系，以及中西方传统美学思想，当前美学走向等内容，每种教材各有其侧重的方面。但总体上理论色彩较浓，语言学术化较重，与学生距离较大。有的教材仅浅浅地将其作为艺术课来写，有的仅侧重审美体验，比较注重外在的审美形态，较少涉及大学生人生美学的建构，不能完全适应当前大学生美育的要求。

鉴于此，**本课程体系设计的思路与特色是**，一是凸显问题意识，紧扣时代脉搏，以理论回应现实，用案例分析导入，充分发挥学生的能动性，让学生发“声”、发“感”、发“论”。二是以智慧引领课堂，让理论变得灵动而亲切，富有质感，最终深入到学生生命中；以艺术精品穿插课堂，让艺术的灵韵滋润我们的心田。艺术鉴赏，理论引领，再力争实践体验，以立体化方式，充盈我们的世界。三是突出校本特色，特别开设了“经济精神与美育”“管理美学与美育”“法治文化与美育”三个特色美育专题，力争让学校主流学科的学生发现专业背后的情怀、深度与责任。总体上，立足时代，坚持立德树人，凸显“一校一品”特色，淡化理论，语言彰显亲和力与感染性，重点做好课程美育，把美育深度贯穿到专业学习中，切实提高大学生的审美情怀，增强大学生的综合竞争力。

如此，**本课程体系主要内容是**：何谓美育与美育何为，美是什么，美丽人生之自然美维度，美丽人生之社会美维度，美丽人生之艺术美维度，美丽人生之技术美维度，美丽人生形态之优雅与崇高，美丽人生基因之中华优秀传统文化，经济精神与美育，管理美学与美育，法治文化与美育，中原文化与特色艺术美育专题。本课程比较科学地突出了美育基础理论、艺术欣赏和课程美育等内容，这也契合我校经济学、管理学、法学主流学科特色和地域特色，凸显校本特征。当然这些内容，也适合其他高校学生学习，毕竟经、管、法等领域我们都离不开，学习了解都是很有裨益的。

目前学界都强调，当前美育的问题及症结在于过度理论化和知识化，缺乏具体感性的审美实践活动，这是有一定道理的。但就目前国内高校教学条件而言，不可能每所学校都具备所需的硬件设施或基地，供学生前去体验。所以，审美实践的美育过程，短期内无法实现突破，那就要把重心放在向课堂要质量。在中国大学MOOC平台，我们开发了“大学美育”精品在线开放课程，学生可利用业余时间在线上学习，在课堂上学生是真正主体，能够充分讨论，在自由讨论中获得真知，这就是课堂翻转，此时的课堂是一个有趣的自由对话的“场”，这对我们师生都是一个考验，需要我们每一个人共同参与和支持。同时，借用现代技术进行网络共享学习，已成为大学生学习或高校进行人才培育的一种趋势，且深受师生欢迎。在此，需要说明的是，本课程已实现在智慧树、爱课程、尔雅和学银在线等平台上投放，在校内外已产生广泛影响。

新时代的中国，需要新时代的美育课程体系，需要新时代的特色教材。本教材与在线开放课程相配套，突出课堂教学现场感，弱化惯常理论晦涩的教材体例，以每周一“讲”的形式，重视现场感染性和语言的亲和力，以满足新时代大学生学习的心理需求。至于效果最终如何，还需要实践去检验，我们力求在实践中不断实现优化，在“立德树人”、培养时代新人方面作出应有的贡献。

下面，就让我们首先走进宏阔的中西美学思想史，以存在主义哲学家海德格尔对梵高《农鞋》的解读来贯穿全书，重点从其中思想浪花或片断中，力求以形象的方式，阐释和分析其中丰富的美学或相关美育命题。海德格尔在其《艺术作品的本源》一文中，以现象学视野对**《农鞋》**（图 1-9）进行了经典评析：

从鞋具磨损的内部那黑洞洞的敞口中，凝聚着劳动步履的艰辛。这硬邦邦、沉甸甸的破旧农鞋里，聚积着那双寒风料峭中迈动在一望无际的永远单调的田垅上步履的坚韧和滞缓。鞋皮上粘着湿润而肥沃的泥土。暮色降临，这双鞋底孤零零地在田野小径上踽踽独行。在这鞋具里，回响着大地无声的召唤，显示着大地对成熟的谷物的宁静的馈赠，表征着大地在冬闲的荒芜田野里朦胧

图 1-9　梵高《农鞋》

扫码观看彩图

的冬冥。这双器具浸透着对面包的稳靠性的无怨无艾的焦虑，以及那战胜了贫困的无言的喜悦，隐含着分娩阵痛时的哆嗦，死亡逼近时的颤栗。

在此我们思考：梵高在创作时对作为器物的农鞋及各种颜料有什么感情？在创作过程中梵高带着何种目的、把何种旨归置于器物中，其心态又处于什么样的状态？当创作完成后，梵高又从中看到了什么？会不会感到愉悦？如果说《农鞋》是一个真正“美”的艺术作品的话，那么这里的“美”本质是什么？又是如何产生的？作为欣赏者，为什么会有不同的理解，如何全面合理地欣赏艺术？在欣赏完《农鞋》后，我们接受者受到什么样的艺术熏陶和感染，以及对我们自身人生境界的提升又有何意义？海德格尔的现象学式解读把《农鞋》的影响力推向了更高层次，市值层面更是提高很多，那么以经济学视野，我们又如何审视这种经济文化化现象？作为非美学或文学专业的人士，要具备哪些美学或人文素养才能适应这个美好时代？这里已涉及本课程重点要阐释的诸多命题。

让我们继续探索、前行，尝试揭开这些问题内部神秘的面纱。

【拓展阅读书目】

1. 曾繁仁:《美育十五讲》，北京：北京大学出版社 2012 年版。
2. 仇春霖:《大学美育》，北京：高等教育出版社 2005 年版。
3. ［德］席勒:《美育书简》，徐恒醇译，北京：中国文联出版社 1984 年版。
4. ［德］马克思:《1844 年经济学哲学手稿》，中共中央马克思恩格斯列宁斯大林著作编译局译，北京：人民出版社 2000 年版。

【思考与练习】

1. 结合当前热点现象，说明“美学复兴”的原因及意义，以及作为当代大学生，如何在专业学习和人格完善方面提高美学素养？
2. 结合实际，谈谈“审美力”与美育的关联。
3. 如何理解“劳动创造了美”这一命题？你是如何从美学角度来解读“幸福是靠奋斗出来”这句话？
4. 结合中西美育思想史，谈谈你对“美育”内涵的理解。

第二讲 认识美：中国古人如何谈美

第一节

轴心时代

第二节

中国古典美学经典章句解读

第三节

中国古代美学思想特征

“大学美育”是一门充满思辨和智慧的课程，有时看似显得深奥，但从诸多热点事件、文化现象或生活体验等案例导入，我们会从中获享智慧的盛宴。这其中，对“美”的认识及理解是我们获得真知的逻辑起点。首先要从“认识美”这个问题开始，解决诸如何谓美、美的本质是什么、美来自何处、美有什么样的特征、中西美学思想差异等问题，只有认真地研究了这些问题，我们才会善于发现美、认识美、感受美、创造美和传递美，才能开展真正意义上的美育。

现在我们把梵高的《农鞋》与北宋范宽的《溪山行旅图》(图 2-1) 进行比较，我们会发现中西艺术间存在诸多差异。梵高的《农鞋》代表西方油画特征：色彩鲜艳、逼真、寓意深刻；范宽的《溪山行旅图》代表中国山水画的特征：墨黑色调，天人合一，气韵生动。我们在思考，为什么会存在这种明显差异？表面上看是绘画颜料或技巧的不同，实质上是中西文化差异所致，根本上则是美学追求旨归的迥异

图 2-1　范宽《溪山行旅图》

扫码观看彩图

使然。中国山水画特征形成的原因，要追溯到久远的独具特色的中国古典美学的精髓，那里积淀着中国的美学基因，只有准确解读其中的奥秘，我们才能抵达中国文化艺术的核心层面。为此，我们先从对《论语》《孟子》《道德经》《庄子》等中国古典美学经典章句解读开始，从属于华夏民族的“轴心智慧”中探寻其中的美学宝藏。

第一节　轴心时代

西方的毕达哥拉斯、柏拉图、亚里士多德、荷迦兹、黑格尔、休谟、车尔尼雪夫斯基、狄德罗、马克思等，中国的孔孟、老庄、梁启超、王国维等，都是令人崇敬的思想家，他们的思想成为我们认识美、理解美的本质的理论宝库。

细看上面一串名单，我们会发现其中有诸多伟大思想家，几乎诞生在一个时间段里。这就涉及德国著名哲学家卡尔·雅斯贝尔斯提出的“轴心时代”这个概念。雅斯贝尔斯（图 2-2）在《历史的起源与目标》一书中讲到：

> 假若存在这种世界历史轴心的话……轴心要位于对于人性的形成最卓有成效的历史之点。自它以后，历史产生了人类所能达到的一切……看来要在公元前 500 年左右的时期内和在公元前 800 年至 200 年的精神过程中，找到这个历史轴心。正是在那里，我们同最深刻的历史分界线相遇，我们今天所了解的人开始出现。我们可以把它简称为“轴心期”（Axial Period）①。

图 2-2　雅斯贝尔斯

① [德] 卡尔·雅斯贝尔斯:《历史的起源与目标》，魏楚雄、俞新天译，北京：华夏出版社 1989 年版，第 7-8 页。

在公元前8世纪至公元前2世纪间，尤其是公元前5世纪之前的三百年间，是人类文明的“轴心时代”。请注意这是“人类文明”的“轴心时代”，不是指某个人或某个国家的，那个时段有着人类共同的集体记忆。虽然那时生产力水平极为低下，但两千五百年前的“轴心时代”，人类智慧却出现了罕见的高峰，涌现出很多伟大的里程碑式的思想家，“轴心智慧”因此而成为人类思想的原点，更成为我们认识美的本质的重要理论坐标。那么，两千五百年前的中国正处于什么时期？是春秋战国时期，“诸子百家”思想成为我们华夏民族文化基因的原点所在。

看地图，我们会发现有关“轴心时代”的很多有趣话题。这一人类文明的“轴”不是在赤道，不是在南北回归线，而是位于北纬的33度到41度地区，这一纬度区间就是人类文明的“轴”。在这个“轴区”里，有古希腊文明、古巴比伦文明、古埃及文明、古印度文明、玛雅文明，更有生生不息的华夏文明。但不幸的是，就是在这“轴心”区域里，不断发生着文明的冲突，更有频繁发生的战争。但如今，我们不得不承认，人类社会发生的诸多难题，几乎都能从这个轴心时代的智慧中，获取解决问题的参照性方案。以全球化视野审视人类的问题，我们都能获得诸如世界秩序重建等本源问题的启发。美国学者萨缪尔·亨廷顿（图2-3）《文明的冲突与世界秩序的重建》一书，视野开阔，阐述透彻，很值得我们一读。

那么，相应地，关于何谓美以及“美”本质等诸多问题，我们更应以敬畏的心态向轴心智慧致敬，从中我们会获得深度的启发和思考。在这里补充一下，我们强调“轴心时代”智慧，探寻“美”的奥秘，并不是仅仅拘泥于这个时间段的思想，而是以此为借鉴和延伸，进行更长线性时间段内的美学思考。亦即“轴心时代”美学思想只是原点，我们更关注的是人类历史长河中的美学思想史，所以我们会提及更多不同时代的美学思想家的有代表性的美学观点。

图2-3　萨缪尔·亨廷顿

第二节 中国古典美学经典章句解读

逻辑概念定义并非中国传统思想所长，同样，中国古典美学思想没有像西方美学那样，系统地提出关于美的本质的明确概念，其思想精粹散落在许多细碎的章句中。春秋战国时期，一些杰出的思想家，都以各自不同的哲学观点涉猎过美学问题，孔子、孟子、荀子、老子、庄子等各自提出了具有原创精神的美学思想，成就了中国古典美学发展的第一个黄金时代。

一、孔孟“美”言

孔子（图2-4）开创了儒家美学的传统，儒家美学的出发点和中心，是以“仁学”为统摄，来探讨审美和艺术在社会生活中的干预作用。其中，孔子提出的“诗可以兴”这个命题，意在突出文学或艺术对接受者在情感熏陶上的积极引导作用，这种“兴”更加明晰地彰显了以“诗”育人的美育功能，所以可以说“孔子是中国历史上第一个重视和提倡美育的思想家”①。《论语》和《孟子》中有丰厚的伦理学、哲学、政治学等思想，散落于其中的“美”言章句，正是我们窥视其美学思想的极佳窗口，至于内部传统文化的其他精髓，有待以后章节再专门阐述。

第一，**“尽善尽美”**。《论语·八佾》中记载：“子谓《韶》：‘尽美矣，又尽善也。’谓《武》：‘尽美矣，未尽善也。’”为什么孔子认为《韶乐》和《武乐》都尽美矣，却在“善”的层面区别那么大？这里的美和善各有什么意味呢？我们知道，

图2-4 孔子

扫码观看彩图

① 叶朗：《美学原理》，北京：北京大学出版社2009年版，第3页。

《韶乐》传说是舜时的乐舞，它的音调、节拍等外在形式非常完美，而且，舜以禅让得国，歌曲的思想意蕴也很是雅正，最为孔子所激赏；但《武乐》呢，是周武王时的乐曲，周武王却是凭借武力，以征伐得国，《武乐》里刀光剑影，血雨腥风，由于战争的因素，人的生命可能瞬间陨灭。所以，孔子认为尽管它的韵律等音乐形式很美，但思想内容上却不是表达善的内容。从这则关于乐曲的论述里，我们可以看出孔子持这样的文艺观念："尽善尽美"就是要求文艺作品不但形式上要美，思想内容上也要具备善的品行。这就是孔子文艺思想的审美理念。

第二，**"里仁为美"**。《论语·里仁》中记载："里仁为美，择不处仁，焉得知？"其中的"里"指的是居住的环境，这句话的意思是讲要选择居住在有仁德风气的地方。这句话最后这个"知"字，是通假字，和"智"同义。怎么能够获得智慧呢？就要做到仁，也就是儒家思想的核心，拥有仁爱之心，去包容万物，温暖世人，这样才能获得智慧。孔子在启示我们如何走向自我，并超越自我。联系实际，如果一个人整天花费大量的时间打游戏，在游戏中虚度光阴，他可能就在远离仁，远离进步，远离善，远离关爱，远离整个家国天下的情怀。当然，如果他经常沉浸于图书馆知识的海洋，在美丽的大自然中畅怀，和博雅的智者进行思想交流，和伟大的思想家进行心灵对话，那么他就会看到自己一点点进步的足印。

第三，**"充实之谓美"**。《孟子·尽心下》有云："可欲之谓善，有诸己之谓信，充实之谓美，充实而有光辉之谓大，大而化之之谓圣，圣而不可知之之谓神。"这是孟子提出的美学观点，它的含义是，个人通过自我不懈的努力，把仁、义、善、信等品格贯注充盈于自身时，就会成为一个美的人。大家知道，孔子所追求的是美善统一，而孟子的美学思想超越了善，对个体的人格提出了善等方面的要求，并高度概括了人格美的内涵。"充实之谓美"，那何为"充实"？是指用仁爱的儒家思想充盈人的内心，并通过人的日常行为显现出来。所以人的形体因为由内而外的儒家思想的支撑，充盈着仁义道德的内在品质，可为之"生色"并散发着无限光辉。往往，我们会从英雄人物、时代楷模，甚或革命领袖身上，看到其散发出的一道道七彩光芒，令人瞩目，让人敬仰，个中原因大概就是其充盈着道德的品质和时代担当的情怀，那是一种真正的"美"！可见，从儒家美学角度来说，"美"作为一个概念范畴关联于人格美的评赏。在这里，"美"是人内在修养的自然呈现，而不是外在装饰。后来，孟子把人格修养进一步感性化为"浩然之气"，"气"因此成为伦理转化为"充实"之美的本质范畴。"有气方有象"，气之充实乃至光辉，即化气象。总之，《孟子》的"充实之谓美"告诉我们，内心充盈着儒家仁爱思想的人，是信心十足的人，是乐于助人的人，是道德自律的人，是气度不凡的人，是令人敬畏爱戴的人。所以，孔子在文艺作品的评判标准上所提出的"尽善尽美"的主张，以及孟子在人格美方面所提倡的"充实之谓美"，对当下的我们而言依然意义深远。

二、老子“美”言

中国美学的真正起点是老子。老子（图 2-5）提出和阐发的一系列概念——道，气，象，有，无，虚，实，味，妙，虚静，玄鉴，自然等，对于中国古典美学形成自己的体系和特点，产生了极为重大的影响。老子开创了道家美学的传统，元气论、意象、意境说等都发源于老子的哲学和美学思想。

单纯就“美”言章句而言，我们认为老子的美学观点集中体现在这一句中：**“天下皆知美之为美，斯恶矣，皆知善之为善，斯不善矣。故有无相生，难易相成，长短相形，高下相倾，音声相和，前后相随。**”老子认为，天下人都知道美之所以为美，那是由于有丑陋的存在；都知道善之所以为善，那是因为有恶的存在。这个中原因，是由于世间万物都处在运动变化之中，而且事物都有自身的对立面，没有“有”也就没有“无”，没有“短”也就没有“长”；反之亦然。这就是中国古典哲学中所谓的“相反相成”。这里所提到的事物相生、相成、相形、相倾、相和、相随等，都是相比较而存在，相依靠而生成，这体现了一种辩证法的思维。当然，老子的美学思想涉及面很广，对后来中国艺术的发展影响深远。

首先，《道德经》中的“**道**”对于中国古代艺术本体论具有重要影响。老子说：“道生一，一生二，二生三，三生万物。万物负阴而抱阳，冲气以为和。”（第四十二章）意思是说，道本身包含阴阳二气，阴阳二气相交而形成一种适匀的状态，万物就在这种状态中产生。艺术自然也不例外。也就是说，“气”是艺术的本源，“气”的运动、发展和变化的规律是“道”运动和变化的体现。老子还说：“道之为物，惟恍惟惚。惚兮恍兮，其中有象。恍兮惚兮，其中有物。”（第二十一章）意思是说，道没有明确的固定实体，它尽管恍恍惚惚，但其中有象。“象”是“道”的感

图 2-5　老子

性显现，所以“象”中有“道”，“象”也可以寓“道”。这一思想经过王弼等人的发展对后世的艺术理论产生了重要影响。魏晋宗炳提出了“澄怀味象”，又讲“澄怀观道”，唐代以来中国美学发展出了“意境”理论，都是《老子》美学影响的结果，对此叶朗这样总结：“审美观照也不是对于孤立的、有限的‘象’的观照。审美观照必须从对于‘象’的观照进到对于‘道’的观照。”[①]也即，“象”是一种外部感性形式，中国古代美学要求我们要看到背后的本质，看到大化流行的“天道”。总之，“象”是“气”的感性表现，“气”是“象”的内在机心，“气”和“象”共同构成了中国古代艺术的本体理论。

其次，《道德经》中的**悟道方法**对中国古代艺术审美方法具有重要影响。老子认为，悟“道”的方法是“致虚极，守静笃”（第十六章）、“专气致柔”（第十章）。也就是说，主体通过摒除一切欲望，恢复到“无知”“无欲”的先天本性时，就可以与“道”相通。老子这种“去欲悟道”的方法注重审美主体内在的修养和心灵的自由。在《道德经》影响下的中国美学也因此成为一种内在美学、心灵美学。《庄子》的“坐忘”、《吕氏春秋》的“节欲”、《淮南子》的“损欲从性”、《乐记》的“存天理，节人欲”等思想都是老子的悟道方法在美学思想中的体现。

另外，《道德经》的美学思想深刻地影响了中国古代艺术理论**对于“美”的认识**。老子说：“塞其兑，闭其门；挫其锐，解其分；和其光，同其尘，是谓玄同。”（第五十六章）意思是说，摒弃一切感知，停止向外追求，以求得内心的宁静清澈；挫磨掉锐气、锋芒和棱角，融入光明的万象，混同于大地尘土，至大也是至微。这就是玄妙的同化，微妙大统一的法门。老子的这一美学思想使得中国古代艺术评价呈现出了“以和为美”的倾向。“和”充分体现了古人对于“美”的辩证认识。老子还说：“人法地，地法天，天法道，道法自然。”（第二十五章）老子用一气贯通的手法，将天、地、人乃至整个宇宙的生命规律精辟地涵括、阐述出来。这就是“天人合一”的美学思想。这是审美的极致，也是中国古代美学追求的最高理想。庄子美学中的“道通为一”“物我两忘”的境界就是这种思想的延续。

最后，**“有无相生”“虚实相生”**的概念也随之应运而生，成为书画布局、立意等必不可少的一部分以及中国艺术美学中独具特色的理论。如中国画在构图方面，讲究运用宾主、呼应、开合、藏露、繁简、疏密、虚实、参差等对立统一的法则来布置章法，并巧妙地处理画面的空白，以此来营造画作的“实境”和“神境”，形成“无画处皆成妙境”的神韵。再比如绘画对声音这种物象的处理更需要运用虚实相应的理论了。我们看齐白石先生《蛙声十里出山泉》（图 2-6）这幅绘画作品，想要把蛙声这种听觉意象表达出来颇为困难，但齐白石先生却通过蝌蚪在十里山泉淙淙的流水中自由欢快地游动来表现，这幅作品留给观者无限遐想的空间，我们仿

① 叶朗：《中国美学史大纲》，上海：上海人民出版社 1985 年版，第 27 页。

佛都已看到蝌蚪长大成青蛙随水摇曳的动态美感。这种画中有画、画外还有画，诗中有画、画中有诗的意境，成为中国文艺作品对“象外之象，景外之景，韵外之致”的不懈追求，使中国艺术表现出追求无限、崇尚空灵的美学特色。总之，老子美学思想中的“和”“合”精神以及对“羚羊挂角，无迹可求”审美境界的欣赏等，成为中国古代艺术评价的主要范式。

不难看出，老子的美学思想使得中国古代艺术总是体现着回味无穷的韵意和对至善至美的追求。那么老子的美学思想对当代大学生有哪些启示呢？这就要求我们保持心灵的宁静平和，努力提高我们的审美境界，并尽力把自我人生艺术化，争取做到审美境界和人生境界合一，让自己的人生达到一种完美的和谐状态。

三、庄子“美”言

庄子继承和发展了老子的道家美学传统，提出了一种超功利、超逻辑的“游”的境界，即高度自由的精神境界，这种境界具有超时空的宇宙情怀，这是对美感特点的深度认识。

我们通常为诸多绝佳的自然美景所惊叹，但这种风景自身的美是自然表达出来的吗？显然不是，而是美而不言，“一切尽在不言中”的，是我们通过观察、欣赏和体验，最终感受和感知出来的。对应到庄子的美学思想，他有一段非常经典的话：“**天地有大美而不言**，四时有明法而不议，万物有成理而不说。圣人者，原天地之美而达万物之理，是故至人无为，大圣不作，观于天地之谓也。”此句出自庄

图 2-6　齐白石《蛙声十里出山泉》

扫码观看彩图

子的《外篇·知北游》。“天地有大美而不言”，这句话告诉我们，天地宇宙处处都存在着美，但是这美永远不会自己说出来，是一种沉默不语的静默状态。可是人是怎么知道的呢？需要真正有品位的人去发现它。天地不但美，而且是“大美”，是至美。庄子对“美”和“大”作了区分，**“美则美矣，而未大也”**（《外篇·天道》），他认为“大”高于“美”。之所以如此，在于“大”体现了“天道”的无为而又无不为，体现了不为一切有限事物所束缚的最大的自由。“天地”因其“无为无不为”而大美。

人则一方面因“备天地之美”，而使自身能“游于无穷”，获得完全的自由和美的享受；另一方面，因“依乎天理”，而能“以天合天”，创造出“惊犹鬼神”的似天工之作。“天地之美”因其自然无为、“自美不美”而不愿言，因其混沌无限、变化无常而不可言，创造美的过程也因其强烈的个人性、感受性而无法言说。由此，天地虽有大美，但不愿言、不可言，也无法言。结合这段话的后两句，“四时有明法而不议，万物有成理而不说”，就更容易理解了。它的含义是天地的大美，四时的序列，万物的荣枯，那都是自然的存在，人在自然面前，不必强调自己无所不能，一切得失都是顺应，于是生的欢乐、死的悲哀都会在这个顺应的过程中一一消融。自然而然顺其发展，人也要顺应人生之势，和天地万物的生息消长相嬗替一样，达到一种真正的自然之境，从而体会自然之大美。要达到这种境界或心态，需要历经一种“虚静”的修炼。

《天道》篇中关于“虚静”说有经典的一段话：**“夫虚静恬淡寂漠无为者，天地之平而道德之至……夫虚静恬淡寂漠无为者，万物之本也”**。虚静、恬淡、寂寞、无为，是天地的基准，是道德修养的最高境界，是万物的根本。庄子“虚静”说是对老子“虚静”说的进一步发展，这与其追求的“大美无言”的自然之美是一致的。另外，庄子与惠子除了有关“游鱼之乐”的著名辩论外，还有一个关于“**情感**”的著名辩论[①]，如今看来辩论“情感”已触及美学的核心层面。惠子的人情，功利化的内伤于心，不适合养生；庄子的天情，忘情融物。哀乐不入人心，由此才至乐无乐，忘适之适，达到一种纯粹体验的优游境界，这是庄子美学的起点。总之，庄子的美学思想集中体现在：推崇自然而然，反对为美而美；坚守虚静与天乐，欲望会带来痛苦，无为无失无得才是真快乐，才配“真人”。

从老庄美学思想，我们可以理解到，中国古代文人的美学，他们不提到“美”，

① 庄子：《外篇·德充符》。原文为：惠子谓庄子曰：“人故无情乎？”庄子曰：“然。”惠子曰：“人而无情，何以谓之人？”庄子曰：“道与之貌，天与之形，恶得不谓之人？”惠子曰：“既谓之人，恶得无情？”庄子曰：“是非吾所谓情也。吾所谓无情者，言人之不以好恶内伤其身，常因自然而不益生也。”惠子曰：“不益生，何以有其身？”庄子曰：“道与之貌，天与之形，无以好恶内伤其身。今子外乎子之神，劳乎子之精，倚树而吟，据槁梧而瞑。天选子之形，子以坚白鸣。”

往往是具体感性之上的超越，进入了生命的那一层，这是一种独特的生命美学。比如说中国人面对着月亮，面对着花卉，面对一系列自然景观，都有超越于本质之外的一种体验。庄子提倡“大美而不言”，不是因为人笨拙，而是讲究要顺应自然，回归自然。这也给我们诸多启发，如果在现实中总是过度夸耀自己，总是想着去不择手段地争名夺利，其实是既愚蠢又浪费时间的行为。我们无论是在学习中，还是在平时的生活中，也不要刻意地去追求身外之物。首先，做好自己，才是根本。只要我们自己不断提升自我，做好自我，有所为而不言，就会获得大家的认可。这样，无论是对大家的学习，还是毕业以后的工作，都是非常有帮助、有意义的。另外，我们在学习生活中，要以庄子广阔的宇宙情怀，自觉地发现大自然中无处不在的美，当我们疲惫时、困惑时，甚至绝望时，想想庄子的生存智慧和美学思想，我们总会找到生活的光亮，一切都是美好的，一切也都会美好的。

四、柳宗元和王阳明“美”言

先秦之后，魏晋南北朝时期是中国古典美学发展的第二个黄金时代，在魏晋玄学影响下，产生一大批美学范畴，如妙、意象、风骨、隐秀、神思、得意忘象、气韵生动等；唐代五代宋元时期，禅宗对中国古典美学也产生越来越大的影响，禅宗强调刹那间真实直觉生成意象世界，显示万物本来面目的真实世界，主体的直觉或心灵的力量对于把握“美”具有重要的意义。

柳宗元在《马退山茅亭记》中关于“美”有著名的一段话：

> 夫美不自美，因人而彰。兰亭也，不遭右军，则清湍修竹，芜没于空山矣。岳阳之楼，晴川之阁，不有崔、范之品题，则巍观杰构，沉沦于湖滨江渚矣。①

这段话意思是，美丽的事物不是因为其自己美而闻名，而是因为人才得以显现。比如兰亭，如果没有遇到书法家王羲之，那么即使流水和翠竹再清丽脱俗，也将变得荒芜而隐没于空山之中；再比如岳阳楼和黄鹤楼，如果没有范仲淹和崔颢两位诗人留下的经典佳作，即使再有巍峨壮观、匠心独运的构造，也同样被埋没在湖泊江河的岸边。“美不自美，因人而彰”这一著名美学论断，对于启发我们探讨美的根源与本质有重要价值。这句话应该包含了这些内涵：作为马退山客观存在的“美”不会自动显现出来，相反，美是隐而不露的，美只有依赖于人才能彰显出来。所以柳宗元认为马退山是美的，但如果没有人作记载，没有人做宣

① 柳宗元：《马退山茅亭记》。

传，其美是不会显现出来的，马退山的美也不被外人所知。用如今的话来表述，柳宗元的观点可以理解为：世上的美不是离开人的一种实体化的存在，而是在人心上显现的世界。

无独有偶，明代哲学家王阳明也有一段类似的对话：

> 先生游南镇，一友指岩中花树问曰："天下无心外之物，如此花树，在深山中自开自落，与我心亦何相关？"先生曰："你未看此花时，此花与汝心同归于寂；你来看此花时，则此花颜色一时明白起来：便知此花不在你的心外。"①

王阳明的观点是，一棵深山之处的花树，花开得即使再美，也只是自开自落，无所谓美与不美。在人未看花树时，花虽存在，但它与深山、人一起"同归于寂"，悄无声息，更无色泽艳美可言；只有当人来观看深山花树时，花之美才被人发现而使得"颜色一时明白起来"，于是花树之美便被发现、被唤醒、被肯定，美才成为真正意义上的美。

王阳明发明"心学"，其核心观点是："心即理"——天理，即普遍的道德原则；"知行合一"——知是行的主意，行是知的功夫，一念发动处便是行；"致良知"——人心发动即意念，为善去恶。正是基于这种"心学"理念，王阳明以其自身的"格物"修炼体验过程，强调"心力"的作用。对善恶的判断，对"美"的把握，都离不开"心"的体悟，其实这里涉及心物合一的生命体验，美感正源于此。可见王阳明的"心学"和柳宗元的"因人而彰"具有异曲同工之妙，都强调了审美主体对审美客体的主观把握，这也是中国美学"天人合一"思想的体现。所有的美皆因人而起，因人而异，因人而美。"美"乃是人的心灵与世界的沟通。

第三节　中国古代美学思想特征

教学视频

从具体"美"言章句着眼，基本梳理完中国古典美学思想后，我们发现，中国美学注重的不是美的形而上的本质，它避开了对美的本质进行直接定义和逻辑推演，而是在特定生活化语境中阐发美的本质，呈现出特殊的论说方式，这与体系化、逻辑化突出的西方形而上美学思想存在着很大差异。儒家哲学强调美的功利性

① 王阳明：《传习录》。

和审美的社会效用，美和善是同一的；道家谈的美是超功利性的美，是具有超越价值的美。很显然，儒道美学是和功利联系在一起，或者说是和价值联系在一起的。这一点与汉代许慎编写的《说文解字》中对“美”的解读是一致的：“美，甘也，从羊从大，羊在六畜主给膳也，美与善同意，羊大则美，故从大。”

一、诗意盎然，情感真挚

中国美学注重的不是美形而上本质，注重的是形而下生活的感性化生存境界，体现出一种诗意的生活情趣。一草一木，一山一水，一人一物，都是激起人间真实情怀的契机，山水田园类的“咏物”诗成为中国文学创作的传统。我们会想象出古代文人的生活是轻松的、缓慢的、诗意的、幸福的，他们往往把丰富的饱满的情感灌注于这种诗意的生活常态。天人合一，融入自然，亲近山水，身体时时在场，自觉地融入美妙的生态之美，可以说这是一种真正的生活美学。究其原因，中国古代社会是一种农业社会，中国文明本身就是与“土”密切相关的农耕文明。正如冯友兰所说：“中国哲学家的社会、经济思想中，有他们所谓的‘本’‘末’之别，本指农业，末指商业。”[①]儒家和道家“都表达了农的渴望和灵感，在方式上各有不同而已”。中国古人天然地追求天人相和，风调雨顺，五谷丰登，吉祥安康。这种与生活密切相关的美学场景，使中国古代哲人表现出对生活情趣或景观的敏感，中国美学由此彰显出特有的理论言说方式：美学与诗学一体化[②]，即以诗化的语言表达对“美本身”的独特感悟，以真性情体悟生活的价值及意义。情感化诗意化的美学特征凸显。这一点与西方崇尚科学、较少抒情不同，西方美学思辨而理性，更凸显狭义的形而上学。

在谈及中国哲学或美学为什么具有诗意的情感化特征时，著名学者李泽厚从“巫史传统”角度分析认为：“中国古代的一些基本‘哲学’范畴和概念是从巫术礼仪的身心活动中脱胎而来，不是抽象的思辨产物。”[③]他以此解读中西哲学的差异。西方的古代，巫术发生了分化，一方面变成理性抽象的科学，另一方面变成富有一定情感和信仰的宗教。作为一门科学的哲学，抑或美学，自然失去了情感和诗意，更多的是思辨深度力度加大，形而上学色彩明显；而中国的“巫史传统使中国文化中的情感与理性、宗教与科学之间的界线显得不是那么清晰”。在中国儒道释思想里，“信仰、情感和理性思辨是糅合在一起的”，“都残存或保留有巫术礼仪中

---

① 冯友兰：《中国哲学简史》，北京：北京大学出版社 2010 年版，第 15 页。

② 相关理论参见杨春时：《中华美学概论》，北京：人民出版社 2018 年版，第 20 页。

③ 李泽厚，刘绪源：《该中国哲学登场了？——李泽厚 2010 谈话录》，上海：上海译文出版社 2011 年版，第 6 页。

通天人的神秘情感”①。且不管“巫术”如何神秘，单纯就中国古典美学而言，的确负载着热烈的情感。可以想见，中国古代文人、哲人具有很强的艺术灵敏力和审美感受力——审美力，这往往会激发起创作者较强的艺术创新动力。事实上，回归情感，回归日常生活的诗意，才是人之本性使然，美学未必都玄妙而费解，那些怀古、伤感、眷念、顿悟之情皆可自然融入美学的理性思考之中。这会比那些过于抽象的思辨的西方哲学，尤其是强调断裂、碎片的后现代，更具有弹性和生命力，更能切入人的内心深处。应该说，这才是真正的哲学，真正的美学论说样态。正是基于此，李泽厚直言：**“后现代到德里达，已经到头了；应该是中国哲学登场的时候了。”**②所以，我们理应对中国美学充满自信！

二、超越物象，建构意象

中国古代美学彰显出诗意化和情感化的美学情怀，这情怀不是“向上”的神秘化、抽象化，而是“向下”的生活化、人性化，追求的是生命中属于人的东西，生活由此与美和艺术融为一体。这种“向下”的“下”就是实存的现实生活，就是具体可感的物象世界，具有鲜明的生态景观。山、水、日、月、雪、霜、鸟、花卉、乐声、烈酒、庙宇、村庄、田园、都城、烟雾、废墟、人物、往事等，都可能成为美的景观或生发起美感的符号，所以就出现了中国古人楼上看山、舟中观霞、灯下看花、城头望雪等审美趣味或审美习惯，一首首诗篇得以诞生，一句句“美”言散见于诗篇之中，美学与诗学融为一体，这种论述方式往往更贴近人的生活，人的习性，更接“地气”。“美”生成于丰富多变的物象世界，但这些“物象”是以客观静态方式存在的物色或景观，只是“美”得以升华的外在形式，“象”的呈现必然有人的主观作用。亦即，在物象世界之中，必然存在观赏者的审美体验以及观赏中的创造性，在这一过程中，人的创造是关键。可见，中国古代美学中不存在一种实体化的、纯粹主观的“美”，作为实体性存在的物也绝不是“美”。“美”只能是对物的实体性超越，对实体性的自我的超越。由此，“物象世界”之外必然存在另一个“世界”，朱光潜的《论美》称之为**“意象世界”**。具体地说，审美主体通过审美活动要在物理世界之外构建一个情景交融的意象世界。“意象”超越并区别于感性表象，“意象”才是美的本体所在，**“美在意象”**③。“意象”由此成为中国传统美学的核心命题。意境、神韵、性灵、

---

① 李泽厚，刘绪源：《该中国哲学登场了？——李泽厚 2010 谈话录》，上海：上海译文出版社 2011 年版，第 7 页。

② 李泽厚，刘绪源：《该中国哲学登场了？——李泽厚 2010 谈话录》，上海：上海译文出版社 2011 年版，第 7 页。

③ 叶朗：《美学原理》，北京：北京大学出版 2009 年版，第 38 页。

境界等呈现出一个个区别于现实世界的审美世界：或空灵，或韵味无穷，或气韵生动，或诗意盎然。

三、气韵生动，生命体悟

“在物理世界之外构建一个情景交融的意象世界”，“情景交融”，关键是有“情”的渗透，生命的体悟，一切“物象”因生命质感的融入而升华起光辉来。所以，中国美学从不问美的本质，而重在美的体悟，美之境界。中国美学始终围绕生命体验开展，渗透着浓厚的生命意识，即对世界的感悟和体验都以生命为内核。生命渗透贯穿于意象的世界，这里面蕴藏着生命“气”的流动，人得气而生，因气而存。人以气而生，文以气为主，**“气”“韵”生动**，中国艺术由此激荡着活泼的生命韵律感。中国哲学关乎生命，不是知识。中国哲学是一种生命哲学，它将宇宙和人生观视为一大生命，生命之间彼此互荡，浑然一体。我们生活在一个气化的世界，生命的世界，也是令人妙悟的世界。中国传统文化、中国古典美学，始终在围绕气韵涌动的“**生**”字展开。“道生一，一生二，二生三，三生万物”“天地之大德曰生”“仁爱乃生生之本”“生生之谓易”“生生不息”等。中国哲学是生命的、体验的，生命超越是中国哲学的核心①。正是从这个意义上说，学界一般认为中国美学即“生命美学”或“超越美学”②，也是一种“内审美”。

儒家从人的内化层面追求生命入世中的价值实现；道家从人的外化层面寻求精神上的超脱和灵魂的自由，儒道美学以人为本位展现出对个体生命的关怀，这种生命美学传统必然对中国文人生活方式及文艺产生深入的影响。重视生命，强调体验的中国美学，在关注和思考个体存在价值与生命意义的过程中，生成并建构起中国文艺思想的审美体系和话语。中国文艺思想普遍认为审美体验活动是主体对心灵自由的追求，是心与物、情与景、神与形、意与象、生命与活力的融合。比如，在中国传统美学中，把审美体验人化，形成以人拟艺的美学观念，并发展出“形”“神”“气”“韵”“风骨”“象”等美学范畴和理论。而这些美学观念也深深浸染着我们民族的文学、绘画、书法等艺术门类。徐复观的《中国艺术精神》这本书，就提到中国艺术受庄子生命美学的影响颇深：“在中国艺术活动中，人与自然的融合，常有意无意地实以庄子的思想作媒介。而形成中国艺术的山水画，只要达

① 朱良志：《中国美学十五讲·引言》，北京：北京大学出版社 2006 年版，第 2 页。

② 从 20 世纪开始一些知名学者相继提出有关中国古典美学“生命境界”“生命实践”的主张，如王国维的“生命意志”、鲁迅“进步的生命”、张竞生的“生命扩张”、宗白华的“生命形式”等，又经吕澂、范寿康、朱光潜、方东美、潘知常、封孝伦、陈伯海、王庆杰等学者的倡导，生命美学迅速成为 20 世纪以来中国美学的重要研究学派和学术前沿。朱良志等提出超越美学观。这些虽然在学界各有表述，甚至存在不少争议，但对中国古代美学核心命题的把握还是比较准确的。

到某一境界时，便不知不觉中常与庄子的精神相凑泊，甚至可以说中国山水画便是庄子精神不期然而然的产品。”[①]因此，中国文人在文艺作品中散发出诗意的山水情怀，如田园诗、山水诗，与庄子的飘逸、潇洒、洒脱、自由、空灵等一脉相承，中国的绘画、书法、建筑等艺术门类，也无一例外地沾染着道家的审美精髓。至此，我们回到梵高的《农鞋》与吴大恺的《此生山中住》两幅画，可以发现画家在创作《此生山中住》时，不是拘泥于客观物象的逼真，而是超越山水本身，融入自己的自然情怀和处世价值观，建构出属于画家也属于我们读者的意象世界，虚实相生，气韵生动，心物合一，令人神往。这就是中国山水画的魅力!

“诗意”“意象”与“气韵”构成了中国古代美学独特内涵，彰显出中国气派、中国气象和中国气质，这本身就体现出中国美学或中国文化的创造性，它们势必会深远地影响中国人的思维方式及中国艺术生成的过程。与此同时，依据中国文化而进行的美育，也会有自身独特的气质，这与西方美育的内涵就显现出差异性。下一讲我们重点就西方几个代表性的有关美的本质学说进行阐释，以求从中西美学对比中，探寻当下实施美育的可行性路径。

【拓展阅读书目】

1. 徐复观:《中国艺术精神》，桂林：广西师范大学出版社 2007 年版。
2. 李泽厚，刘绪源:《该中国哲学登场了？——李泽厚 2010 谈话录》，上海：上海译文出版社 2011 年版。
3. 叶朗:《美学原理》，北京：北京大学出版社 2009 年版。
4. 杨春时:《中华美学概论》，北京：人民出版社 2018 年版。

【思考与练习】

1. 李泽厚说：“中国文人外表是儒家，但内心永远是庄子。”请结合儒道名句及具体人文精神，谈谈你的理解。
2. 分析中国古典美学特征，重点阐释对“生命美学”内涵的理解。
3. 中国古典美学思想对当下实施美育工程的意义，你认为有哪些?

① 徐复观:《中国艺术精神》，桂林：广西师范大学出版社 2007 年版，第 102 页。

第三讲 认识美：西方人怎样谈美

众所周知，人都畅想和向往美好生活，并对美的事物着迷。美丽的世界是令人向往的世界，美无处不在。美融入生活的每一个细节之中，世界充满了美，世界也被美化了。美的事物能使我们获得美的享受和滋润。自然之美，鬼斧神工；人性之美，震撼心灵；艺术之美，熏陶性灵；技术之美，力量恢宏。这些应该是让我们发现的“美”，但这都只是对于具体事物美的感受和评价，即谈的是“美感”，并没有回答“美是什么”这一问题。美是什么，似乎是每个人不假思索都可以回答的问题，但其实它本身复杂而艰深的内容往往使人觉得玄妙和费解。

我们思考一下，梵高的《农鞋》蕴含的“本源”真理到底是什么？为什么当我国成功登陆月球背面，国人看到棉花种子在极端情况下发芽、长出嫩苗后，会感到非常激动和自豪，并潜意识地把这种现象视为一种独特的美的存在？为什么看到日月星辰、高山巨川、雷电风云、历史遗迹（图 3-1），我们会获得无比的自由愉悦或怀古惆怅的美感？历史上“环肥燕瘦”的差异性，在美学上又如何理解？很多艺术家或建筑家，把自己的作品视为自己生命的承载，他们在里面“植入”了什么，为何会深感欣慰甚而喜悦？又给我们接受者传递了什么？等等。对这些奥秘的揭示，就涉及对美本质的探讨。唯有深层次探寻到“美”的元素，我们才能抵达问题的核心。

《大希庇阿斯篇》是古希腊思想家柏拉图（图 3-2）的名篇，里面记述了苏格拉底（图 3-3）与诡辩派学者希庇阿斯关于“美是什么”的讨论。最后，在对各种讨论选项进行一一否定后，柏拉图不得不感慨地用一句谚语结束他们的讨论：“美是难的！”这个千古之谜，吸引着人们不倦地探索美的根源和本质。揭开人类思想史，我们不得不承认，“美”是一个直到今天人们依然还在争论的问题。中西美学

扫码观看彩图

图 3-1　万里长城

图 3-2　柏拉图（左）
图 3-3　苏格拉底（右）

思想史中诸多见解，给我们揭开这个谜底，提供了极具参考价值的路径。

中国古代美学思想给我们提供了关于“美”的本质极富民族特质的认知，本讲我们重点学习西方美学思想，以求探寻“美”本质的其他维度。我们首先立足于西方关于美本质的诸多学说，来理解美和认识美。著名学说主要观点有：主观论方面，如“美在理式”“美即直觉”“美的非功利说”“美是理念的感性显现”等；客观论方面，如“美是和谐”“美的整一说”“美在形式”等；主客观统一论方面，如“美在关系”“美是生活”“美是人本质力量的感性显现”等。由于篇幅有限，这里我们重点学习柏拉图的“美在理式”说、狄德罗的“美在关系”说、车尔尼雪夫基的“美在生活”说等三种著名学说。

第一节　“美在理式”说

毕达哥拉斯从宇宙万物与灵魂本质的角度，认为“数”是世界万物的源头，立足于数学的比例，提出“美在和谐”这一具有鲜明宇宙观的美学论断。但在西方美学史上，真正在理论上讨论“美”的问题是从柏拉图开始的。柏拉图给我们留下了诸多与美学相关的专著和残篇。柏拉图的美学思想是我们在探讨美本质问题过程中，不可绕过的一座高峰。

英国哲学家怀特海曾说，欧洲哲学传统最稳定的一般特征，是由对柏拉图的一系列注释组成的。虽然不能说这句话是否有一定的夸大，但是可以说明，柏拉图对后世的影响是巨大的。柏拉图的著作大多数都是以对话录的形式呈现，他的主要著作有《理想国》《对话录》，还有《斐德若篇》《会饮篇》和《大希庇阿斯篇》等。《大希庇阿斯篇》的核心话题是“美”，是一篇专门讨论“美”的对话录，而《小希庇阿斯篇》的核心话题是“恶”。柏拉图的美学观点就集中体现在《大希庇阿斯篇》中。

一、美本身

柏拉图借用他的老师苏格拉底与辩论手希庇阿斯之间的辩论，来说明对美的理解。苏格拉底问希庇阿斯什么是美，他一开始可能没有理解，他理解的是什么东西是美的。他一开始说，美是一个美丽的少女。苏格拉底就反驳他说，一个竖琴、陶罐，这些都是美的。相对来说，最美的猴子相比人来说还是丑的。那么由此可以推导出，最美的少女其实相比女神来说也是丑的，所以他的观点不能成立。然后希庇阿斯就说，美是黄金，美是恰当的，美是有益的，苏格拉底逐一进行反驳。苏格拉底自己又提出两种观点：美是有用的，美是快感。希庇阿斯随即也进行了反驳。

苏格拉底与希庇阿斯间的论战，区分了“什么东西是美的”与“美是什么”这两个问题。但希庇阿斯回答了“什么东西是美的”，并未回答“美是什么”这个本源问题。最终二人辩论也没什么结果，柏拉图借苏格拉底的口气说：“我问的是美本身，这美本身，加到任何一件事物上面，就使事物成其为美，不管它是一块石头，一块木头，一个人，一个神，一个动物，还是一门学问。”①

柏拉图最终借苏格拉底之口提出了“美本身”问题，“美本身”是使一件东西成为美的东西的原因。即一切美之所以为美，就在于源于一种永恒的本质存在——“美本身”。在柏拉图看来，只有找到了这个“美本身”，才算回答了“美是什么”的问题。柏拉图又在《会饮篇》进一步指出，“美本身”是一种绝对的美：

> 这种美是永恒的，无始无终，不生不灭，不增不减。它不是在此点美，在另一点丑；在此时美，在另一时不美；在此方面美，在另一方面丑；它也不是随人而异，对某些人美，对另一些人丑。还不仅此，这种美并不是表现于某一个面孔，某一双手，或是身体的某一部分；它不是存在于某一篇文章，某一种学问，或是任何某一个别物体，例如动物、大地或天空之类；它只是永恒地自存自在，以形式的整一永与它自身同一；一切美的事物都以它为泉源，有了它那一切美的事物才成其为美，但是那些美的事物时而生，时而灭，而它却毫不因之有所增，有所减。②

① [古希腊] 柏拉图：《柏拉图文艺对话集》，朱光潜译，北京：商务印书馆 2013 年版，第 174-175 页。

② [古希腊] 柏拉图：《柏拉图文艺对话集》，朱光潜译，北京：商务印书馆 2013 年版，第 249-250 页。

很显然，这种使一切事物成为美的共同本质的“美本身”，显得很神圣、永恒、绝对而又奇妙无比！柏拉图把这个“美本身”称之“idea”，朱光潜先生译为“理式”。但这种神圣永恒的“理式”并不是抽象无法把握的抽象概念，而是可以从精神层面上直观到的存在实体，亦即美的“理式”是客观存在的，它就本然地存在于现实世界中。只不过，这种“理式”世界是完满永恒的存在，并先于现实世界而存在，相对而言，现实世界往往是不完满和非永恒的。很显然，柏拉图言及的“理式”世界具有很强的理想性和召唤性，这种世界正是一个人最向往最渴望的生活境界。

至此，我们从中发现，柏拉图执着于对“美本身”问题的追问，实际上就是在追寻美的本质和根源，应该说这是对人类美学思想史的重大贡献，柏拉图有关探讨“美本身”的专著或残篇，是美学思想史上首次专题讨论审美本质的文献。[①]但问题是，这种神圣的永恒的客观的“理式”又如何能把握到，既然现实世界不完满，那这里的“客观”又如何理解？以至在苏格拉底与希庇阿斯的辩论中，也不能让希庇阿斯满意和接受。最后，柏拉图不得不长叹一声，并很感慨地用一句谚语结束他们的讨论：“美是难的！”

二、“三张床”

应该说，这是柏拉图留给后人共同的难题，学术的价值恰恰在于这无穷尽的探究过程中，直到后来诸多著名的美本质学说纷纷登场，美学成为学术生长力很强的学科。柏拉图的“美本身”“理式论”，显得抽象而神秘，但其实能够理解其“三张床”理论，一切都迎刃而解了。

现在很多专业家具商场展销诸多国际名床，这些成品床放在那些装饰考究的专卖店里，显得是如此的有品味，能唤起消费者购买的欲望，并成为财富或身份的象征。当然这些国外品牌床与我们中国老百姓先前日常用的硬板床比较，显得高贵，但二者都只是生活工具而已。

我们想象，现在有一位职业画家，擅长对一些国内外不同品牌的床进行艺术速写。那么，画家画画的灵感从哪里来？可能就来自面前这些热卖的床。但这些热卖的床难道是唯一的源头吗？或者说，这些热卖的床在制造之前又从何而来？这就涉及设计，涉及模板，或涉及今天说的“创意”。所以这些热卖的床就不是“画”唯一的源头。

综上所述，如果把热卖的床称为“现实的床”，画的床称为“艺术的床”，很明显，“艺术的床”源于“现实的床”。但有时即使做床师傅把真实的床精心做出来了，也会发出感慨，这张床还不令他满意。那么最令师傅满意的床在哪里？亦即

① “马工程教材”《美学原理》编写组：《美学原理》，北京：高等教育出版社 2018 年版，第 21 页。

“现实的床”到底源于何处？

柏拉图的逻辑告诉我们，“现实的床”就源于那张“设计的床”，即“理式的床”。由此，柏拉图给我们提供了三层世界：“理式的床”对应的是“**理式世界**”，“理式世界”是最高层最真实的世界；“现实的床”对应的是“**现实世界**”，“现实世界”处于第二层，是对“理式世界”的摹仿，是“理式世界”的影子；“艺术的床”对应的是“**艺术世界**”，“艺术世界”是第三世界，是对“现实世界”的模仿，是“影子的影子”。于是艺术不是对现实的模仿，而是对理式的模仿。由此，主观的绝对的永恒的神圣的“理式”成为万物之源，现实生活中一切美的事物都是由它派生出来的，是美的本源，这是一种典型的客观唯心主义思想。让我们最满意的世界或对象永远是在“理式”世界中，这个神秘的“理式”世界，始终在引导我们人类向它靠近。那个世界应该是“美”的存在，“美”的世界。

这些或许会帮助我们理解柏拉图式恋爱、性、宗教、信仰等深奥思想，直至后来的“乌托邦”理论。人类的发展，或许是以决绝的悲剧心态，孜孜追求“美”的世界，但痛并快乐着。至此，我们应该从“床”的解读中，进一步理解梵高《农鞋》中的“美本身”——梵高创作前或许会有自己至高的艺术理念，《农鞋》只是向这种“理念”靠近，但可能这个作品还不能让他最满意。

三、“美在理式”论的影响

具有鲜明客观唯心主义特色的柏拉图“理式论”，为后来诸多对美本质进行追问和探究的学说，提供了一种研究的范式和体系建构的思维模式，即美的主观论。新柏拉图主义创始人普洛丁把“美是理式”神秘化，直接用“神”来代表理念。在普洛丁看来，“美本身”在于事物本身放射出的“光辉”，由“神”而放，物质世界的美在反映神的光辉，神才是美的来源。由此，柏拉图的“理式”实体走向了神学化。

从观赏者主观心理探讨美的本质，最具代表性的是 18 世纪英国经验主义美学家休谟（图 3-4），他认为：“美并不是事物本身里的一种性质。它只存在于观赏者心里，每一个人心见出一种不同的美。……每个人应该默认他自己的感觉，也应该不要求支配旁人的感觉。要想寻求实在的美或实在的丑，就像想要确定实在的甜与实在苦一样，是一种徒劳无益的探讨。”“各种味和色以及其他一切凭感官接受的性质都不在事物本身，而是只在感觉里，美和丑的情形也是如此。”[①]休谟强调的是美存在于“观赏者”心里，不能脱离审美主体去寻找美的本源，美是人的某种

① 北京大学哲学系美学教研室：《西方美学家论美和美感》，北京：商务印书馆 1980 年版，第 108 页。

图 3-4 休谟（左）
图 3-5 康德（右）

生理心理机制，是心灵的产物，是人的主观精神现象。很显然，休谟更加突出强调美的主观化和相对化特征，更重视“美感”这一层面。

相对于休谟的主观心理经验审美观，康德（图 3-5）转向主体审美心理结构理论和阐释，他认为审美是基于人心理结构之人性的一种能力，这种心理结构的关键在于“**自由感**”，人性自由本质的象征性体验正体现于这种审美自由感之中。由此审美呈现四个特征：无利害的愉悦，无概念的普遍性，无目的的合目的性，无概念的必然性。无目的、无概念的自由感给审美主体带来的是由衷的愉悦感。康德关于审美本质内涵的界定正在于，美是一切无利害关系的愉快的对象。很明显，康德是从先验论出发强调，审美是主观的。

黑格尔（图 3-6）继承柏拉图的路线，并进入了更高本体“理念”的思辨逻辑中，发展和完善了“美是理式”说，认为美的本质在于“**理念的感性显现**”。突出了感性与理性、主观与客观的统一。另外，叔本华认为美是意志的客体化，弗洛伊德认为美（艺术）是性的升华，克罗齐认为美是心灵的表象是直觉的成功的表现，

图 3-6 黑格尔

等等。把人的主观心理看作美的本源，正是这些美学家观点之共性所在。但美的主观论也混淆了美和美感，用美感代替美，否定了美的客观存在，这是应该引起注意和反思的。

第二节 “美在关系”说

教学视频

相对于柏拉图玄妙神秘的“理式论”，18 世纪法国著名启蒙主义思想家狄德罗（图 3-7）在尖锐地批判了种种关于美的本质的唯心主义观点以后，明确地肯定了美在客观事物的关系，强调美的客观属性。他在《美之根源及性质的哲学的研究》中写道：“我认为组成美的，就是关系。”它是一切美的存在物的固有性质，事物由于这种性质，美才发生、增加、变化无穷、衰谢、消失，而没有这种性质，就使它们不再美。为了能理解狄德罗的美学观点，我们结合以下案例或体验进行阐释。

我们知道，随着城镇化加速推进以及农村人口大量外流，现在很多村庄变成了空心村。那些承载着很多人儿时记忆的老房子和村庄，只能成为伤感的记忆，于是如今的城里人无比怀念故土，在内心深处，“故乡”是远行者永恒的牵挂，“故土”就成为一种负载这些复杂情绪的符号，从村庄里庄重地带回城里并珍藏一些“故土”，就成为很多远游者很自然的本能行为。静坐时每次看到“故土”，我们就会感觉特别亲切。所以，对于已经成为城里人的我们来说，这块“土”就是最美的。

那么，这块“土”为什么对我们某一个人来说显得是如此弥足珍贵，而对别人又是如此普通呢？那是因为，他与这块“土”产生了特别的“关系”，这里存放着

图 3-7　狄德罗

他的记忆和温暖。要想揭示其中“美”的奥秘，狄德罗的“美在关系”说给我们提供了很有价值的参考。

大家知道，西方启蒙运动发生在 17、18 世纪的欧洲大陆。在启蒙运动时期，人类追求解放，忠于人性，重视情感，“美学”学科得以独立。人们突然发现，西方文明恰恰因为 17、18 世纪的启蒙运动，打开了一道光亮。启蒙是什么意思？结合康德的理论，很好理解，启蒙就是从不成熟的黑暗走向光明的成熟的过程，17 世纪的时候，启蒙运动让整个欧洲大陆亮了起来。但是，那个时代的中国社会处于什么样状况？是清朝，是顽固的渐趋腐朽的黑暗的封建王朝。一暗一亮，恰恰可以说明启蒙运动成为近代中西文明发展的分水岭，由此，我们会明白为什么 16 世纪后的中国一下落后于西方。有着“百科全书”之称的狄德罗，提出了著名的“美在关系”说。“美在关系”说有体系，有核心范畴，很有现实意义。

再看这样一个案例。我们知道，安阳殷墟“甲骨文”是我们中华文化的一张名片，现在假如，某个人专门从安阳带给他朋友一个里面装着“甲骨文”龟壳（图 3-8）的礼品盒，这位朋友肯定非常高兴，虽然他知道那是假的。细看一下，这礼品的大小色彩纹饰，尤其是龟壳上独特而神秘的“甲骨文”，设计考究，我们深知这汉字母体符号负载着华夏子民的情怀，以及牢固的集体记忆。但这位朋友的朋友恰恰不到一年因病突然离开了他，让他长时间陷入这种隐痛之中。这位朋友静静地坐在书房的时候，凝视着这个龟壳，百感交集，写了一篇长文《甲骨文的记忆》。

此时此刻，这个礼品，这个龟壳，放在其他人面前，可能没有什么感觉，而这位朋友却会对此有深深的感情。很显然，这位朋友把它视为一种“美”的存在，借用狄德罗的理论，这位朋友与这龟壳产生了独特的“关系”。

由此狄德罗提出的三种“关系”概念给我们很大启发：**“实在的关系”“相对的关系”“虚构的关系”**。并且，由这三种关系产生对应的三种美：**“实在的美”“相对的美”“虚构的美”**。

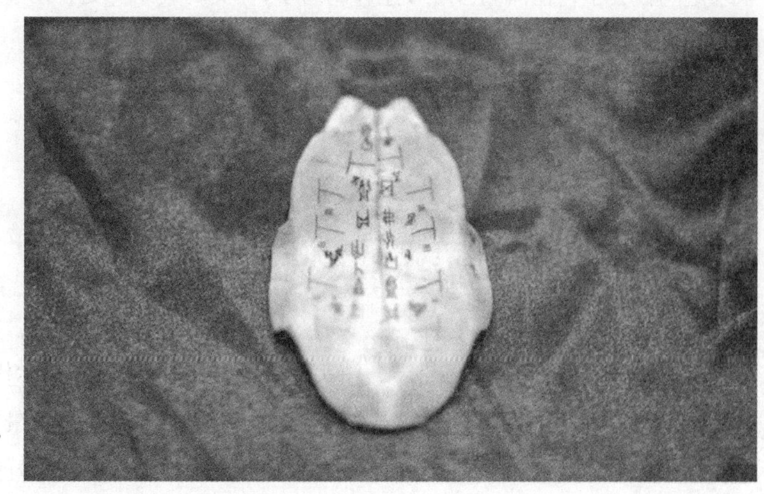

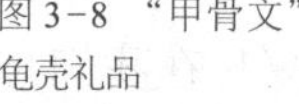
图 3-8 “甲骨文”龟壳礼品

扫码观看彩图

"实在美"，亦即"在我身外的美"，即由"实在关系"产生，"一切本身有能力在我的悟性之中唤醒关系概念的东西"，诸如"客体对象本身的秩序、安排、对称等等关系"，比如龟壳及文字等客观事物或抽象符号，诉诸感性事物本身的美的出现；感性客观事物即龟壳与我们审美主体之间"相对的关系"产生了独特的"相对的美"，亦即审美主体与龟壳建立独特的关系，让那位朋友从中享有独特的美；通过自身经历体验，这位朋友撰写了一篇伤感至极的文章。其实就是虚构了一部作品，那是一种升华，即"虚构的美"。其实，"故土"美的产生也与这"甲骨文"美的产生是一致的，即诸多关系的存在。海德格尔之所以对《农鞋》有那样深刻而独特的感悟，可以想象，《农鞋》某一方面肯定深深触动了他，他与作品建立了"存在"意义上的关系，他才有如此精彩的"妙悟"！

狄德罗还进一步提出了有关"关系说"的经典理论："美同时随着关系的产生增长、变化、衰退、消失。"他还用高乃依悲剧《贺拉斯》中的一句经典台词，"让他死去吧"来说明这个观点。狄德罗强调美要靠对象和情境的关系，以关系为转移。不存在抽象的绝对的美，只有相对于一定关系的具体的美。很明显，狄德罗的"美在关系"论坚持了唯物论，强调了美的内容，要从各种事物的相互关系以及与社会的关系中，来看待美和寻找美，彰显一定的辩证性。

另外，狄德罗的美学理论也很具有现实价值。"美在关系"对于我们如何建构健康的关系世界，依据自己或一定环境所需，协调处理好与关联对象之间的关系，最终成就我们有意义的人生很有启发和现实价值。比如，如何让我们的大学生活变得美丽？如何构建真正的"美丽大学"？这决定于你与周遭的世界建立什么样的关系。比如说你能否和你的同学建立良好关系，能否和校园美丽的景观建立关系，能否和图书馆的书建立美妙关系，能否和老师建立温暖友爱的关系，能否与所居国家或地球建立有担当情怀的关系，等等。如果一个人没能与周遭世界建立美好的和谐关系，就永远是孤独的，那是很悲凉的。所以说，关系成就了我们的美丽。未来走向社会了，情商的管理或生存的纷争，"美的关系"更有助于我们处理生存矛盾。

第三节 "美在生活"说

甲天下的"桂林山水"，奇特、清爽、明朗；"人间天堂"马尔代夫的天堂岛，梦幻、神圣、纯净。为什么全球会有那么多人向往这样的人间美景？若你置身其中，会不会有这种感觉：要是我所居住的环境像这样该有多么美好啊！在我们心中，那就是桃花源，那就是乌托邦，那就是我们应该有的“生活”。为什么会有这种美感?

车尔尼雪夫斯基的“美在生活”说，带给我们很多启发。车尔尼雪夫斯基从人本主义角度看待美的本质，明确地用“美是生活”正面回答了“美是什么”这个问题。车尔尼雪夫斯基在其美学著作《艺术与现实的审美关系》中坚持了人本主义观点，把“生活”的原则进一步扩大到美学领域，作为整个美学理论思想的基础和出发点，提出了著名的“美在生活”说。他在为批判黑格尔学派而写的学位论文《生活与美学》中给美下了这样一个定义：

> 美是生活；任何事物，凡是我们在那里面看得见依照我们的理解应当如此的生活，那就是美的；任何东西，凡是显示出生活或使我们想起生活的，那就是美的。这个定义，似乎可以圆满地说明在我们内心唤起美的情感的一切事例。①

“美在生活”这一美学命题具有丰富的思想意蕴。

首先，“生活”具有自然生命和社会生活两层含义，我们尊重生命，更热爱现实的美好生活。自然美和社会美构成了现实美，一反黑格尔的艺术美高于现实美的说法，车尔尼雪夫斯基认为，现实美高于艺术美。

其次，这样的生活是“看得见依照我们的理解应当如此的生活”，背后隐含的逻辑，就是那些现实的生活并不是我们理解或想象的美好生活，是有残缺性的。而我们理解或想象的美好生活，则指向未来或在艺术的世界里。“美在生活”说表现了要求批判和改革现实、进行革命的愿望，体现了鲜明的革命民主主义思想的战斗精神。这种生活，不包括一切生活中的事物和现象，只是指应当如此的生活，排斥了现实社会中的丑恶现象。追求美，就是追求理想的生活。很显然，车尔尼雪夫斯基强调的是美的理想性。的确如此，那些美丽景观、浪漫爱情、理想社会、美好大学往往就在未来的世界里，它们召唤我们去执着地追求。

最后，“美是生活”说，体现了人本主义精神。认为美是人类社会的现象，自然事物之美离不开人与人的活动，它是由于和人类生活有某种联系，对人类生活的某种暗示而美，生活就是美的本质。车尔尼雪夫斯基提出了自然界各种事物对美好生活的暗示，但更强调只有暗示到人的生活时才美！比如我们喜欢繁茂、新鲜、形式多样的植物，是因为这些植物有着蓬勃的生命，让我们想起人类对清新健康生活的追求。有人存在的生活才美，体现出人的实践精神。

车尔尼雪夫斯基的“美在生活”说肯定了美的客观性、社会性和理想性。该学

---

① [俄] 车尔尼雪夫斯基：《生活与美学》，周扬译，北京：人民出版社 1957 年版，第 20 页。

说从艺术与现实的关系入手，深刻反思了现实美与艺术美的关系，他认为“艺术的第一目的是再现现实”，但艺术也说明现实，艺术更应为美好的生活贡献力量。不过，此命题也暴露了一定的矛盾和混乱性，缺少辩证法精神；从人本主义立场出发来理解美和生活的本质，但不懂得实践是人类生活的基本内容和本质，不能用历史的发展的观点去论述生活，导致了用人的主观的联想或理想否定了实际的现实生活存在的美。这一点，我们应警醒视之。

不过，回到我们生活的这个时代，车尔尼雪夫斯基的“美在生活”说对我们构建美丽人生还是有很多启发的，其美育价值也就显现出来。我们在想，艺术能为现实生活做什么，我们需要怎样的一种审美？著名导演斯皮尔伯格的电影《头号玩家》（图 3-9），能给我们提供很多思考。《头号玩家》讲述了一个现实生活中无所寄托、沉迷游戏的大男孩，最后成功获得爱情的故事。电影的结尾意味深长，游戏世界——“绿洲”，每周将关闭一天，让人们体味生活的欢乐。这部电影探寻的正是“美好生活”的故事。电影等艺术的价值不仅是再现生活，也要说明生活，更是对生活的先行探索。“美是生活”的命题提醒我们，美好生活不是虚幻，而是一种有生命力的生活。

面对当下，我们有时不得不客观审视，真正的美似乎逐渐远离了我们的生活。我们中很多人每天从睁开眼睛就拿起手机，一直到入睡，刷朋友圈、刷微博，打游戏……占据了大量的时间，人们对于生活的观察与感受，完全被媒体所覆盖。美在生活，就是提示我们要重回经典艺术的世界，用艺术培育我们发现生活美的眼睛。比如我们的大学生活，当我们漫步校园，可以体味春秋代序，物色之动；当我们走入图书馆，文墨飘香处，正是用功时，可以感受学习与科研的肃穆之美；当我们走入餐厅，现代时尚与小清新的温馨格调，使得大家在一饮一食中体会味觉美与视觉美；当我们回到宿舍，在集体与个人生活的交错中，体会着秩序美与个性美。

所以，让我们放下手机，进入艺术的世界，回到生活，体会自然造化，品味人生百态。

扫码观看彩图

图 3-9 《头号玩家》海报

相对于美的主观论而言，“美在关系”说和“美在生活”说，更多强调美的客观属性。在西方美学史上，有诸多学派坚持美的客观属性，主张从美的事物本身去寻找美的本源，主张美是事物本身的某些属性、形式、结构或法则等。毕达哥拉斯认为：“整体的天是一个和谐，一个数目。”“身体美确实存在于各部分之间的比例对称。”立体图形中最美的是球形，一切平面图形中最美的是圆形。正是基于此，毕达哥拉斯认为“美是和谐”；亚里士多德以“如何存在”回答“存在是什么”，认为“美本身”应体现为“美的事物”属性，即“美的主要形式秩序、匀称与明确”。① 亚里士多德认为脱离美的事物的理念或“美本身”是不存在的，美就在事物之中，美就在于体积大小和秩序等形式方面；18 世纪经验主义美学家伯克肯定事物本身的性质：“美大半是物体的一种性质，通过感官的中介，在人心上机械地起作用，所以我们应该仔细研究在我们经验中发现为美的那些可用感官察觉的性质，或是引起爱以及相应情感的那些事物究竟是如何安排的。”②按照他的研究，他认为美是物体的以下一些特征引起的：小、光滑、柔和、各部分见出变化、不露棱角、娇弱以及颜色鲜明但不强烈刺眼等。

这些看法坚持了唯物论，反对了唯心论。但把美仅视为事物本身的某种特性，割断美与人、社会的联系，是对美的本质机械的形而上学的认识。这样以主客二分的思维模式为前提，存在着诸多偏见，甚至把对美本质的理解“引到一条斜路去了”。关于审美本质的探讨需要一种思维转机，或许海德格尔实现了这种思维模式的突破，但真正具有划时代贡献的是卡尔·马克思。关于马克思主义美学思想的丰富内涵，第一讲我们已进行详细阐释，这里就不再赘述。但我们始终强调，马克思主义美学是当下我们实施育人的根本性纲领，也是建构此教材体系的一条红线。

第四节　由中西美学比较到当代中国美育使命

一、美学重建与美学使命

至此，我们对中西美学差异有了基本的认知和判断。中国美学有中国的气派，是在中国土壤里生长出来的民族美学，我们需要的是文化的自信和美学的自信。所以，不是中国有没有美学的问题，而是中国到底有什么样的美学；从内在逻辑把握

① 朱光潜：《西方美学史》（上卷），北京：人民文学出版社 1979 年版，第 90 页。
② 伯克：《伯克美学论文选》，上海：上海三联书店 1990 年版，第 121 页。

中国美学的特点，不把中国美学当作论证西方美学的资料，基于全球化民族精神，重建中国美学，这是进行中国美学研究及中国美学建设应遵循的基本思路。在西方，美学作为一门学科，成立并不长。德语中“Äesthetik”一词原意是“感性学”或“感觉学”。美学是哲学的分支学科，是一种研究人的感性学；中国美学注重的不是单纯的“感性”（sensibility），不是对外在美的认识，而是追寻生命体验的真实（truth），寻求生命的感悟和安顿，最终返归内心。但长期以来学界对中国古代美学思想的研究采取的是“以西释中”的方法。这是片面的。不少人士认为中国古代美学没有思辨色彩，没进入真正的“美学”阶段，价值不大。这是一种严重的误读，更是不自信的表现。恰恰从某一方面来说，生长于独特文化土壤的中国美学更彰显“情感”化特征，这才是一种真正的“美学”。

令人感到欣慰的是，近现代以来，中国美学建设显现出了高光时段。王国维深受康德和叔本华影响，将西方美学理论与中国审美精神进行结合诠释，是第一个将西方美学引入到中国的美学家，由此中国本土美学也向世界开启了窗口；蔡元培任教育总长和北京大学校长之时，在大学设置美学课程并倡导审美教育，成为中国美育制度建设的奠基人；朱光潜与宗白华是结合中国文化推广现代美学的代表，贡献最大，影响也最大，朱光潜成为“美学在中国”的代表；蔡仪基于美在于客观的现实事物，提出“美是典型”论；高尔泰基于只有人感受到美，提出“美在自由”论；李泽厚基于客观性与社会性的统一，并结合马克思的经济学手稿，发展了实践美学。再到后实践美学、生态美学、身体美学等，中国当代美学建设呈现多元景观，对世界美学发展贡献巨大，也是中国美学发出声音并彰显自信的一种姿态。但无论如何，中国美学的建设都离不开中国这块土壤，唯此“美学”才更“美”。

“中国美学”中的“美学”更多指的是美学思想或思想史，但“美学”作为一个学科的名称是近代由西方传入中国的。德国人说“美学”这个词是从鲍姆加登开始的，英国人会说“美学”这个学科是从夏夫兹博里开始的，意大利人会说这个学科是从维科开始的，法国人会说这个学科是从夏尔·巴托开始的。总之，“美学”学科是在18世纪由西方人创立的。单纯从这个学科名称提出者来说，鲍姆加登被称为“美学之父”是有一定道理的。但从更广泛意义上来说，这种提法，就显得狭隘而值得商榷了。在漫长的美学思想史发展历程中，各国各有源头，谁能被称为“美学之父”，存在很大争议。不过，就世界全球化而言，中西各民族美学思想都是人类智慧的结晶，是美学发展或交流共享的重要基石，相互补充，都不可或缺。

从“**美学在中国**”到“**中国美学**”，再到“**中国美学的当代性**”[①]；从20世纪50年代的“美学大讨论”到80年代的“美学热”，再到如今的“美学的复兴”，这

① “中国美学的当代性”详细的表述应为“既具有当代性又具有中国特点的美学”，凸显的是当代社会转型期的美学新形态。

里可以看出其中内在的逻辑：**新语境下美学重建**。如今的新时代中国，美学更是融入生活的每个细节之中，美学由艺术或思辨走向了实验、应用和生活，艺术与生活的界线在缩小，文化、城市、艺术、新媒体这几个宏阔的视域正逐步打开美学的视野。美学作为人类顶端的智慧，以其自身天然的优势，能有机地融入各个学科，美学得以关注生活的更多方面，跨越更多的领域，“美学 +”或“+ 美学”等正成为跨学科跨专业研究的范式，而且也显现出当今人们向往美学生活的热情与期待。美学在复兴，美学正以各种态势走到我们生活前沿，这也给美育工程的实施带来新的挑战，更带来难得的契机。

二、席勒的美育观

美育，“按照美的规律建构”，实质上是把人培育成为什么样的人的问题。人才培养，是高校的重要职能之一，美育在其中承担着无比重要的作用。当代中国美育应以中国美学思想为逻辑起点，结合中国文化传统及中国语境，方能施之有效。在谈及中国美育特质之前，我们先来阐述一下席勒的美育观，这有助于我们厘清育人方向、科学实施美育路径以及提高美育效率。

席勒为答谢在其贫病时资助他的奥古斯腾堡公爵，以书信的形式，向公爵汇报他关于美学的思考，最终形成了我们现在看到的《审美教育书简》。在这 27 封信中，席勒提出了“美育”等诸多概念，他认为使人性协调发展的唯一途径就是审美教育，只有通过审美游戏才能使人成为人，使人性克服片面性，达到完美之域。席勒认为，完满人性的实现，必须经过三个阶段：物质状态、审美状态和道德状态，由此人们建构了感性的王国、审美的王国和理性的王国，席勒将审美的王国称为“第三王国”，其审美教育思想彰显出巨大的历史纵深感。

在第一阶段，人受自然的、盲目的力量支配，成为无理性的动物。在最后一个阶段，人是充分理性化、道德化的。人不能从自然阶段一下跃至道德阶段，而必须经过审美这个中介，审美成为人由感性转向理性的桥梁。正如席勒所说：“要使感性的人成为理性的人，除了首先使他成为审美的人，没有其他途径。”[①]席勒认为，人有几个层次的冲动：“感性冲动”“理性冲动”和“游戏冲动”。

感性冲动的对象是生活，它要占有，要享受，被官能所控制，是被动的，处于这种状态的人是自然人。比如说人从感知出发：人看见白菜就会认为它只是粮食作物，用途是吃，或者是拿去售卖。理性冲动的对象是形象，它要的是秩序和法则，受思想和意志的支配，是主动的，处于这种状态的人是理性人。比如说我们驾车要遵守交通规则，不能超速，不能闯红灯，否则就会被罚款，扣分；但这两种冲动各

① [德] 席勒：《审美教育书简》，冯至、范大灿译，北京：北京大学出版社 1985 年版，第 116 页。

自都有强迫性，不能直接结合，中间必须架起一座桥梁，这桥梁就是审美教育，让艺术充当恢复健康、具有美的心灵和人性的教师。

而艺术的起源则由于人在这两种冲动之外的另一种冲动，即游戏冲动。游戏冲动不受任何约束，它也不带有强迫性。唯有通过“游戏冲动”才能把野蛮的人变成道德的人；唯有通过审美的人，才能让人自觉地从“肉体”走上通往道德的路，而不仅仅是受国家、社会和法律制度强制管理而被迫屈服的、表面上的道德的人。比如说我们上学，感性冲动是学习的苦和累，我们懒于上课；理性冲动让我们意识到为了考试不挂科，拿到毕业证，找到工作，我们必须上课；游戏冲动则让我们认识到知识的乐趣，从而产生学习使我快乐的感觉。

席勒在第十五封信中说：“只有当人是完全意义上的人，他才游戏；只有当人游戏时，他也才完全是人。”①“游戏”即自由，人在自由中才是全人，不是分裂的人。游戏冲动的对象是“活的形象”，即艺术和美。如此，美让感性冲动和理性冲动达到和谐统一，避免二者出现分裂，让人性游离太远。

游戏、自由、快乐、和谐，正是席勒美育思想的关键内容。其美育思想自近代传入我国后，对王国维、蔡元培、朱光潜、郭沫若、田汉、宗白华等一大批知识分子产生了深远的影响，更对我国现代美育的发展产生了积极的推动作用。王国维认为：“美育者，一面使人之感情发达，以达完美之域；一面又为德育与智育之手段。”②而蔡元培直接说：“以美育代宗教。”③时至今日，这些美育观点同样具有重大现实意义。

大学阶段是我们步入成年的关键时期，进行审美教育即大学美育，可以帮助我们成为更完美的人。比如音乐、美术、书法、摄影等爱好的培养，可以使得大学生活更加丰富，学生也能在这些兴趣的培养中，成为更完美的个人。运动会、读书会、文艺表演、演讲比赛等活动的举办，可以使学生之间有更多合作交流的机会，也能在竞赛中展示个人风采，提升自信。所以说专业课程培养了我们扎实的业务能力，审美教育在潜移默化中帮助我们塑造了完美人格，为我们走向社会应对工作竞争、生活压力做好充分准备。

三、当代中国美育特质及使命

席勒的美育观启发我们，人要成为完善的自由的人，审美的中介作用至关重要。当人成为审美的人后，才更趋向感性与理性的和谐——生命的自由与惬意。而始终围绕生命体验开展并渗透着浓厚生命意识的中国古代美学，恰恰在达成人

① ［德］席勒：《审美教育书简》，冯至、范大灿译，北京：北京大学出版社 1985 年版，第 80 页。
② 王国维：《论教育之宗旨》，原载于《教育世界》56 号，1903 年 8 月。
③ 蔡元培：《蔡元培文选》，天津：百花文艺出版社 2006 年版，第 74 页。

之和谐发展的维度上，具有天然优势。因此，由中国古代美学思想开启的中国语境下的美育，有着自身有利的条件和背景。为此，我们要分析，基于中国古代美学思想资源的中国古代美育显现何种特质，这种特质对于新时代中国美育又有何借鉴意义？

儒道美学以人为本位展现出对个体生命的关怀，所以中国哲学关乎的是生命，不是知识，中国哲学实质上是一种生命哲学。这种生命哲学观就集中体现在“天人合一”上，无论儒道均大体如此。只是儒家更侧重于人，而道家更侧重于天，由此形成了中国古代“中和论”的美学美育思想。[①]“喜怒哀乐未之发，谓之中；发而皆中节，谓之和。”[②]“中和”美育的载体是礼乐教化。礼即道德教育，乐即美感教育，乐教应该先于礼教。通过温柔敦厚的诗教，通过“兴”“观”“群”“怨”，使人显得“文质彬彬”，使艺术彰显“尽善尽美”，并培养“乐而不淫，哀而不伤”的健康的和谐性情，这就是“中和”美育实施的途径、内容和目的。可见，诗歌和音乐就是古代美育实施的最佳范本。总之，“中和”最终强调和成就的是塑造如“君子”那样“文质彬彬”的理想人格。

另外，中国古代美学超越物象，建构情景交融的意象世界，诗意盎然、情感真挚，这凸显出东方式古典主义生活美学。在具象的物象世界里，人与自然社会融为一体，以万物合一、生生之谓易的生态观，彰显出人之生存状态的吉祥与诗意，实现了真正的生命超越。所以中国古代美学渗透着浓厚的生命意识，其中有人之喟叹、怀古、伤感、沧桑、眷念、欣悦、顿悟等。正是这种天人合一的纯朴的生态意识和生命关怀，让中国传统美育显现出可贵的一面：感悟自然，关注社会，以真情良知善待自我与生活。

无论是礼乐教化，诗教“兴寄”，还是万物合一，都折射出中国古代美育重在培育人旺盛的生命力、向善的人格美以及灵敏的审美力。受过如此教育或感化的人，其生存力、担当意识和审美感受力，要超越他人，用现代的话说，就是具有很强的竞争力。简言之，拥有很高审美力的人即具有较强的生存竞争力。所以，**中国古代美育思想启发我们思考以下诸多问题：**从提升人之情感及生存力角度上看，我们能否把“美”定义为“美是一种看得见的竞争力”，并且这个定义是否可以成为诸多美学或美育命题的逻辑起点？当今美育实施是否应在自然美感悟、社会美关注以及诗歌和音乐等艺术体悟等方面重点发力？中华优秀传统文化如何实现“双创”——创造性转化和创新性发展，焕发出新的时代生命力，助推人之全面发展？美育在于培养什么人、怎样培养人、为谁培养人这些根本问题上，承担什么样的时代使命？对于当代不同专业大学生来说，我们不可能要求其成为专业

① 曾繁仁：《美育十五讲》，北京：北京大学出版社 2012 年版，第 275 页。

② 王国轩译注：《大学·中庸》，北京：中华书局 2007 年版，第 46 页。

的美育家，但大学生在人生成长的关键期，我们对隐藏在专业课程背后的责任担当或美学素养，又如何予以引导和提升？基于课程美育的美育工程如何科学实施和推进？更为重要的是通过大学美育的学习，如何帮助大学生开拓全新的大学生活，成就美丽人生，使之能专注于自己的专业学习？一切归于既“立德”又“树人”！美育永远在路上，以下内容，我们力求从多方面角度，来尝试解决上述诸多问题。下面，我们从“理念”的天空回到生活的大地，来探寻自然、社会、艺术等各个领域美的存在方式。

【拓展阅读书目】

1. 朱光潜：《西方美学史》（上卷），北京：人民文学出版社 1979 年版。
2. “马工程教材”《美学原理》编写组：《美学原理》，北京：高等教育出版社 2018 年版。
3. [古希腊]柏拉图：《柏拉图对话集》，王太庆译，北京：商务印书馆 2004 年版。
4. [德]席勒：《审美教育书简》，冯至、范大灿译，北京：北京大学出版社 1985 年版。

【思考与练习】

1. 如何理解柏拉图的“三张床”思想？这对我们人生成长有何启发意义？
2. 结合自身体验，谈谈对“美的理想性”的理解。
3. 依据“美在关系”说，如何理解自然美的形成也是根源于社会实践？我们应该如何与周遭世界建立健康和谐的关系。
4. 如何从美育角度理解席勒的“游戏说”？

第四讲 美丽人生之自然美维度

第一节
人与自然的关系变迁

第二节
中国古典美学中的自然观

第三节
西方人眼里的自然美

第四节
中西自然审美差异

无论是闪耀理性光芒的西方美学思想，还是充满感性光辉的中国古典美学思想，理论的天空为我们打造了理解不同存在领域之美的诸多空间，让我们回到审美的大地，踏上自然、社会、艺术和技术的审美之旅。下面，让我们再次回顾海德格尔对梵高《农鞋》的精彩解读："在这鞋具里，回响着大地无声的召唤，显示着大地对成熟的谷物的宁静的馈赠，表征着大地在冬闲的荒芜田野里朦胧的冬冥。"①在海德格尔的描述中，我们对这双破旧的农鞋突然有了新的认识，因为这农鞋的破旧正是伴随主人行走"大地"而生成的，正是农鞋，让我们想到了人与自然那时而亲近（穿鞋行走），时而疏离（鞋安置在某个角落）的生活情境。"农鞋"这一物象，让我们一下从都市回到乡村，在宁静的小路上，我们从钢铁森林走向林中小路。

自然是人类赖以生存、繁衍生息之所在，人与自然高度契合而融生的自然美，是大学生审美教育的主要内容之一。本讲从中西自然审美的差异、人化自然、环境美学等几个方面，强调自然对于人生存的意义以及人对自然应尽的责任。

第一节　人与自然的关系变迁

在正式论述人与自然关系变迁之前，我们先看明代著名文学家袁宏道写过的一篇文章——《满井游记》。满井是明代北京郊区的一个风景区。这篇游记讲述早春时节，袁宏道约了几个朋友，到满井游览。春寒料峭，但是挡不住大地回春，万物复苏，作者被浓郁的早春气息触动了，感慨道："始知郊田之外未始无春，而城居者未之知也。"②郊田之外，春光斐然，城市居民却感受不到，其中缘由，主要是因为在明代晚期，中国古代城市经历了一个快速发展阶段，大量人口涌入城市，开启了新的生活方式，人与自然的关系也随之发生变化。

再看另一部著作——《林间最后的小孩——拯救自然缺失症儿童》。这是一本畅销书，这本书认为，在快节奏的城市文明中，儿童与自然的关系，发生了惊人的断裂。该书序言说："伴随工业化、城市化和社会现代化的进程，人类渐渐远离了

① ［德］海德格尔：《海德格尔选集》，孙周兴译，上海：上海三联出版社 1996 年版，第 254 页。

② ［明］袁宏道：《袁宏道集笺校》，上海：上海古籍出版社 1981 年版，第 681 页。

山川、森林、溪流和原野，成为穴居在钢筋水泥丛林中的动物。”①

显然，作为现代化进程重要表现的城市化，一方面让人们的生活环境得到较大改善，在卫生条件、生活便利度等方面提供了极大便捷；但另一方面，当人们置身于封闭的城市房屋之中时，人与自然的天然亲密感被钢筋水泥的冰冷之墙隔绝。城市的夜光让灿烂星河黯淡无光，人工草坪不似原野的天然肌理，一花一草没有偶遇的兴奋，而是扁平生活的刻意点缀。如果说处于现代性进程之中的当代人对人工与自然的隔阂已无敏感察觉，那处于近代文明进程中的人类则深刻感知到文明进程让自然付出的惨痛代价。

从历史发展看，古代城市文明的发展，是基于农业生产方式的。城市的规模与结构，无法与现代城市相提并论，所以对人与自然的关系，影响较弱。近现代的城市文明，则是基于大工业生产方式，对人与自然的关系，产生了巨大的影响。大家都很熟悉现代城市生活，日复一日、年复一年、周而复始，像机器一样运转，在嘈杂与忙碌的城市生活中，我们对节气的感知，也变得“迟钝”了。

由此来看，自从“人猿相揖别”以来，基于生产力的不断发展，人类创造了多姿多彩的文明形态，人与自然的关系也随之不断变迁。纵观人类文明的演进历程，人与自然的关系变迁，大致经历了三个阶段：**① 敬畏依赖阶段；② 征服控制阶段；③ 和谐共生阶段。**

在原始社会与农业社会，生产力不发达，人类对自然力量充满敬畏和崇拜。这种敬畏与崇拜表现在多个方面，比如先民的祭祀活动、图腾崇拜，就是将自然当作有生命、意志的对象进行崇拜，认为自然能够赋予人神秘的力量，从而得到理想的结果。但是，人类在敬畏自然之时也同时蕴藏了征服自然的种子，各种自然图腾意象的生成，正是人类自我人格与理想的符号化展现，其中隐藏着人类试图改造自然、成就自我的种种努力与尝试。

随着生产力的发展，人类适应、改造自然的能力大大提升。尤其是近代资产阶级革命以来，伴随着工业化大生产的出现，人类改造自然的能力大大提升。马克思、恩格斯在《共产党宣言》（图 4-1）中说：“资产阶级在它的不到一百年的阶级统治中所创造的生产力，比过去一切世代创造的全部生产力还要多，还要大。”②与此同时，人与自然的关系，也从原始社会与农业社会对自然的敬畏与依赖，转变为工业社会对自然的征服与控制。但是，人类的妄自尊大与贪婪欲望，导致一系列的环境问题与生态危机，进而危及人类自身的生存。恩格斯在《自然辩证法》（图 4-2）中谈到：“我们不要过分陶醉于我们人类对自然界的胜利，对

---

① ［美］理查德·洛夫：《林间最后的小孩——拯救自然缺失症儿童》，自然之友编译团队译，长沙：湖南科学技术出版社 2013 年版，第 4 页。

② ［德］马克思、恩格斯：《马克思恩格斯选集》（第 1 卷），中共中央马克思恩格斯列宁斯大林著作编译局译，北京：人民出版社 2002 年版，第 405 页。

图 4-1　马克思、恩格斯《共产党宣言》(左)
图 4-2　恩格斯《自然辩证法》(右)

于每一次这样的胜利，自然界都对我们进行了报复。”①事实也确实如此。当自然被作为改造对象时，自然之于人的崇高与神圣让位于功利与手段。自然不再是人生活其中的“大地”，不再是与人之生存具有血肉关系的自然，而是被支配与占有的实在“客体”。当蒸汽动力将人们带入到方便快捷的工业社会时，一次次的工业革命让人们与自然的关系一次次疏远，自然不再拥有神秘光环，“使自然服务于人类的事业和便利”②成为人们对自然认识的基本“信仰”。然而，当人们利用自然时，恰恰忘记了最基本的取舍与价值关怀，人类中心主义的价值观让人毫不避讳未来的可能风险，终于，一次次惨重的环境与生态危机让人们逐渐对曾经亲近的自然有了新的认识。

于是，西方哲学家、美学家以及艺术家开启了重返自然的新主张。需要指出的是，美学在这一进程中显示出重要作用。这是因为西方对自然的征服，正是在主体性思维统领之后，工具理性高涨而感性退缩的时代，西方哲人普遍开始批判理性，而以感性为旗帜，提倡回到自然。早在启蒙时代，卢梭即提倡“自然教育”，这一自然的含义并非回到原始状态，也不仅是外部的自然世界，而是要求回到内心的自然状态，“遵循自然，跟着它给你画出的道路前进”③，以此消弭世俗世界对内心的种种利益熏陶，从而回到人的自然感性状态。当然，正如曾繁仁先生认为的：“他所说的‘自然状态’与‘自然人’都是在抽象的意义上说的，尽管在哲学上具有与‘文明状态’‘文明人’参照的作用，但毕竟抽离了它的社会历史内涵，是一种历史唯心主义的非科学的理论预设。”④但卢梭对理性高涨时代自然在人类生活中的全面退却还是有深刻的体认，正因为如此，以卢梭为源头的浪漫主义美学思潮正式开

① [德] 马克思、恩格斯:《马克思恩格斯选集》(第 3 卷)，中共中央马克思恩格斯列宁斯大林著作编译局译，北京：人民出版社 2012 年版，第 998 页。

② [英] 培根:《新工具》，许宝骙译，北京：商务印书馆 1984 年版，第 215 页。

③ [法] 卢梭:《爱弥儿》，李平沤译，北京：商务印书馆 2008 年版，第 149 页。

④ 曾繁仁:《美育十五讲》，北京：北京大学出版社 2012 年版，第 168 页。

启，在伴随理性启蒙的时代，高扬自然感性的另一种声音也在回响。在艺术中的代表就是浪漫主义创作流派，他们主张以想象与情感对抗思想界略显冰冷与超然的客观性态度，主张贴近大自然，倡导远途旅行，体味大自然的奇伟、多彩，于是，一幅幅自然风景画作诞生于 18 世纪中期到 19 世纪中期的英国，而此时正是英国工业革命的高峰。一篇篇赞美自然湖光山色的诗歌诞生在英国，这正是湖畔诗人（the lake poets）群体的创作，这也影响到后来的中国，即以汪静之、应修人、潘漠华、冯雪峰等人为代表的湖畔诗人群体。

今天，我们已不需要像浪漫主义者那样为了拉近与自然的关系而刻意高声呼喊，因为我们已经切身感受到了，人类与自然的和谐相处非常重要！我们需要反思，需要探索，人与自然如何和谐相处？习近平总书记讲到："我们既要绿水青山，也要金山银山。宁要绿水青山，不要金山银山，而且绿水青山就是金山银山。"从人与自然的关系变迁来看，这一主张有着深刻的历史与现实意义。

站在新时代的历史起点上，我们必须重新找回人类对自然的情感，必须在人与自然之间，建立稳固的和谐共生关系，这是关乎"人类命运共同体"的一个基本问题。面对这一问题，当代学术界开启了全方位的研究，人文学科中的环境历史、生态文学、环境哲学，社会科学中的环境法学、环境社会学、环境管理学、生态经济学，包括自然科学与技术在环境保护方面的丰硕研究成果等，都是力图在人与自然和谐相处的关系模式中去建立新型的人类"生态文明"。在这样的时代背景下，美学界也出现了生态美学、自然美学、环境美学等研究方向，并出现了与伦理学、工程学等多学科交叉研究的基本态势，显示出美学学人对时代问题的敏感与人文关怀。显然，立基于美学研究的美育，不能忽视对自然环境的关注，大学美育正是要立足当今时代现状，以审美为切入点，让当代大学生懂得欣赏自然之美，自觉营造环境之美，自发保护生态之美，从而营造新的人与自然的和谐关系。

第二节　中国古典美学中的自然观

相较于西方，中国人更早发现自然界的美。首先，我们来探究中国古典美学中的自然观。

翻开中国几千年的文化或文学史，我们会发现基本存在着四大意象：清冷的明月，伤感的琴声，浓烈的酒香，盛开的花卉。

这明证了远古中国农耕文明的特质：亲近自然。反映在各个艺术领域，我们几乎都能发现这种“亲近自然”的本能书写与创作。

我们在想，这其中的内在源头在哪里？追根溯源，我们需要回到中国思想的源头，在儒道两家的思想中，都认为“人”与“自然”之间是相互联系、相互依存、相互渗透、互为一体的，从根本上讲，这就是我们都很熟悉的“天人合一”观念。

我们先看道家经典《道德经》中的两段话：

第二十五章，“人法地，地法天，天法道，道法自然”。“自然”，指自性本然，事物本来应该具有的样子，概言之就是天道之理，后来逐步延伸为自由、无碍、无为等。

第六十四章，“是以圣人欲不欲，不贵难得之货；学不学，众人之所过；以恃万物之自然，而不敢为”。这段话是要强调人要遵循万物自然之道。

由上可见，道家认识到宇宙自然是大天地，人则是一个小天地。人和自然在本质上是相通的，故一切人事均应顺乎自然规律，达到人与自然的和谐。

比之道家，儒家更关注现世人生，以“仁”为核心，以对自然人伦的感悟之情面对自然，让自然带上浓厚的人伦意味，形成了“比德”思想，但也强调人与自然一体相融，相通相济。宋代理学家程颢（图 4-3）认为：“天人本无二。”王阳明说：“心即天，言心则天地万物皆举之矣。”[①]他们都认为“天人”原本一体，人心与天心本无二，人与自然相与为一，息息相通。

从儒道自然观来看，两家都追求“天人合一”之境。

“天人合一”的思想可以追溯到殷周时期，《易经》中已有体现。到了春秋战国时期，诸学派建立了各自的天人观，孔子、孟子、荀子等对此均有探究。到了汉代，董仲舒在前人的基础上进行总结，他在《春秋繁露·阴阳义》中讲道：“以类合之，天人一也。”魏晋玄学的“天人合一”说主要是道家学说的发展，其“天”

图 4-3　程颢

① ［明］王守仁：《王阳明全集》，吴光、钱明、董平等编校，上海：上海古籍出版社 2015 年版，第 181 页。

主要指自然。佛教传入中国之后，与庄学结合，建立了以“心”为本体的“天人合一”说，及至宋代，多家学说呈合流之态势，中国传统文化的三维结构已经基本形成，“天人合一”思想进一步成熟，理学家张载在《正蒙·乾称》中第一次明确提出“天人合一”的概念：“儒者则因明致诚，因诚致明，故天人合一，致学而可以成圣，得天而未始遗人。”①

基于“天人合一”观念下的儒家和道家自然观思想在中国传统文化中占据着重要的地位，也影响到文艺创作。以下我们从诗歌、绘画等古代艺术作品中，探寻创作者对于“天人合一”精神的呈现。

“天人合一”是中国古典诗歌的内在神韵。无论是《诗经》中的“河水清且涟漪”，还是《楚辞》中的“山峻高以蔽日兮，下幽晦兮多雨”，都展现了自然天成、情景浑然的情。

王国维在《人间词话》中将诗歌分为“有我之境”和“无我之境”。这两种“境”中都展现了“天人合一”意蕴。

“泪眼问花花不语，乱红飞过秋千去”“可堪孤馆闭春寒，杜鹃声里斜阳暮”是有我之境。“采菊东篱下，悠然见南山”“寒波澹澹起，白鸟悠悠下”是无我之境。

有我之境，以我观物，故物皆著我之色彩。在“有我之境”的抒情诗里，由景入情，以景驭情，进入情景交融的“天人合一”之境。无我之境，以物观物，故不知何者为我，何者为物。在“无我之境”的山水田园诗中，诗人完全融于自然，物我两忘，达到“天人合一”的艺术境界。

自然山水之美往往容易触发文人的创作情思，让内心的情感自然流露，让对自然的感兴或以诗性的语言表达出来。文人往往以自然山水或农村自然景物、田园生活为吟咏对象，把细腻的笔触投向静谧的山林，悠闲的田野，创造出一种田园牧歌式的生活。陶渊明是田园诗的开山，南朝的谢灵运是山水诗的鼻祖。诗歌不能离山水，诗人也都喜欢寄情于山水，在游山玩水中找寻灵感，借物寄情一吐人生悲欢。

除诗歌外，我国古代的山水画也体现“道法自然”“天人合一”的精神。

山水画题材作为人类的一种精神载体，山川草木是表现人类灵性的象征，通常不求与情景相似，但求是人类灵性和精神境界的具体旨归。这不只是传统的形神观念的真谛所在，也是山水画题材形成的动力。

中国山水画一直是以自然山川作为创作的题材。“外师造化，中得心源”始终是山水画家所遵循的创作原则。北宋画家范宽常居关陕深山密林之间体验自然，让自己完全融入山水中，观照自然与自身，天人合一，因此他能将山的真精神于笔下自然流露。如《溪山行旅图》《雪山萧寺图》等。因此宗白华先生

① [宋] 张载：《张载集》，章锡琛点校，北京：中华书局 1978 年版，第 65 页。

图 4-4　宗白华

（图 4-4）在《美学散步》中说："俯仰往还，远近取与，是中国哲人的观照法，也是诗人的观照法。而这观照法表现在我们的诗中画中，构成我们诗画中空间意识的特质。"①

通过以上简单介绍，大家对中国传统美学中的自然观有了一定的了解。以"天人合一"为基础的中国传统自然审美观念，在今天的社会发展中依旧通用。在越来越注重生态环境的今天，自然之景作为构建我们美好生活的有机部分，越来越受到人们的喜爱和重视。

作为当代大学生，我们应当学会自觉欣赏自然之美，赏其形，观其味，悟其道。所谓观其形，即欣赏身边自然景色的形态之美。以我们生活的大学校园为例，为了让大家拥有愉快的学习心境，校园花木繁茂，碧草如茵，有花园式的生活园景，让读书之余的我们拥有一份赏花观蝶的休闲心绪。不过，观赏形态之美的同时，我们应当品味自然之美，以此促进我们人格境界的提升，其途径可以是从艺术到自然，再以自然促进生活。韦尔施在《艺术如何改善了我们的生活》一文中曾谈到："艺术经验也可以传授生活事务。它唤醒并培育我们的感知力、我们的理解力以及我们对各种世界观和生活构想的包容力"②，在中外艺术发展史上，有众多以自然为意象的作品，比如中国传统绘画多以梅、兰、竹、菊为题材，即是艺术家借自然之物为客观物象，"立象以尽意"，以一花一草、一石一木负载人生的真情，让花草石木成为人格的象征和隐喻。当代大学生可以在艺术欣赏之余，从艺术返回自然，体味自然之美，提高人格境界。最后，我们来看一下古人如何赏味自然，如何在日常生活中体味自然之道，宋人罗大经在《鹤林玉露·卷三·乙编》中的"活处观理"一节中道：

① 宗白华：《美学散步》，上海：上海人民出版社 1981 年版，第 111 页。
② ［德］沃尔夫冈. 韦尔施：《艺术如何改善了我们的生活》，王卓斐译，《艺术评论》2011 年第 4 期。

> 古人观理，每于活处看。故《诗》云“鸢飞戾天，鱼跃于渊”。夫子曰：“逝者如斯夫，不舍昼夜。”又曰：“山梁雌雉，时哉时哉！”孟子曰：“观水有术，必观其澜。”又曰：“源泉混混，不舍昼夜。”明道不除窗前草，欲观其意思与自家一般。又养小鱼。欲观其自得意，皆是于活处看。故曰：“观我生，观其生。”又曰：“复其见天地之心。”学者能如是观理，胸襟不患不开阔，气象不患不和平。①

此段文字，虽言观理，但更言感悟天地的大美，谈及养性，但更重情于陶养审美品性。古代先哲以感性的方式，通过生活中的自然之事、自然之物的观照，以具身体验悟得“理”以及“理”背后世界之变化生气，于现实生活的时刻体验之中，将超越性精神置于生活之内。而这种于日常生活之中见自然真情的“功夫”，正是当代大学生欣赏自然之美时理应达到的审美之境。故而，我们应汲取先贤的思想精髓，亲近自然，感悟生命，观照自身的成长。

第三节　西方人眼里的自然美

一、人化的自然

从人与自然的关系变迁看，人类经历了从原始社会敬畏依赖自然，到近代征服控制自然，再到现代人与自然和谐共生三个阶段。在经历了人与自然关系不同的阶段之后，我们应当如何从理论上理解人与自然的关系？如何实现人与自然的和谐共生？进一步看，从美学角度看，我们如何在对自然进行审美时，进一步加深对人与自然关系的认识呢？

对此，我们引入马克思论述人与自然关系时使用的**“人化的自然”**这一术语，并从美学角度对这一术语进行阐释。我们知道，人类对自然的审美，经历了一个漫长的历史过程。我们以“人类对山的审美变化”为例，说明这一点。

原始社会，人类聚族而居，山是他们最早的居住地，出于生存需要，原始人类产生了一种神秘的情感——对山的崇拜。大山高耸入云，巍峨壮观，顶峰更是人所罕至。先民们想象，山顶上住着神仙，那些高大的山是通往天堂的道路，于是山披上了一层神秘的色彩。

① ［宋］罗大经：《鹤林玉露》，上海：上海古籍出版社 2012 年版，第 100 页。

先秦之后，人们开始把山同人的道德联系在一起，这就叫“比德”。比如《论语·雍也篇》上说：“知者乐水，仁者乐山。”[①]朱熹《四书章句集注》对此解释道：“乐，喜好也。知者达于事理而周流无滞，有似于水，故乐水；仁者安于义理而厚重不迁，有似于山，故乐山。”[②]这种喜好之“乐”，正是人们对待仁义道德所得的德性快乐，这是一种既理性又超理性，既具有情感意蕴又超越情感，融道德与审美于一体的“至乐”。因此，以“仁者乐山”为例，孔子想要表达的是，具有仁爱之心的人像高山一般平静与稳定，他们不易为外事外物的改变而产生动摇之心。仁者以爱待人、待物，像群山一样，宽容仁厚，不忧不惧，不役于物，不拘于物，从而容纳万物，开放包容。

魏晋以后，中国人开始从“畅神”的角度欣赏山，这时候的山，褪去了神秘的色彩，也褪去了道德的色彩，与人格外亲近了。一些著名诗人、词人对山的书写，传唱千年、脍炙人口。

李白（图 4-5）《独坐敬亭山》：“众鸟高飞尽，孤云独去闲。相看两不厌，只有敬亭山。”唐代大诗人李白，与敬亭山对坐相看，孤独寂寞的情感交流，是不是跃然纸上了？

我们再看，宋代词人姜夔《点绛唇·丁未冬过吴松作》：“数峰清苦，商略黄昏雨。”太湖岸边，几座山峰，清寂愁苦，它们好像在商量，黄昏时分是不是要下雨了？词人借几座山峰，采用拟人化手法，写活了自己寂寞苦闷又无可奈何的心境。

大词人辛弃疾有的不仅仅是沙场秋点兵的豪放，也有“我见青山多妩媚”的婉约。《贺新郎》：“我见青山多妩媚，料青山、见我应如是。情与貌，略相似。”晚年的辛弃疾，壮志未酬，知交零落，能够与他作伴、交心的，也只有眼前的青山了。

图 4-5　李白

① ［清］阮元：《十三经注疏》，北京：中华书局 1980 年版，第 2479 页。
② ［宋］朱熹：《四书章句集注》，北京：中华书局 1983 年版，第 90 页。

扫码观看彩图

图 4-6　文徵明《兰亭修禊》图卷（局部）

词人是孤独的，却偏要写出一种惬意洒脱的情感，从而包裹住内心深深的孤独感，这恰恰是这首词的妙处和境界。

通过这些优美的诗句和词句，读者可以体味到人与山的“亲密关系”，感受到山所承载的自然美。紧接着的问题是：自然为什么美呢？

唐代柳宗元认为：“夫美不自美，因人而彰。兰亭也，不遭右军，则清湍修竹，芜没于空山矣。”①我们大都读过王羲之《兰亭集序》，知道兰亭（图 4-6）的风景非常美丽。不过，柳宗元强调，自然景物要成为审美对象，要成为自然美，必须有人的审美活动，必须有人的意识去发现它，去唤醒它，去照亮它，否则就只能“芜没于空山”。简单来说，所谓“人化的自然”，正是被人类发现了、唤醒了、照亮了的自然。

所以说，我们固然要反对人类对自然的征服与控制，也不应回到原始社会对自然的恐惧与畏怯，而应建立人与自然和谐共生的新型关系。但是，这种新型关系是建立在人对自然更为深刻的认知基础之上的，这种新型关系不是基于目的论的古代有机整体论自然观，也不是基于主体意识崛起而建立在主客二分基础上的近代机械论自然观，而是在人与自然统一基础上的人化自然观。在马克思看来：“自然界的人的本质只有对社会的人来说才是存在的；因为只有在社会中，自然界对人来说才是人与人联系的纽带，才是他为别人的存在和别人为他的存在，只有在社会中，自然界才是人自己的人的存在的基础，才是人的现实的生活要素。只有在社会中，人的自然的存在对他来说才是自己的人的存在，并且自然界对他来说才成为人。因此，社会是人同自然界的完成了的本质的统一，是自然界的真正复活，是人的实现了的自然主义和自然界的实现了的人道主义。”②正是在这一对自然的肯定与否定的双重作用下，人才能完成人的自我完善以及与自然的统一，才能在人与自然的价

① ［唐］柳宗元：《柳宗元集》，吴文治校注，北京：中华书局 1979 年版，第 730 页。

② ［德］马克思：《1844 年经济学哲学手稿》，中共中央马克思恩格斯列宁斯大林著作编译局译，北京：人民出版社 2000 年版，第 83 页。

值关系中实现手段与目的的统一，让人与自然都成为价值的中心和目的，都具有内在价值而不是利他或利己的价值。如此，人与自然才能实现相互促进与统一。在马克思人化自然思想的基础上，美学家李泽厚从审美角度来解释“人化的自然”，他认为“人化的自然”有广义和狭义两种含义：

> 通过劳动、技术去改造自然事物，这是狭义的自然人化。我所说的自然的人化，一般都是从广义上说的，广义的“自然的人化”是一个哲学概念。天空、大海、沙漠、荒山野林，没有经人去改造，但也是“自然的人化”。因为“自然的人化”指的是人类征服自然的历史尺度，指的是整个社会发展达到一定阶段，人和自然的关系发生了根本改变。“自然的人化”不能仅仅从狭义上去理解，仅仅看作是经过劳动改造了的对象。狭义的自然的人化即经过人改造过的自然对象，如人所培植的花草等等，也确乎是美；但社会越发展，人们便越要也越能欣赏暴风骤雨、沙漠、荒凉的风景等等没有改造的自然，越要也越能欣赏像昆明石林这样似乎是杂乱无章的奇特美景，这些东西对人有害或为敌的内容已消失，而愈以其感性形式吸引着人们。①

简单讲，“人化的自然”狭义上是指经过人的劳动、技术等改造过的具体的自然事物。广义上是指人类征服自然的历史尺度，指的是整个社会发展到一定阶段，人和自然的关系发生了根本改变。自然美产生于人化的自然，是人类实践活动的直接成果。在社会实践中，一方面人类不断改造自然，使大自然逐渐成为“人化的自然”；另一方面人自身也得到了改造，经过数百万年的生产劳动，人类逐渐进行“自我”改造与进化，让双手更为灵巧，让大脑更为发达，从而形成特有的感觉器官和感觉能力，进而让人形成独有的美感。因此，“人化的自然”这个概念工具，可以帮助我们理解与掌握自然美的本质，让我们重新反思人与自然的关系，从而能够冲破既往对自然的种种误解，以对自然美形成更加深刻的认识。

二、西方当代环境美学

由英国BBC出品，大卫·艾登堡主持的大型系列纪录片《蓝色星球》，从太空中拍摄地球面貌，它的绚烂之美让人心醉。纪录片以诗意的科学精神告诉人们，在宇宙间，地球是我们唯一的家园，我们必须呵护这美丽而脆弱的蓝色星球。

但是，从20世纪30年代开始，比利时马斯河谷烟雾事件、洛杉矶光化学烟雾事件、伦敦烟雾事件、日本水俣病等，一次次环境公害事件给人类敲响了警钟。而

① 李泽厚:《美学四讲》，北京：生活·读书·新知三联书店1989年版，第88-89页。

现在，环境公害事件从发达国家向发展中国家漫延，环境的破坏，是地球母亲不能承受之重！

1962年，蕾切尔·卡逊的《寂静的春天》出版，它以寓言开头向我们描绘了一个美丽村庄的突变，从陆地到海洋，从海洋到天空，全方位地揭示了化学农药的危害，"再也没有鸟儿歌唱"，生活何处探寻美好？

终于，学术界的神经被触动了，从20世纪70年代开始，很多学科领域出现了"环境转向"（环境生态学、环境生物学、环境物理学等，当然，还包括环境经济学、环境法学）。而环境美学，正是在这种思想和现实背景下产生的，它是美学学科对环境危机的积极回应！

1966年，英国学者罗纳德·赫伯恩《当代美学及其对自然美的遗忘》一文，正式开启了西方环境美学的研究浪潮，而卡尔松与柏林特两位中国人民的老朋友，则是当代西方环境美学最重要的代表人物。

不过，两人理论观点并不相同，**卡尔松侧重"客体"层面，柏林特侧重"主观"层面。**

具体说，卡尔松提出了"肯定美学"，强调"自然全美"理念，认为："全部自然界是美的……所有原始自然本质上在审美上是有价值的。自然界恰当的或正确的审美鉴赏基本上是肯定的。"①

在卡尔松看来，自然世界都是美的，而且具有肯定的、积极的审美价值。

柏林特就不同意卡尔松的客观论说法，他提出了："介入美学。"认为："环境是被体验的自然、人们生活其间的自然。"②

柏林特的环境包括自然环境和城市生活方方面面的"大环境"，他认为人类不应该将环境看作外在于人的存在，而应该将环境看作我们的家园，与我们息息相关的"命运共同体"，环境审美应该建立在人的介入、参与和感性体验基础上，要发挥审美主体在环境审美中的重要作用。

正因为如此，我们看到，不同的时节人们都要走入自然，感受与体验自然的美，每年四月武汉大学的校园都会被樱花装点，很多市民都会走进这所百年名校，体会自然与人文交错间的美感。洛阳的牡丹花会（图4-7），开封的菊花展，都会吸引各方宾客走入其中，体会自然带来的和谐美感。

西方环境美学影响深远，在当代中国，环境美学对我们有什么意义呢？这些年，我们国家强调建设"美丽中国"，强调把生态文明放到建设的突出位置，因为环境质量与我们生活密切相关。

① [加] 卡尔松：《环境美学——自然、艺术与建筑的鉴赏》，杨平译，成都：四川人民出版社2006年版，第109页。

② [美] 阿诺德·伯林特：《环境美学》，张敏、周雨译，长沙：湖南科学技术出版社2006年版，第11页。

扫码观看彩图

图 4-7　洛阳牡丹

近几年，雾霾问题困扰着中国很多地方，试想，如果我们一直生活在雾霾的环境中，大家如何拥有一个健康、美好、文明、欢乐的生活呢？西方环境美学，就是想在理论上去论证，在当今时代，环境已经成为我们生活的一部分。客观论也好，主观论也罢，其实目的只有一个，就是强调环境与我们的日常生活息息相关，从而让我们每个个体自觉具有环境保护的意识。

所以，从这一角度看，**环境美学的问题，实质是一个美好生活的问题**。人的生活涉及方方面面，需要很多分支学科研究，但无论如何，我们总是在一定的环境中生活着。我们生活的方式、生活的质量与我们生活的环境有密切关系，环境是我们的生活之域、生活的居所，是生命存在的根，环境与人的关系，决定着我们生活的好坏。

池田大作说："生命的尊严只有和自然相调和，才能得以维持。"①所以，环境的审美，正是我们生活与生存的审美！

第四节　中西自然审美差异

教学视频

通过对西方现代环境美学的介绍，以及中国古典美学自然观的解析，我们对中西自然审美有了一定的认识，下面我们将探析中西自然审美差异性的相关问题。

① [美] 汤因比、[日] 池田大作：《展望二十一世纪》，荀春生等译，北京：国际文化出版公司 1985 年版，第 204 页。

图4-8 范宽《溪山行旅图》(左)
图4-9 拉斐尔《草地上的圣母》(右)

扫码观看彩图

北宋范宽《溪山行旅图》(图4-8)与西方拉斐尔《草地上的圣母》(图4-9)这两幅名画都融入了自然风貌，但是两位画家的呈现方式和侧重点实则有所不同。在《溪山行旅图》中，映入人们眼帘的自然山水占据绘画的主体部分，反衬出羁旅之人跋山涉水的不易和中国古人渴望与自然融为一体的“天人合一”观念；而《草地上的圣母》一图，虽然也以自然田园风貌作为展示圣母慈爱世人的背景，但主题其实为凸显圣母的形象，反映了西方的人文主义精神和不同于中国的自然观。

可见，中西方在自然审美方面存在着极大的差别。**西方更多地是将主客体分开，持有的是“二元论”，强调人类对自然的征服与改造，更为欣赏的是“人工之美”。而中国，则将主客体统一起来，持有“一元论”，强调人类顺应自然，与自然建立和谐亲密的关系。**

造成中西方自然审美差别的原因是什么呢？中国社会之所以会形成顺应自然的价值观念，与古代中国农耕社会的形态对自然的依赖，以及古老中国“天人合一”的宇宙观念，和“山水有灵”的价值信仰密不可分，究其根源，还在于地理环境。而西方山地多、平原少、气候寒冷的自然条件，决定了人们以狩猎和畜牧为主的生活方式，人们不得不与恶劣的自然条件作艰苦卓绝的斗争，为了维持生存，久而久之，便形成了与自然抗争的价值观念和敢于冒险的探索精神，造就了海洋文明的性情品格。

所以，从欧洲发现新大陆，在世界各国建立殖民地以来，这种勇于冒险的精神就融贯于西方人的品性之中。无论是笛福的《鲁滨逊漂流记》，还是海明威的《老人与海》，或是当下《跟着贝尔去冒险》的综艺节目，无不反映出西方人与自然相抗争的主题。

那么，中西方自然审美的发展经历了哪些历程呢？

首先，中国古代自然审美的发展历程大致可分为——**致用阶段；先秦“比德”**

阶段；魏晋六朝“畅神”阶段。中国所有的文化都根源于土壤，土壤孕育了中国古老的农耕文明，早在新石器时代，人们已开始顺应自然，发现自然，在自然中与万物融合，这也迎来了中国古代自然审美的“致用阶段”。

我们可以从各阶段的代表性物品来看中国古代的自然审美。首先说一下致用阶段的代表性器具，比如河南博物馆藏品“人面鱼纹”彩陶盆，屈家岭出土的陶鸟、陶鸡、陶狗，河南临汝阎村出土的“鹳衔鱼纹彩陶缸”。“人面鱼纹”彩陶盆是新石器时代仰韶文化的代表性器物，为什么要在这个盆上面绘制鱼的图案呢？因为中国早期的美，从致用开始——就是这个东西要有用，要与生活息息相关。再比如屈家岭出土的陶鸟、陶鸡、陶狗，河南临汝阎村出土的“鹳衔鱼纹彩陶缸”等，这些器物上面的图案都是当时人们日常生活中所能接触到的重要的生产生活资料，它们首先满足了人们的生活需要，因此由于生产力的关系，这一时期中国的自然审美是停留在致用阶段。

随着温饱问题的解决，到了先秦时代，人们慢慢将自身的情感也赋予自然万物，比如赋予梅花傲骨，赋予竹子高洁，赋予松柏坚贞，赋予菊花隐逸等，人们从自然物身上看到了人类的某种情感，伴随着先秦儒家思想的广泛传播，中国古代的自然审美也随之进入“比德”阶段。

到了魏晋六朝时期，中国自然审美进入“畅神”阶段，这一时期，道家和道教蔚然成林，它强调人类走向自然，人类与其他自然万物处于同等生存、同等选择的物种地位，促使人们从内部视角审视我们所生活的这个世界。陶渊明的田园诗，谢灵运的山水诗，宗炳的山水画横空出世，山水艺术的勃兴，也标志着中国自然审美的觉醒。

相较于中国，西方对于自然山水的审美则觉醒得较晚，正如顾彬所言：“在西方，自然意识是伴随着资本主义和工业社会的形成而形成的”①。在时长约一千年的中世纪，西方处于中世纪基督教的统治束缚中，基督教的禁欲主义认为自然界的美景能唤醒人的情欲，是魔鬼的化身，所以人与自然处于敌对层面；14 到 16 世纪的文艺复兴时代，西方人开始尊重自然之美；17 世纪，荷兰绘画出现了取材于自然的物象；18 世纪末，英国湖畔派诗人等开始诗颂自然。正因为西方对自然审美的滞后，西方美学对自然美向来不够重视，黑格尔将美学界定为艺术哲学，认为自然美是一种不完善的美。谢林则直接漠视了自然美，其缘由，阿多诺有深刻洞见：“自然美之所以从美学中消失，是由于人类自由与尊严观念至上的不断扩张所致。”②由此看，当下西方环境美学的兴起，是西方对自然重新认识与尊重的结果。

---

① ［德］W. 顾彬：《中国文人的自然观》，马树德译，上海：上海人民出版社 1990 年版，第 2 页。
② ［德］阿多诺：《美学理论》，王柯平译，成都：四川人民出版社 1998 年版，第 110 页。

不管是中国自然观中对于自然的顺应，对于自我的体察，还是西方自然观对于自然的挑战，对于自然的抗争，其实，背后都是对人类自我生命的认知和超越，这无不反映了人们突破自我、超越自我的渴望，与其说这是自然美学，我们不如将它概括为生命美学。其实，作为当代大学生，体味自然之美，主要也是由自然而向生命的寻理之道，如何做到由自然而通向生命，宋人郭熙在《林泉高致》中言："山水有可行者，有可望者，有可游者，有可居者。画凡至此，皆入妙品，但可行可望不如可居可游之为得"[①]，其中的可游、可居当是给予我们最重要的提醒。这要求我们不仅将自然当作一种观赏的对象，而且将其当作与自己生活息息相关的、让自己融汇其中的居所。在生态文明的新形态下，我们不仅应当将通过人的实践与改造之后的自然看作人化自然，更应当以宽容与理解的态度来面对自然，给自然以平等公正的立场，让自然时刻在人类文明中显现，如此，责任意识就更容易生成，而人与自然的和谐关系，也将在生态文明的大背景下得以建立。

关于自然美，我们就谈到这里，接下来，让我们从大自然的旅行中回到生活之中，来看另一审美领域——社会美。

【拓展阅读书目】

1. 王旭晓：《自然审美基础》，长沙：中南大学出版社 2008 年版。
2. 朱利安：《山水之间：生活与理性的未思》，上海：华东师范大学出版社 2017 年版。
3. [加]卡尔松：《环境美学——自然、艺术与建筑的鉴赏》，杨平译，成都：四川人民出版社 2006 年版。
4. [美]阿诺德·伯林特：《环境美学》，张敏、周雨译，长沙：湖南科学技术出版社 2006 年版。
5. 张德宁：《锦山绣水：中国古代山水画精品珍赏》，上海：上海人民美术出版社 2009 版。

【思考与练习】

1. 人与自然关系的变迁经历了哪些过程？
2. 结合实例，辩证分析"人化的自然"的内涵。
3. 如何理解"环境美学"和自然伦理？结合具体案例，探讨为什么环境美学会成为当今的热点话题？
4. 结合案例，分析中西自然审美的差异。

① 周积寅：《中国古代画论辑要》，南京：江苏美术出版社 1988 年版，第 240 页。

第五讲 美丽人生之社会美维度

第一节

社会美内涵

第二节

社会美内容

第三节

人格美

“人是一切社会关系的总和”，人的存在具有社会性，人的实践活动推动人类前行，而人类社会实践本身就体现出丰富的社会美。人的社会实践范围极为广泛，存在于社会生活的方方面面，学习工作、娱乐游玩、日常起居等都可以是社会美的对象。同时，社会美的对象不仅表现在艺术作品中，也直接存在于社会实践形式里，存在于诸多实用的社会生活之物上，正所谓“实用器具的审美化实际上反映出人的生活世界的审美化以及人自身的审美化”，[①]而当代社会普遍存在的审美化也深刻体现了审美与社会之间广泛而深刻的内在关联。

社会美的内涵丰富而深刻。让我们再次提及海德格尔对《农鞋》的阐释：“从鞋具磨损的内部那黑洞洞的敞口中，凝聚着劳动步履的艰辛。这硬邦邦、沉甸甸的破旧农鞋里，聚积着那寒风陡峭中迈动在一望无际的永远单调的田垅上的步履的坚韧和滞缓。”一位朴素农夫的生活，日日艰辛的劳作与内心的焦虑通过绘画这一艺术形式表现出来。让我们再看一幅当代中国油画，收藏于中国美术馆的名作——罗中立的《父亲》(图 5-1)。这幅大尺幅（215 cm × 150 cm）超写实肖像油画常年在中国美术馆展览。相信凡是亲眼看过的观众都会受到心灵的震撼。当然，专业批评家眼里或许认为《父亲》的构图与写实风格并没有展现独特的艺术创新，但在改革开放初期，作为现实主义题材作品，“《父亲》确实表现了我国当代农民的疾苦，但它远非只是客观地再现农民生活的苦楚，而是表现了仍然艰苦的劳动和生活条件下，老一代农民勤劳、朴素和任劳任怨的优秀品质”。[②]

扫码观看彩图

图 5-1　罗中立《父亲》

① 尤西林：《美学原理》，北京：高等教育出版社 2015 年版，第 160 页。
② 邵大箴：《也谈〈父亲〉这幅画的评价》，《美术》1981 年第 11 期。

可以说，上述作品对人与社会问题的艺术表现，正是社会美探讨的重要内容。本讲即着重阐释社会美的内涵、社会美的内容以及人格美的要义，并探讨当代大学生如何做一个具有高尚人格的人。

第一节　社会美内涵

教学视频

马克思在《资本论》中说：人“天生是社会动物”。①人不仅有自然属性，还有社会属性。我们不是孤立的，而是在社会之中生活的人，和外界有着密切的联系。人和外界的联系方式有很多，人与社会不同的联系方式对其生存价值产生不同影响。入选“感动中国2016年度人物”的王锋先后三次勇闯火海，救出六人，并及时呼叫楼上十多名住户脱险，导致全身烧伤面积达98%。几个月后，王锋因感染不幸逝世。王锋的生命虽然逝去了，但他的精神永远留在我们心中。相反，在我们的生活中，有些人整日浑浑噩噩，不思进取。这样的苟活，已经失去了生的质量。一个人生命的意义不在于长短，而在于质量和厚度。2018年是中国改革开放四十周年，党中央和国务院授予100位社会各界精英“改革先锋”称号，他们有科技工作者、企业家、文化体育名人，其中尤其值得注意的是那些基层干部和扎根基层的改革推动者。如我们熟悉的华西村改革开放带头人吴仁宝、寿光蔬菜产业化的推动者王伯祥等人，都在平凡的岗位上取得了不平凡的成就。如果翻看他们的改革事迹，每一步的成功都是在日积月累中积淀起来的，他们一样面对着各种阻力与困难，但正是一次次面对困难的勇敢、坚韧与超越，让他们的人生收获了不一样的精彩。那么，如何让我们的生命更有意义呢？这就要提到社会美这个话题。在此之前，我们先来看一下什么是社会美。

社会美就是现实生活中社会事物和社会现象呈现的美。社会美与上节课讲的自然美合称现实美。与自然美相比，社会美在内容和形式的关系上，更偏重于内容，社会美总是与那些反映人类历史发展方向的、进步的道德观和政治、人生理想连结在一起。这是由于，一方面，在马克思主义美学看来，全部社会生活本质上是实践的，实践活动决定着审美活动，而审美活动是社会实践活动的一部分，在这一意义上，实践活动领域也是社会美的领域。但另一方面，实践活动是社会美的基础，这并不意味着所有的实践活动都必然是美的。由于人们在社会实践领域更容易踏入各种是非利害的考量，很少对日常生活和社会实践进行审美观照，所以，对社会美的认识“往往需要

① [德] 马克思：《资本论》(第1卷)，中共中央马克思恩格斯列宁斯大林著作编译局译，北京：人民出版社2004年版，第379页。

人们对社会生活的全新观照，需要人们对社会生活中的价值和意义的深切体认”，[①]也只有如此，那些符合人类正面价值追求的社会实践，符合马克思“美的规律”方向的社会实践才能成为审美活动的对象。社会美的范围极为广泛，也因此与求真、求善的价值活动联系密切，比如，社会美与善密切相关，但不等同于善，它不具有直接的功利性，它把善变为个体高度自觉自由的行动，从而引起人们的审美愉悦。

社会美有哪些存在形式？主要有两种：第一种社会美在征服自然、改造自然和变革社会的实践中，人的本质力量不断得到发挥，人的智慧、品德、意志、性格、创造力等人类主体实践的巨大力量得以充分展现。在此过程中，人们由于认识到并肯定人类实践力量的崇高与伟大而产生了一种愉悦情感。人类的劳动和活动本身也因此获得了审美的价值。比如北大的女博士娄滔，她得了一种叫作渐冻症的疾病。这种疾病是世界五大绝症之一，患者会出现全身肌肉萎缩和吞咽困难等症状，最后会因呼吸衰竭而死。娄滔博士已于2018年1月去世，生前她不仅顽强地与病魔作斗争，还表示捐献自己的器官意愿，以救助更多的病患，感动了无数网友。

第二种社会美存在和表现于静态的人类劳动产品上。在感性成果中，凝结了人的本质力量，物化了人的审美心理的因素。比如红旗渠工程，这是20世纪60年代河南林县人民在极其艰难的条件下修建的水利工程，被人称为“人工天河”（图5-2）。2016年，红旗渠工程获批国家5A级旅游景区，2017年入选《全国红色旅游经典景区名录》。

再比如青藏铁路。青藏铁路全长1 956公里，历时七年修成。它是世界上海拔最高的高原铁路，是中国新世纪四大工程之一，2013年9月入选“全球百年工

图5-2　红旗渠

扫码观看彩图

① 尤西林：《美学原理》，北京：高等教育出版社2015年版，第158页。

扫码观看彩图

图 5-3　港珠澳大桥

程”，是世界铁路建设史上的一座丰碑。作为重要的进藏路线，青藏铁路推动西藏进入铁路时代，密切了西藏与祖国内地的时空联系，拉动了青藏带的经济发展，被人们称为发展路、团结路、幸福路。

陆地工程成熟之后，我国开始向蓝色海洋迈进。2018 年开通运营的港珠澳大桥（图 5-3），是目前世界上规模最大的跨海工程，沉管海底隧道规模也位居全球之首，被英国《卫报》评为“新世界七大奇迹”。但是，大桥在建造过程中遇到了很多技术难题，尤其是难以承受国外高额的技术咨询费用。于是，中国工程师鼓起勇气，边建设边探索，向难关挑战，摸索出跨海大桥建设的新方法，实现了众多技术创新，为世界海底隧道工程技术提供了独特样本和宝贵经验。当然，尤为值得称道的是，港珠澳大桥在实现桥梁安全性和功能性基础上，非常重视桥梁设计的景观性和文化性，其中的青州航道桥塔顶造型吸收了“中国结”的文化元素，让之前的直线造型“曲线化”，使桥塔显得灵动雅致，而江海直达船航道桥的主塔塔冠造型取自“白海豚”元素，又与海豚保护区的海洋文化相结合。可以说，凝聚人的本质力量的静态劳动成果将人类的审美心理物化，通过造物让生活充满审美元素。

第二节　社会美内容

社会美包括哪些内容呢？我们大学生应该如何看待社会美、创造社会美和传递社会美呢？社会美的内容非常丰富，主要包括环境美、生活美和人物美。

先看第一种社会美的类型：**环境美**。环境美是指人类在长期生存发展的过程中，通过对自然环境的利用、改造、适应等形成的人类生存环境的美。比如一望无垠的稻田、平静广阔的人工湖、干净整洁的教室等。环境美存在于我们生活的各个方面，人们也越来越重视环境美的营造。以郑州龙子湖大学城为例，在占地22平方公里的区域内，15所驻郑高等院校环绕龙子湖呈环形分布，校区之间相邻相伴，虽然各校建筑风格不同，但无不重视校园环境建设，为广大学子提供了优良的读书场所。不过，如果我们走访龙子湖各个高校的老校区，会发现由于当时社会发展水平的限制，加之地处华北的郑州水资源有限，很多高校并没有这种园林湖岛的规划设计。当然，当代社会对环境美的重视不仅体现在外部环境上，更体现在室内环境的情境构筑上。曾经有一段时间，实体书店受到网络书店的冲击，经营十分困难，大量转行或倒闭。但是，最近几年，实体书店再次焕发了活力，与之前书店的样态相比，现在的实体书店都开始重视室内环境的营造，将单一售卖图书功能的书店变成了一个集售书、交流、娱乐多重功能为一体的公共空间，人们在书店内可以畅游书海，也可以雅集交游，书店在网络媒体时代再次获得重生。同样是书，2018年12月5日，位于北欧的芬兰的赫尔辛基中央图书馆隆重开馆（图5-4）。CNN曾把该馆列为2018年即将开放的世界级文化建筑之一，它的开放开启了图书馆的新时代。赫尔辛基中央图书馆的特色并不在馆藏数量的庞大，而是为民众提供了各种文化活动空间，成为赫尔辛基市民聚会、阅读和多样化城市体验的场所，是一个既能获取知识，又能进行文化艺术体验的休闲惬意空间。可以说，人们在社会生活中对环境美的追求，已经开始由充满创意的设计蓝图逐渐成为现实，而环境美的营造彰显出其在社会生活中的重要意义。

扫码观看彩图

图5-4　赫尔辛基中央图书馆

再看第二种社会美的类型：**生活美**。生活美是指日常生活中的社会美，包括民俗风情、节庆狂欢等。比如我国少数民族地区颇具特色的火把节、泼水节，西方国家的圣诞节、万圣节等。每个地区的人民群众都有自己较为独特与稳定的生活方式，这些相对稳定的生活方式体现出审美价值时，就成为生活美的重要组成部分。我国幅员辽阔，东西南北都有自己独特的生活方式与习俗，形成了不同的审美风韵：北京的天桥、大栅栏，南京的秦淮河，杭州的西湖，成都的宽窄巷子，西安的回坊，都在历史与当代的交融中诉说着城市的民俗风情，游客行走其间，品味人生与历史的韵味。作为文化大省的河南，也在打造属于自己的文化风情品牌：开封的清明上河园，力求还原千年之前的“东京梦华”；郑州则以商城遗址为依托，打造商都历史文化区。这些城市无不希望在历史追忆间延续自己城市的文化血脉。现在，生活美也成为美学关注的热点问题之一，因为当代消费社会出现了“日常生活审美化”，英国社会学家迈克·费瑟斯通在他的《消费主义和后现代文化》一书，韦尔施在《重构美学》一书中，都反思了日常生活审美化的问题。一方面，日常生活审美化让美真正进入我们息息相关的“生活”之中，我们可以时时刻刻感受到美；但另一方面，审美也被“资本”利用，我们的审美可能不再是无利害的审美体验，而是同资本结合，审美可能会变成一种物质欲望。对此，大家应当辩证看待，在生活更“美”时，也应当警惕时刻伴随着的“非美”。

最后看第三种社会美的类型：**人物美**。人物美就是人之美，**人物美是社会美的核心**。人物美包括人自身的身体美、行为美、语言美、心灵美、人格美等。说起人物美，就不得不提到中国古代的人物品藻。品藻，就是对人物进行品评，通过审视人的才智、品性和风度，决定人才的高下。品藻自古就有，这一风气在汉代开始兴起，在魏晋时期达到鼎盛。人物品藻最初带有明显的政治倾向，但是在魏晋时期具有明显的审美色彩。众所周知，魏晋时期时局不稳，越名教而任自然的士人崇尚清谈，对人物的品藻由重视“德才”转向重视“自然”，由对人物政治才能和道德情操的评价转向对人物的个性气质和人格风度的欣赏，这些欣赏涉及人物的语言、行为、性格等诸多方面，正是我们谈到的人物美内容。下面，我们着重从当代审美现象出发，来看人物美的内涵与表现。

身体美。身体美是人类健康的身体所呈现的美。人类很早就开始对身体进行审美，古希腊雕塑就是身体美的典型代表，无论是优美的典范——断臂的维纳斯，还是形体健美的掷铁饼者，或者最具“包孕性”瞬间的拉奥孔，无不表现着古希腊人对身体美的理想追求。而审美较为含蓄隽永的中国古典美学，对身体美的表现就没有那么直接，但对身体美的赞许则毫不吝啬，“巧笑倩兮，美目盼兮”，“纤纤软玉削春葱，长在香罗翠袖中”，“其形也，翩若惊鸿，婉若游龙，荣曜秋菊，华茂春松，仿佛兮若轻云之蔽月，飘飖兮若流风之回雪”。如上种种，可谓极尽语言描述之能事。但是，需要指出的是，无论是古希腊人对身体的直观表现，还是中国古代对身体的婉约称赞，都是一种健康积极的审美。近些年，随着智能手机的普及，随手一拍成为人们的日常习惯，与之伴随的是众多修图软件，照片成为“照骗”，其背后显然是审美趣味的变迁与更为复杂的社会价值观取向。作为当代大学生，对于身体美的欣赏，理应在价值多元时代树立正确的取向。

行为美。行为美就是指人在各种社会实践活动中，通过所作所为表现出来的美。比如坐公交车给老人、孕妇让座，按照顺序排队购票等，都是应该做的。行为美问题不仅涉及个人行为，更面对群体行为，二者是相互联系与统一的。我们经常谈到中国古代是礼仪之邦，温文尔雅、文质彬彬成为中国式君子的典型形象。然而，随着改革开放以来对外交流的广泛，一些中国人出国游玩、学习时常言行失范，让世界对中国人的印象大打折扣。很多国外景区出现中文提醒时，往往涉及行为规范问题。不仅是在国外，近些年，国内景区频爆游客不雅行为。“某人到此一游”的即兴“篆刻”从长城砖墙到古镇遗址，无处不在。即便是号称“地球最后净土”的青藏高原，也未能幸免。为了能够在社交媒体上晒出一张照片，很多游客不远万里前往青海茶卡盐湖景区“打卡”。2018 年，茶卡盐湖景区迎来四万名游客，这对地处青藏高原脆弱生态环境的景区而言，是难以承载的巨大客流，环卫工人每天要工作 13 小时以上，但景区依然垃圾满地，很多游客无视垃圾桶的存在，将穿过的鞋套随意乱扔，景点的垃圾堆积让人触目惊心。游客们走到哪垃圾扔到哪，拍完照就扬长而去。2018 年，一则新闻又让大家揪心。同样是在青藏高原，世界屋脊珠峰禁止单位和个人进入国家级自然保护区绒布寺以上核心区旅游。珠峰的生态环境同样十分脆弱，这本是一片人迹罕至的高原地带，即便环境恶劣，条件有限，但游客仍是络绎不绝，他们带来了帐篷、氧气瓶、塑料袋、睡袋等。游客们把取暖用的燃料、食物，全部留在了山上。由于珠峰常年低温，在如此恶劣的生态环境下，垃圾很难分解，如果选择就地焚烧，由于高原氧气稀薄，对空气污染会非常严重。事实上，中国古代非常重视礼仪与举止，对行为规范提出很多具体要求，彭林在《中国古代礼仪文明》一书中记录了清华大学国学院四大导师之一的王国维受聘的过程，彰显近代学人的礼尚往来之美。1925 年，清华大学国学院欲聘请王国维担任导师。最初，清华大学以校长曹云祥的名义将聘书寄送给王国维。但研究生院主任吴宓先生认为对王国维这样的大师，一纸聘书太寒酸，于是亲自到王国维家中拜访，行三鞠躬之礼后，转达学校聘请之意。王国维欣然答应，并在不久之后回访吴宓。两位民国学术大师熟知传统礼仪，其得体的行为成就一段佳话。[①]

语言美。语言美是指人在人际交往中的言辞美。包括交谈的内容、方式等。比如我们在开会时侃侃而谈，在演讲时激情澎湃，在家庭聚会时轻松随意，与朋友聊天时娓娓道来。如果说随着教育的普及，当代人在现实生活中尚能做到交往时言语

① 参见彭林：《中国古代礼仪文明》，北京：中华书局 2004 年版，第 131 页。

注重修辞与得体，随着互联网的发展，语言美再次成为一个不得不重视的问题。在一个不被控制的虚拟世界里，语言暴力让危害从虚拟世界漫延到现实世界，不负责任的言辞成为网络世界语言的主要构成部分，人们将对现实世界的不满与压抑释放到网络空间之中，一个不受约束的话语让虚拟与现实之间互为影响。

心灵美。心灵美是指人的精神世界的美，包括思想意识、道德情操、精神意志、智慧才能的美。心灵美是行为美、语言美、仪表美的内在依据，是中外哲人最为关注的审美问题之一。柏拉图在《理想国》中认为最美的境界即“心灵优美”与“身体优美”的和谐统一。中国古代哲人以“内秀”“性善”“仁”“诚”等来谈论心灵美，孔子云“文质彬彬”，孟子说“充实之为美”，都在谈论审美（外部仪容修饰）时强调人内在的道德品质，认为只有文质并茂，才能有真正的君子风度，才能彰显出人内在的仁义道德修养。在当代中国，展示心灵美的实例不胜枚举，比如江苏江阴市市民张纪清坚持27年给敬老院、希望小学、地震灾区捐款，从不透露自己的真实姓名。直到2014年11月，他在邮局突然昏倒被送进医院，人们从散落的汇款单上才知道了署名“炎黄”的好心人就是张纪清。张纪清坦言，他这样做是不想让被帮助的人有心理负担。他的善良感动了无数人。近些年，我们国家涌现出很多“最美”的人，“最美的妈妈”“最美的司机”“最美的医生”“最美的教师”，他们之所以被称为“最美”，正是由于其所言所行展示了美丽心灵的风采——“善”。

人格美。人格美是体现在重大社会性行为，尤其是特殊情境中的人格价值，或者说是个性价值。展现人格美在于如何处理自己的内心冲突。比如在一场交通事故中，最美教师张莉莉一把推开学生，自己却被车轮辗轧，导致截肢。再比如在高速行驶时，最美司机吴斌被迎面飞来的制动毂残片刺入腹部。危急关头，他强忍剧痛将车停稳，疏散乘客，最终抢救无效死亡。又比如乡村教师师资匮乏。最美乡村教师李元芳左腿肌肉严重萎缩，脊柱侧弯严重变形。她克服了常人难以想象的病痛，常年跪在板凳上坚持给学生讲课。

社会美和我们当代大学生有什么关系？大学生是社会的一份子，当然有社会责任，也应该体现出我们大学生的社会美。比如养成健康的生活习惯和积极的生活态度，比如积极参加社会公益活动。这就要求大学生做一个有境界的人。什么叫作有境界？王国维先生提出过人生三境界说：第一重境界是“昨夜西风凋碧树，独上高楼，望尽天涯路”，出自晏殊《蝶恋花·槛菊愁烟兰泣露》，这是甘于寂寞。第二重境界是“衣带渐宽终不悔，为伊消得人憔悴”，出自柳永《蝶恋花·伫倚危楼风细细》这是坚守理想。第三重境界是“众里寻他千百度。蓦然回首，那人却在灯火阑珊处”，出自辛弃疾《青玉案·元夕》，这是豁然开朗。这三重境界越来越高。王国维分别引用了三首词中的名句来比喻成大事业、大学问者，必须经历过的三个阶段。他认为，大事业、大学问，不可能一蹴而就，必须循序渐进，经过长期的探索和追求，才能有所成就；必须具有坚韧不拔，百折不挠的精神，甚至需要一种为事业献身的精神。当今社会存在着拜金主义、信仰缺失、道德沦丧等社会问题。我们大学生应该自觉抵制这些不良的社会风气，不断地提升自己的人生境界，并长期坚持下去，做一个真正优雅、崇高的人。

第三节　人格美

人格美体现在哪些方面？当代大学生如何能够拥有人格美？我们先从几个案例来作观察和分析。

首先，我们来看一则 2018 年春节期间遭到热议的新闻——《价值 450 万美元兵马俑手指被美国人掰断偷走了》，据新闻报道："一名 24 岁青年在费城富兰克林科学博物馆，进入了已经闭馆的展厅，从在美展出的一尊秦始皇陵兵马俑上盗走了一截拇指。目前，美国联邦调查局已找回被盗拇指，涉事青年已被控制，将面临审判。"这则新闻当中男青年的行为让人又气愤又无奈。

通过这则例子，我们从中看到了什么话题，或者有什么样的思考呢？

另外一个案例。这个事件的主人公是理查德・西尔斯，关注央视节目《朗读者》的学生都会了解，理查德・西尔斯是一个地道的美国人，20 世纪 70 年代他冲破家族阻挠，到中国台湾生活。在台湾他动了四次心脏手术，几次濒临死亡，后来他专注于研究整理中国古典汉字。他做的一个重要事情是把中国古代汉字输进电脑，建立一个网络辞典。这在全球是很罕见的事，然而理查德・西尔斯却做得非常精彩。

我们可以想一想，西尔斯是地道的美国人，汉字不是他的母语，他为什么要做这件事呢？他心里应该常常浮现出一句话，汉语和汉文化不仅仅是中国的，也是世界的，他拥有的是一个跨国界的思维。

结合在社会上引起热议的江歌案、彭宇案，以及幼儿园虐童事件，通过以上不同内容的例子，相信大家对人格美有了一定的判断，要想了解人格美，我们就先从了解人格开始。

人格这个词源于拉丁文 persona，它的本义是面具、脸谱，意指人的社会角色。人格从伦理学观点看是人的品格，从心理学的观点看则是人的个性。所以每个人对人格的理解都不同，大家对它持有不同的观点。人格包括两个方面，第一是先天素质，第二是后天教养。

通常情况下可以将**人格分为三个层次，分别是自然人格、现实人格和理想人**

格。自然人格是从物质的、生理的和生物学层次上来谈论。我们来看西方人对人的定义，亚里士多德说人是“政治动物”[①]；费尔巴哈认为“只有社会的人才是人”[②]；富兰克林认为人是“制造工具的动物”[③]。三个定义都出现了动物，但并不是说人等于动物，而是表达“食色，性也”的自然人格。当然，人除了具有自然人格外，还有社会人格。中国古代思想家对此多有表述，孔子说：“今之孝者，是谓能养。至于犬马，皆能有养。不敬，何以别乎？”[④]孟子说：“人之所以异于禽兽者几希，庶民去之，君子存之。”[⑤]荀子进一步谈到人与动物的区别：“人之所以为人者，何已也？日：以其有辨也。饥而欲食，寒而欲暖，劳而欲息，好利而恶害，是人之所生而有也，是无待而然者也，是禹、桀之所同也。然则人之所以为人者，非特以二足而无毛也，以其有辨也。今夫猩猩形肖，亦二足而毛也，然而君子啜其羹，食其胔。故人之所以为人者，非特以其二足而无毛也，以其有辨也。夫禽兽有父子而无父子之亲，有牝牡而无男女之别，故人道莫不有辨。辨莫大于分，分莫大于礼，礼莫大于圣王。”[⑥]以上思想家从不同侧面论述了人与动物的根本区别，其共同点是认为从生理角度是无法区分人与动物的，只有从伦理意识和道德观念层面才能发现人之为人的特质。因为，我们谈论自然人格，只是将之作为自然物的肯定，而不是将之作为人的唯一人格和根本人格。故而，人应当从自然人格提升到现实人格，所有的人都是社会中的人，社会对个人有需求，个人对社会也有需求，人活在世上需要人际交往，需要自我发展，这就要产生各种行为规范，从而产生伦理道德。但是，人又具有理想性，人行走大地，更探索星空。作为现实人格范畴的道德规范终归是他律的，人总是试图在理想的道德自律与外在规范的道德他律之间形成自由人格，从而达到理想人格境界。

谈过人格之后，我们就开始进入人格美。**人格美体现在重大社会性行为中，特别是特殊情境中的人格价值，或者说是个性价值。**比如凡是在重大变故的情景中能够表现出处变不惊、大无畏的精神力量，都可以归为人格美的范畴。

《孟子·尽心下》中曾说：“可欲之谓善，有诸已之谓信，充实之谓美。”[⑦]孟子认为美的人必须具有仁义道德的内在品质，并表现充盈于外在的形式。在这里孟子把人格的美看作个体人格中实现了的善，从而深刻地发展了孔子有关美与善的思

---

① [古希腊] 亚里士多德：《政治学》，吴寿彭译，北京：商务印书馆 1965 年版，第 7 页。

② [德] 费尔巴哈：《费尔巴哈哲学著作选集》(上卷)，荣震华译，北京：商务印书馆 1984 年版，第 571 页。

③ [德] 马克思：《资本论》(第 1 卷)，中共中央马克思恩格斯列宁斯大林著作编译局译，北京：人民出版社 2004 年版，第 210 页。

④ 程树德：《论语集释》，北京：中华书局 1990 年版，第 85 页。

⑤ [清] 焦循：《孟子正义》，北京：中华书局 1987 年版，第 567 页。

⑥ 王先谦：《荀子集解》，北京：中华书局 1988 年版，第 78 页。

⑦ [清] 焦循：《孟子正义》，北京：中华书局 1987 年版，第 994 页。

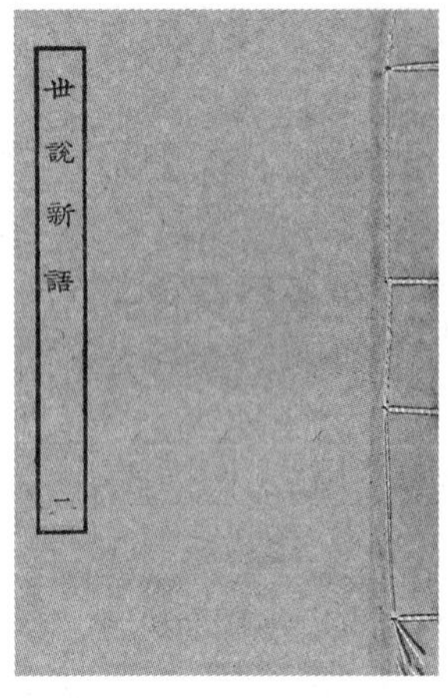

图 5-5 《世说新语》

想。“率情任性”的魏晋名士充分体现了中国古代人格美的精神力量。且看《世说新语·雅量》(图 5-5)对谢安的记载：

> 谢太傅盘桓东山，时与孙兴公诸人泛海戏。风起浪涌，孙、王诸人色并遽，便唱使还。太傅神情方王，吟啸不言。舟人以公貌闲意说，犹去不止。既风转急，浪猛，诸人皆喧动不坐。公徐云：“如此，将无归!”众人即承响而回。于是审其量，足以镇安朝野。[①]

朱光潜在《谈冷静》中说到：“这种‘雅量’所以难能可贵，因为它是整个人格的表现，需要深厚的修养。有这种雅量的人才能担当大事，因为他豁达、清醒、沉着，不易受困难摇动，在危急中仍可想出办法。”[②]宗白华先生也认为谢安能够：“超然于死生祸福之外，发挥出一种镇定的大无畏的精神。”[③]这种精神，体现了谢安强大的精神力量，更是中国古代名士的人格风范。

因此，中国古代美学对人格美尤其重视，当然，艺术与审美也被认为是“成人”的必备要素。《论语·宪问》中记载子路问“成人”问题，孔子回答道：“若臧武仲之知，公绰之不欲，卞庄子之勇，冉求之艺，文之以礼乐，亦可以为成人矣。”[④]将四人的优点“知”“不欲”“勇”“艺”结合起来，再学习礼乐，就可以成为“文质彬彬”的“成人”。2018 年，中国学术界有一件大事，那就是世界哲学大会在中国召开，大会主题就是“学以成人”，而在孔子看来，何以“成人”，需要“艺”，也需要“礼乐”，这就显示出“美”在中国文化中的独特地位。

在当代社会，也有许许多多人格美的事例与故事。比如“最美妈妈”吴菊萍，

① 余嘉锡:《世说新语笺疏》，北京：中华书局 1983 年版，第 369 页。
② 朱光潜:《朱光潜美的人生》，北京：新世界出版社 2012 年版，第 97 页。
③ 宗白华:《美从何处寻》，重庆：重庆大学出版社 2014 年版，第 190 页。
④ 朱熹:《四书章句集注》，北京：中华书局 2012 年版，第 152 页。

看见两岁女孩突然从10楼高空坠落，刹那间，刚好路过的吴菊萍毫不犹豫冲过去，徒手接了女孩，自己的左臂瞬间被巨大的冲击力撞成粉碎性骨折。但是，由于她奋不顾身的这一接，女孩稚嫩的生命得救了！有学者指出，从物理学角度看，吴菊萍接触小孩的瞬间，手臂承受290公斤的重量，但吴菊萍不假思索，也只有母亲之间的心灵相通，只有对生命存在发自内心的怜悯，才能成就她的伟大之举。“最美战士”高铁成的事迹同样让人感动。2012年5月18日下午，哈尔滨市南岗区一家餐馆后厨发生燃气泄漏爆燃事故。在事发现场，回家探亲的北京市卫戍区某部战士高铁成正在这里吃饭，混乱中，24岁的军人高铁成没有逃跑，而是不顾危险，快速往相反方向的厨房跑去，关闭泄漏阀门，防止了更大悲剧的发生。高铁成先后三次返回火灾现场，在已经受伤的情况下，与工作人员共同关闭阀门，避免了危险再度发生。最终，他因烧伤及燃气中毒，被送往哈尔滨市第五医院急救。“最美”事迹也发生在苍穹，2018年5月14日早上，四川航空一架由重庆至拉萨的航班挂出空中特情7700信号，之后备降成都双流国际机场。据当时乘客回忆，飞机在飞行过程中突然失重急速下降，氧气面罩全部脱落，机舱内行李架上物品洒落一地。幸运的是，飞机最后平安着陆。在后续新闻照片流出后，很多人才意识到这次飞行的危险性，那就是飞机驾驶舱右侧前风挡掉落。这意味着飞机驾驶舱失压，这突然的压力变化会对驾驶员的耳膜造成很大伤害，而万米高空的“不胜寒”则会导致飞行员冻伤。同时，此时的驾驶舱仪器损坏严重，自动驾驶失灵，仪表盘损坏，无法得知飞行数据，所有这些，给驾驶员操作带来极大困难。幸运的是，机长刘传建是一位驾驶经验丰富的飞行员，在听觉完全失灵的情况下，他靠着自己的毅力与多次往返飞行此段航线的经验完成了“紧急迫降”，挽救了一百多人的生命，这是航空史上的奇迹！刘传建能够逆转险情，与平时刻苦训练密切相关，但更重要的是意志。刘传建的战友赵先生在采访中谈到，刘传建心理素质好，责任心强，但他能够成功解救飞行危机，更重要的就是意志，就是那种在极端困难下一定要把飞机飞下来的决心。因此，一个优秀飞行员需要的不仅是高超的驾驶技术，更需要冷静的判断力和坚强的意志力，这样才能在危险时刻作出正确的选择。

可以说，上述“最美”事迹正是当代中国人人格美的典型代表，都是值得我们当代大学生学习的榜样。然而，在一个个人格美典范事迹之外，我们还是会经常看到不和谐的画面。社会中有危害公共安全的行为，不得不让人再次反思人格美在美育中的重要性。在移动互联网时代，人格美更应当引起重视。2016年，一款短视频软件——抖音上线，出现了一个个靠网络为生的“网红”群体，他们多以搞怪作秀成名，进行所谓的“自我展示”，甚至“自我暴露”，以此哗众取宠，刻意炒作。很多人认为，网红容易把社会价值观带偏，事实也是如此。很多网红为了出名不惜以低俗为“卖点”，刻意迎合一些人的低级趣味，以商业目的为中心，进行爆炸式的流量“控制”，迅速嵌入人们的意识之中，给大众以较深印象。“网红”经常成为无责任与担当的挡箭牌，在虚假的浅层审美下，我们无法看到人格之美的光辉。因此，在这样一个价值多元的时代，我们不得不思考，当代大学生如何拥有健康而积极的人格美？

我们说，时势造英雄，古代名士的人格风范多是在风云变幻的时代中塑造的。处于和平时期的当代大学生，更可以在平凡中成就不平凡的人格。作为当代大学生，我们应当具有健康的人生，比如早睡早起、远离低俗的文化，比如运动场上的运动、草地上的读书和思考，甚至独自散步，努力读书。所以，我们的大学生活，无论是运动还是读书，都要追求美。让我们做到健康、阳光、向善。学做人，学做事，相信我们都会成为拥有人格美的君子！

【拓展阅读书目】

1. 王国维：《人间词话》，北京：中华书局2013年版。
2. 宗白华：《美学散步》，上海：上海人民出版社1981年版。
3. 李泽厚：《美的历程》，北京：文物出版社1981年版。
4. 朱光潜：《无言之美》，北京：北京大学出版社2005年版。

【思考与练习】

1. 如何理解“人是一切社会关系的总和”以及人的社会性？
2. 社会美的核心内容包括哪些方面？
3. 何谓人格美？结合自身体验，谈谈如何做一个具有高尚人格美的人。
4. 如何理解王国维的“三重”人生境界？

第六讲 美丽人生之艺术美维度（一）

我们在发现自然美、社会美后，从本讲开始探寻各门艺术中的美。我们面临的首要问题是，如何欣赏艺术美？下面请大家尝试欣赏这样两幅作品：

罗丹的《思想者》（图 6-1）。你看懂这个经典作品的内涵了吗？你是从哪些方面切入到作品的内在世界？当你面对此类作品时，会产生何种感动？要想解决此类问题，弗洛伊德的“冰山理论”会给我们很多有意义的启发。弗洛伊德作为著名的精神分析学家，提出了“意识”和“潜意识”两个概念，认为“未可明言部分”的“潜意识”决定着“可明言部分”的“意识”。就像这座冰山（图 6-2），海平面以上的称为意识，海平面以下的称为潜意识，很明显海平面以下的重量多于海平面以上的重量。那么，海平面以上和海平面以下的重量分别占整个冰山的几分之几？分别是 1/8 和 7/8。

“硬汉”作家海明威在弗洛伊德“冰山理论”的基础上，提出了文学创作的“冰山原则”。海明威把文字和形象比为海平面以上的意识，把思想和情感比为海平面以下的潜意识。很明显，决定着作品分量与厚度的正是海平面下的部分，这部分给读者提供更广阔的想象力和召唤力，文学作品的魅力正在于此，艺术作品也是一样。一部伟大的艺术作品，往往具有“永久魅力”，它能够召唤我们，让我们走进艺术的世界。

当然，请大家还是首先注意海平面以上部分，即看得见的部分，对于任何艺术作品来说，其实就是感性形式的显现，就是“符号”。艺术正是首先以“符号”的形式存在着。文化符号学家卡西尔在《人论》中有一个著名的观点：“人不是生活在一个单纯的物理宇宙之中，而是生活在一个符号宇宙之中。语言、神话、艺术和

扫码观看彩图

扫码观看彩图

图 6-1　罗丹《思想者》

图 6-2　冰山

宗教则是这个符号宇宙的各部分，它们是织成符号之网的不同丝线，是人类经验的交织之网。”①所以，任何意义必用符号才能表达，而符号只能用来表达意义。

那么，现实生活中的符号有哪些？色彩、线条、文字、图像、形状、遗迹、音乐、身体等都应属于符号的范畴。从符号学角度来欣赏艺术，其主要的路径是：一是从符号切入，关注的是艺术外在的给我们视觉冲击的感性形式；二是把握符号之后，重要的是领悟其中内在的理念、思想、情感、品位、人生情怀等，亦即冰山下的潜意识部分；三是欣赏者与艺术作品、艺术家乃至自我进行心灵对话，即主客体间的碰撞或共鸣；四是从艺术走出来，欣赏者对艺术所指向的生活空间进行展望或怀想、反思与修正，艺术的补救或批判功能就彰显出来。

现在，我们按照以上欣赏艺术美的路径，观照齐白石的《蛙声十里出山泉》和罗丹的《思想者》，就可探寻到丰富的意蕴世界。《蛙声十里出山泉》中呈现的黑色、水流线条、山川石块、画作章法等符号，让我们仿佛听到蝌蚪、青蛙生命的跃动，齐白石敏锐地发现生活细节的能力让我们惊叹：大自然中每个生命值得我们敬畏，灵动的生命张力十足。罗丹的《思想者》中呈现的古铜色、青铜质地、饱满肌肉、握紧的拳头、屈膝弯腰以及痛苦的表情等，都是以特有的符号形式存在。这种“高贵的单纯”和“静穆的伟大”，负载着强大的冲击力：思虑着人类的苦难，痛苦中迸发出不可阻挡的反抗与斗争。让我们惊叹思想者的伟大！

由此，我们能感受到艺术中蕴含着的真理，是如此丰富而憾动心灵。符号学分析艺术的价值，正在于此。我们会以此为欣赏方法，来重点欣赏绘画美、书法美等。

第一节　绘画美赏析

一、绘画审美概述

在很小的时候，我们就会涂鸦了。用笔在纸上随意画出一些线条，那是孩童不经意的创作；还不会写字的时候，将自己的所思所想用笔画下来，那是用来记录的符号；再后来，在纸上追求或柔美或刚毅的线条，追求或浓烈或恬静的色彩，追求画面的风格和少年的心意相符，那就是绘画艺术了。绘画，离我们很近，伴随着每

①［德］卡西尔：《人论》，甘阳译，上海：上海文艺出版社 1985 年版，第 33 页。

个人的成长。再大一些，我们却不愿到美术馆了，似乎艺术的殿堂格外高雅，我们进去也看不懂，说不出所以然来；害怕看不懂，把我们这些从小就使用画笔的人，隔绝在艺术殿堂之外。绘画，又离我们很远。

绘画作品真的很难欣赏吗？在了解绘画艺术之后，我们就会觉得和绘画作品有一种亲近感。首先我们来了解绘画艺术基本材料的属性。

和其他艺术作品相比，绘画艺术尤具独特性。和雕塑相比，绘画作品是平面艺术，不从360度的空间角度来欣赏，因此不直接表达三维形象；和戏剧影视相比，绘画作品是静态艺术，没有动态过程，因此不直接表现故事情节；和语言艺术相比，绘画作品是具象艺术，不能直接传达思想概念。因此，我们不能用欣赏其他艺术作品的要求来欣赏绘画作品。比如：不能要求一些绘画作品（比如中国水墨画）画得“像”三维物体，也不必一定要从历史的角度来欣赏《马拉之死》，也没必要非要说出《千里江山图》传达了什么思想概念或伟大意义。因为绘画作品不直接表现这些东西。

站在一幅画的面前，我们只需随着或明亮或晦暗的色彩，或流畅或艰涩的线条，去静静观赏，去细细感悟。因为，绘画是一种视觉艺术，这就是绘画艺术的基本属性。现在，请我们放下“要看懂”的思想包袱，打开眼睛，开启心灵，走进美丽的绘画世界。

从文艺复兴时期的艺术家拉斐尔的名作《草地上的圣母》（图6-3）中，你看到了什么？你感受到了什么？一位美丽、优雅的年轻母亲坐在草地上，表情恬静、目光柔和，她正深情地看着环绕在膝下的两个憨态可掬的婴儿；画面的背景是宁静的大自然。即使不知道画面中的人物是圣母、耶稣和约翰，单凭我们眼睛所看到的，我们也可以感受到画面中浓浓的爱与美。如果绘画作品真的不表现情节、意义或思想感念，而仅仅把颜色和线条组成的视觉形象呈现给我们，我们是如何感受到

扫码观看彩图

图6-3　拉斐尔《草地上的圣母》

《草地上的圣母》这幅画传达给我们的感情呢？

我们在语文课上都学到过一种修辞方法，叫作“通感”，又叫“移情”，就是把不同感官的感觉沟通起来，借联想引起感觉的转移。在“通感”现象中，颜色似乎会有温度，声音似乎会有形象，冷暖似乎会有重量。比如朱自清《荷塘月色》里的“微风过处，送来缕缕清香，仿佛远处高楼上渺茫的歌声似的”。这就把嗅觉和听觉联系起来，或者说把嗅觉转移成听觉。而我们经常说的“你笑得真甜”，就是把视觉转换成味觉。现实生活中的“通感”现象是很常见的。现在让我们把以下一些感觉连线：

暗色	歌声	柔软的	冷	幸福
亮色	风雨声	坚硬的	暖	悲伤

一般情况下，我们会把“亮色”“歌声”“柔软的”“暖”“幸福”这几种感觉联系在一起，会把“暗色”“风雨声”“坚硬的”“冷”“悲伤”这几种感觉联系到一起。

下面两幅画（图 6-4，图 6-5），哪一幅适合挂到书房，哪一幅适合挂到卧室？很明显，第一幅郭熙的《早春图》雄伟、大气，适合挂在书房；而第二幅布歇的《春天》浪漫、温馨，更适合挂在卧室。对于上面的两个问题，每个人的答案几乎都一样。这是为什么呢？因为，通感人人都有，是人共有的基本感觉。现在，让我们调动通感，来欣赏绘画艺术。

请看泰奥多尔·籍里柯《梅杜萨之筏》（图 6-6）和顾闳中《韩熙载夜宴图》（局部）（图 6-7）这两幅作品：

从构图上看，这两幅作品给人什么感觉呢？在《梅杜萨之筏》中，我们看到扭曲的人体在死亡线上奋力挣扎，整个画面充满紧张感；而金字塔构图，使这种紧张

图 6-4　郭熙《早春图》

图 6-5　布歇《春天》

扫码观看彩图

扫码观看彩图

图 6-6　籍里柯《梅杜萨之筏》

扫码观看彩图

图 6-7　顾闳中《韩熙载夜宴图》（局部）

扫码观看彩图

感得到了有效地平衡和缓冲，让我们感觉这条船暂时还能稳定，这些人的生命暂时还没有危险。《韩熙载夜宴图》是水平线构图，随着长卷的展开，形成从左向右的视觉感觉，引导我们逐步进入这场夜宴，从容不迫地去观察画面中所有人物的不同面貌、不同心情、不同性格。不同构图方式给了我们不同的视觉感觉，从而影响我们的审美心理。金字塔构图给我们空间上的稳定感，而水平线构图给我们时间上的从容感。

除却构图，色彩也是引起我们审美愉悦的最为敏感的形式要素之一。色彩的性质直接影响我们欣赏绘画作品时的心情。请看梁楷《泼墨仙人图》（图 6-8）和马蒂斯《马蒂斯夫人像》（图 6-9）：

这两幅图皆以色块写意而成，极富流动感。但由于色调不同，所以给我们的审美感受也截然不同。黑白是最缺乏鲜艳感的颜色，容易让人产生远离红尘、超凡脱俗的感觉。在黑白色块之间用灰色缓冲，避免了黑白对比的强烈刺激，显得冲淡平和、隽永自然，让人联想起轻盈的云、氤氲的雾。用来润化渲染潇洒不羁、充满神韵的“仙人”最有妙趣。在《马蒂斯夫人像》中，红蓝两色皆为艳丽浓烈的色彩，二者之间没有任何缓冲，给人强烈的视觉冲击，让人联想起火与冰、赤道与极地、沙漠与大海，而夫人脸上冷静的表情，又很轻易地驾驭了这种悬殊极大的对比。可能在马蒂斯眼中，夫人是热烈奔放而又冷酷理性的，总之，夫人有一颗热烈坚强、直率丰富、不同凡响的内心。

扫码观看彩图

扫码观看彩图

图 6-8　梁楷《泼墨仙人图》(左)
图 6-9　马蒂斯《马蒂斯夫人像》(右)

我们再看绘画的另一个视觉要素——线条。请看吴道子的《送子天王图》(局部)(图 6-10)和梵高的《自画像》(图 6-11)。直观上看，哪一幅让我们心情舒畅，哪一幅让我们感觉有些不舒服呢？又是什么引起了我们的这种感觉呢？《送子天王图》中，满幅皆是流畅柔顺的长线条，让我们联想到柔和的风、垂荡的柳、柔曼的舞蹈、空灵的歌声等令人心情舒畅的情景。梵高《自画像》中的线条是短促粗粝的，让人联想到疾风骤雨、崎岖艰难的道路，尤其是脸部的线条全都短促有力地刺向外部，像是饱经摧残，又像是剑拔弩张，表现着人物精神的紧张、灵魂的痛苦。

我们通过构图、色彩、线条这三个视觉要素，调动通感，来欣赏绘画作品。在欣赏时，我们联想到了一些味觉、听觉、视觉、触觉感受；对于同一绘画作品，每

图 6-10　吴道子《送子天王图》(局部)

扫码观看彩图

扫码观看彩图

图 6-11　梵高《自画像》

图 6-12　徐悲鸿《奔马图》

个人的直觉感受大体相同，比如看到《送子天王图》感到舒畅，看到《马蒂斯夫人像》感到热烈，这说明绘画作品传递给我们的情感是确定的。

然而，对于同一绘画作品，人们理解的角度、深度又会有所不同，这该如何解释呢？通感人人皆有，但由于每个人的情感层次、人生经历、文化积累、专业背景、艺术敏感度等都有巨大差异，人们所联想到的具体事物可能不尽相同，对同一绘画作品的理解也会有差异。

比如这幅徐悲鸿的《奔马图》（图 6-12），这幅图运用倒三角构图的不稳定性，巧妙地定下了奔腾飞跃的动感基调；马的面部和前胸黑白色块对比鲜明，筋骨肌肉的力量和张力喷薄而出；采用豪放的泼墨和劲秀的线描写意方法，马的神韵和气质跃然纸上，欣赏者仿佛听到了奔腾的马蹄声和激昂的嘶鸣声。在此基础上，我们再深入一步：在孤独者眼中，它是奔跑在草原大漠上孤独的灵魂；在自由者眼中，它是冲破桎梏回归野性的精灵；在爱国者眼中，它是国家崛起、民族振兴的象征；在古典文化爱好者心中，它是赤兔、乌骓、的卢、汗血的化身，那飞舞的鬃毛仿佛滚滚长江东逝水，古今英雄事，都付马蹄声……

由此可知，绘画作品不直接传递思想、概念和意义，而通过持续稳定的通感来传达。敏感的通感、丰富的联想，是欣赏绘画作品的前提条件。不用担心我们的通感能力，这是本能的一部分，就如同每个人都能欣赏马的飞腾气度带给我们的愉悦感。每个人的绘画感受力都很强，关键是体验通感的习惯——如何将绘画作品和我们的人生感悟、情感经历、知识积累、自然观宇宙观等联系起来，调动全身心的感觉和想象投入到绘画作品中，去进行一场充满激情、创造与感恩的精神之旅——这是我们需要努力的。

二、西方绘画赏析

调动通感，从构图、色彩和线条三个角度来欣赏绘画，并让绘画和我们的生命产生共鸣，在此生此世，再拥有一个诗意的世界——通常来说，我们应该这样欣赏个别的绘画作品。然而，如果将绘画作品放置在特定的地域、历史、文化语境中来理解，我们将会对绘画作品产生更深刻的审美感受。现在让我们将绘画作品放置到具体的语境中来进行审美。从地域上来看，我们生活中常见的绘画可分为西洋画和中国画。西洋画品种繁多，有版画、水彩画、水粉画、壁画等，尤以油画成就最丰，影响最大，是西洋画的主要画种。本节我们一起欣赏的西洋画，主要就是指油画，还会涉及一些壁画作品。

西方绘画画得"像"、画得逼真，恐怕是人们的第一印象。但其实并不尽然。西方绘画作品呈现出的审美特征，是和人们的生活方式、思维方式相关的。请看下图这样的绘画（图 6-13），面部严肃呆板，二维平面化明显，有点像扑克牌。很明显，这就是中世纪的绘画风格。为什么会呈现出这样的风格呢？

柏拉图认为不死不灭的灵魂可以感知真理和至善至美；而身体具有易变性，身体的欲望和需求阻碍了灵魂通往纯粹的智慧、真理、自由的道路。灵魂具有优越

图 6-13　中世纪绘画

扫码观看彩图

性，而身体是被压抑的。柏拉图的思想和中世纪的基督教神学有异曲同工之处。中世纪著名神学家奥古斯丁将上帝之城和世俗之城对立起来，爱上帝就要克制身体的世俗之爱，要禁欲和弃绝尘世。这种思想统领了中世纪。

在这样的哲学语境下，身体是卑劣的、丑陋的，神灵才代表着宇宙的至善至美，因此，中世纪的绘画作品不以人的身体而以神为描绘对象，不表达人的生命气质而强调对上帝的敬畏。中世纪的绘画作品还充当着上帝与教会代言人的角色，承担着在平民大众中普及晦涩难懂的基督教教条、教义的任务，所以画风是严肃的、禁欲的。从中世纪的绘画风格中，也可以感受到当时人的精神状态。宗教和神灵至上，人的身体和情感被压制，这种状况持续了上千年之后，终于在14世纪前后进入了“人”全面苏醒的文艺复兴时期。波提切利《春》，以饱满的肉体、飘舞的衣带、灵动的色彩，冲破了宗教绘画的心灵禁锢，进入爱与美的情感世界，迎来了人性解放的春天。

古希腊的神灵是人神同形同性的，宙斯追逐美色，赫拉争风吃醋，酒神醉意迷狂，爱神美貌多情，战神勇猛易怒……不少画家都借助古希腊神灵，来委婉地赞美人的俗世生活的丰富多彩（波提切利《维纳斯的诞生》、提香《乌尔比诺的维纳斯》等）。以基督教为主题的绘画也不再呆板严肃，而去刻画充满人情味的身体语言。拉斐尔《西斯廷圣母》（图6-14），描绘圣母把小耶稣送往人间经受苦难替人类赎罪，并没有刻画义无反顾的宗教气氛，而是描绘一位母亲的悲伤与无奈。

后来，画家们不再用神灵做挡箭牌，而是在绘画中直接描绘人。达·芬奇的《蒙拉丽莎》之所以充满了无穷的魅力，其中有一个原因，是达·芬奇将“神秘感”从神那里，转移到了人的身上。据说在蒙娜丽莎的微笑里，含有83%的高兴、9%

图6-14 拉斐尔《西斯廷圣母》

扫码观看彩图

的厌恶、6% 的恐惧、2% 的愤怒。将人的微妙、复杂的情绪量化，固然有些不可取，但这正说明人之所以为人所具有的无穷魅力。一个微笑就如此内涵丰富、不可琢磨，更遑论其他了。从此以后，“人”就成为一座无穷的宝藏，让孜孜以求去挖掘的艺术家们倾尽了热情和才华。此后很长一段时间，人的身体和生活都占据了绘画作品的中心。

17 世纪的巴洛克绘画代表作是鲁本斯《劫夺吕西普的女儿》。它采用方形构图，马匹和人物几乎占满整个画面，男子和马匹的深色同女性明亮的色彩把观众的视线吸引到画幅中心。所有的形象都有很大的动势，女性惊恐的姿态和无奈的表情，飘散的长发，跃起的马匹，散乱的马鬃，男子拖抱的动态，构成了一幅激烈动荡的画面。由此我们可知，不同于之前对身体和谐、高雅地描绘，巴洛克绘画强调色彩的鲜明对比，以及画面的动荡不安。

如果说巴洛克风格是阳刚的，那么 18 世纪初的洛可可风格就是阴柔的。在法国国王路易十五宠爱的蓬帕杜夫人的倡导下，产生了颇具宫廷华丽享乐之风的洛可可绘画。著名的宫廷画家布歇的名作《戴安娜的休息》中，玲珑剔透的月光、女神吹弹可破的肌肤，都非常符合宫廷贵族的审美情趣。

贵族的生活极尽奢靡，人民起来反抗。18 世纪，革命的浪潮风起云涌。这时，人们重新去古希腊罗马的英雄主义中寻找精神支持。无论是“新古典主义”还是“浪漫主义”，都是借古代英雄主义来激励人们的革命斗志。《荷拉斯兄弟之誓》《自由引导人民》（图 6-15）等，都是革命主题。

欧洲的革命风暴一直延续到 19 世纪，底层人民的生活倍加艰难，因此画家笔下多为底层人民的现实生活，如现实主义大师库尔贝的《筛麦妇》和杜米埃的《三等车厢》。当我们经过一家乡村磨坊的时候，当我们挤火车从远方来到大学校园的

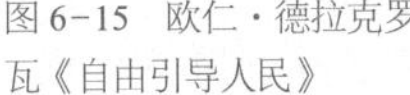

图 6-15　欧仁·德拉克罗瓦《自由引导人民》

扫码观看彩图

扫码观看彩图

图 6-16 莫奈《日出·印象》

时候，我们总能和画中的情景产生共鸣。经历了文艺复兴的优雅、巴洛克的激情、洛可可的华丽、浪漫主义的高冷，西方绘画终于开始亲近平民。画面中的就是我们身边的生活，每一个普通的小人物都会对这样的生活心有戚戚焉。

19 世纪后期，西方光学理论有了很大发展，刺激了绘画艺术的变革。看印象派大师莫奈的《日出·印象》(图 6-16)，会感觉与之前的作品有很大不同。如果想在画面上看到清晰明确的风景，恐怕会大失所望；相反，如果将注意力放在光色的微妙变幻上，那将使我们大为惊叹！日出的光芒在水波上玲珑跳跃，水面上光色层次丰富、变幻无穷。

西方绘画走了几百年，终于突破了“酱油色”，开启了明丽鲜妍的新纪元。印象派发展到后期，出现了以梵高、高更和塞尚为代表的“后印象派”。如果说印象派用色彩呈现客观的景致，那么后印象派就是用色彩呈现主观的景致。梵高笔下的色彩充满了情绪:《向日葵》燃烧起对生命的热爱；《星空》(图 6-17) 有深沉忧郁的孤独，也有通灵天才的自信；《自画像》是自我与世界的激烈冲突、灵魂无可遁逃的挣扎与痛苦；《杏花》是令人心疼的孤芳自赏；《鸢尾花》是我行我素的绝世独立；《夜间的楼梯岸咖啡座》是对尘世生活的渐行渐远……每一幅作品都是一曲如泣如诉的心灵之歌。

后印象派开启了 20 世纪的现代艺术风格之门。以马蒂斯 (《马蒂斯夫人》) 为代表的“野兽派”以浓重艳丽的色彩表达情感；以毕加索 (《格尔尼卡》) 为代表的“立体主义”用支离破碎的画面表现世界大战的惨绝人寰；以蒙克 (《呐喊》) 为代表的“表现主义”用扭曲的画面表现精神危机；以康定斯基 (《构图 8 号》) 为代表的“抽象主义”反对肉眼看到的世界，主张用抽象符号来表达真理；波普艺术对都市大众文化十分感兴趣，以各种大众消费品进行创作，现代艺术渗透到日常生活；

图6-17　梵高《星空》

扫码观看彩图

“当代艺术”的教父杜尚将自己的作品“小便池”——《泉》摆进了美术馆，意为“让艺术回到生活”。

没有什么比生活更重要，生活就是艺术——这就是“当代艺术”的真正含义。后来者分别把这个主题细化了：博伊斯说“艺术回到社会”，安迪·沃霍尔说“艺术回到传播”，达明·赫斯特说“艺术就是商业”……从杜尚开始，艺术不再作为一个学科，而成为生活的一部分。看看我们生活的世界，商品包装、服饰、家居、餐厅，到处充满了绘画艺术的元素。西方绘画史，从宗教的工具，到描绘人的高雅细腻、激情澎湃、瑰丽奢靡和平凡艰辛的生活，到描绘痛苦的灵魂、独立的人格、扭曲的心灵和破碎的世界，最后回归日常生活，成为日常审美的一部分。这条路，走了两千年。

三、中国传统绘画赏析

（一）有意味的笔墨符号

用毛笔蘸水、墨、彩作画于绢或纸上，就是中国画。中国画的工具和材料有毛笔、墨、国画颜料、宣纸、绢等，题材可分人物、山水、花鸟等。西方绘画中，人物画是集大成者；中国画则对山水和花鸟情有独钟。欣赏中国画，除了了解构图、色彩和线条以外，还需了解中国画独有的审美特征。

首先我们来看齐白石《滕王阁山水》（图6-18）和张大千《峨眉接引殿》（图6-19）这两幅画：

齐白石简胜繁，至简写意，他的山水画笔墨粗犷，充满童趣；张大千讲究细致描绘、铺排气势，他的山水画笔调雄浑，气象生动。是什么样的元素营造了这种效果？有意味的笔墨符号才是山水画的肌肤：线条、水墨、色彩、布白、笔砚等。抽象的符号构成了中国画中具象的现实所指：岩石、高山、河溪、树木、云雾、泉

图 6-18　齐白石《滕王阁山水》(左)
图 6-19　张大千《峨眉接引殿》(右)

扫码观看彩图

扫码观看彩图

瀑、冰雪、茅屋、楼阁、飞鸟、人物、帆船，甚至还有更为看不见也很神奇的时间、风雨、人物心境等。于是我们从中读到山是高耸还是连绵，云雾与河溪是平缓流动还是急流湍急，树木是绿意盎然还是萧条凄凉，房屋隐藏林中可能是居士静养也可能是出家人士闭修，等等。厚与重，快与慢，动与静，光与影，明与暗，乐与忧，都能在这些抽象的符号形式中得以展现。但这需要画者对这些符号能驾驭自如，并灌注深情。

在中国画中，线条的虚实、轻重、曲直、粗细、缓急以及笔墨的浓、淡、干、湿可见画家功力。画山能重、画水能清、画人则活，富立体感和浑厚之感，能表现出山峰的奇、绝、险、幽。尤其是墨色的焦、浓、重、淡、清，若拿捏适度，则视觉效果极佳。如宋代李成《寒林平野图》近景处着墨浓郁，突出松的傲立；南宋夏圭《钱塘秋潮图》水纹越远越淡，淡到了无为妙；[①]明代王谦《卓冠群芳图》用顺逆有势的散锋笔皴写老梅枝干，笔力雄逸。清代恽寿平《落花游鱼图》先画盛开的杏花，伸向水面，向后展开，落花引来群鱼争食，或聚或散，或潜游，或上浮，或回泳，翻藻戏蒲，以示水中的畅泳自然之态。

一般山水画用黑白分明的两种色彩，但偶尔着彩色点缀其中，尽显盎然生机，会让人眼前一亮。如王希孟《千里江山图》用石青石绿烘染山峦顶部，显示青山叠

① 张大千:《论说工笔山水》。

翠，既壮阔雄浑而又细腻精到；张大千《荷花图》在荷叶的墨色背景中给荷花着红色，使整个画面灵动起来，既豪放大气，又清新典雅，仿佛预示着新生命的诞生，具有一股强劲的蓬勃向上之势。

欧阳修在《醉翁亭记》中云“四时之景”“朝暮之变”，即是对时间的强调——春夏秋冬四季气候景色有区分，一天当中阴晴朝暮有变化。“春融怡，夏蓊郁，秋疏薄，冬黯淡；真山水之烟岚四时不同，春山淡冶而如笑，夏山苍翠而如滴，秋山明净而如妆，冬山惨淡而如睡。”①。可以说，山水画以笔墨在方寸之内呈万千气象。王维在《山水论》中也强调：“凡画山水，须按四时。”②其对早、晚和春、夏、秋、冬更有详细的描绘：“早景则千山欲晓，雾霭微微，朦胧残月，气色昏迷。晚景则山衔红日，帆卷江渚，路行人急，半掩柴扉。春景则雾锁烟笼，长烟引素，水如蓝染，山色渐清。夏景则古木蔽天，绿水无波，穿云瀑布，近水幽亭。秋景则天如水色，簇簇幽林，雁鸿秋水，芦岛沙汀。冬景则借地为雪，樵者负薪，渔舟倚岸，水浅沙平。”山水画，能让我们阅到这些时间元素的痕迹。如黄公望《富春山居图》长卷，由春寒料峭、松柏萧瑟，到繁华葱荣、大气磅礴，到舟泛江上、沙平水阔，再到枯苔小树土坡、肃静苍茫，像极了春夏秋冬的季节变换。北宋范宽《雪景寒林图》生动地描绘出秦陇山川大雪过后的磅礴冬景。

（二）“三远”审美规则的自觉运用

笔墨符号给我们展示更多的是画的细节，但山水画最大的魅力在于空间的“远”。朝“远”的方向发展，对“远”的意境的追求，体现了山水画中独特的诗意美，这也是山水画的魅力所在。“远”作为中国古典美学范畴源于宋代画论家郭熙在《林泉高致》中提出的“三远”思想，后来成为山水画的图画绘制原则与经典意境范式。

“远”强调的是一种观察视角——对自然景物实行远近游目移步换景式的总体观察，所以山水画存在“看”的哲学。“三远”即“高远”“深远”和“平远”。“高远”能够将树木、房屋以及人物绘制得很小，可谓“人物不过一寸许，松柏上现二尺长”。山由此显得高大，极具空间意境和气势，让观者在仰视中生发一种震撼的崇高感，如北宋范宽《溪山行旅图》。“深远”是山水朝着纵深方向而向远处延伸，这种意境效果是通过增强云气的刻画和连绵的隐约的群山等方式来实现的，如元代王蒙《具区林屋图》。“平远”是向水平方向的远的发展，给人一种冲淡、安详的独特美感，如元代倪瓒《紫芝山房图》。

要表现“远”，就要展现层次推进的空间感，给观者提供辽阔的想象平台，这是山水画虚境艺术的关键所在。层次的展开用墨的焦、浓、重、淡、清是关键，深

① ［北宋］郭熙：《林泉高致》。
② ［唐］王维：《山水论》。

远用清淡，高远用浓重。做到由近及远，层层推进，高远与平远兼而有之，不见边，也不见顶。可谓咫尺之图，写千里之景。

布白也是重要的展现空间关系的技巧。布白，强调的是对空白的处理，云、雾、水、天的开阔空间无比宏大，营造出一种虚实相生的诗意隐幽之美。正如我国著名美学家宗白华先生曾经说过："西洋传统的油画……不留空白，画面上动荡的光和气氛仍是物理的目睹的实质，而中国画上画家用心所在，正在无笔墨处，无笔墨处却是飘渺天倪，化工的最高境界。"①在这里，"布白"就是"远"意境美的推手。但"远"需要具体景物比例适度，这一点王维在《山水论》中早已强调："丈山尺树，寸马分人。远人无目，远树无枝。远山无石，隐隐如眉；远水无波，高与云齐。此是诀也。远山不得连近山，远水不得连近水。"②其在《山水诀》中亦云："远岫与云容交接，遥天共水色交光，远景烟笼，深岩云锁。""远山须要低排，近树惟宜拔进。"③

以此"远"的审美规则观照中国山水画，很多画作都极富"远"的意境魅力。沈周《庐山高图》表现名山蓬勃氤氲的气象，全画布局气韵贯通，布景高远深幽，缜密繁复。黄公望《九峰雪霁图》一派群山莽莽、溪涧回转的无限风光，层层叠叠，错落有致，洁净清幽，宛如神仙居住之所，都是拜深远法所赐。倪瓒《渔庄秋霁图》近处有秋树数株，落叶枯枝，中隔大片湖水，画上端有远山相叠，山峦平远，空间层次依次铺开。

（三）心灵的自由飞翔

有意味的笔墨符号和"三远"审美规则的自觉运用，是在视觉上给我们营造一种韵味十足的意境空间，一种独特的山水情怀。"象外之象""韵外之致"，这里的"外"实质上就是各种符号布设之后留出的"隐秀"空白——含蓄、蕴藉、幽暗，旨趣遥深，意味无穷，具象与意象的完美融合，具有鲜明的神韵之感。德国古典主义美学家莱辛在区别"诗与画之界限"时，提出一个著名的美学命题：诗是流动的时间艺术，而画是静止的空间艺术，并且是一个最富包孕性的瞬间。"最富包孕性"很好地道出了山水画的魅力所在：符号之外的广阔空间，令人神往的绵长韵味。"瞬间"则道出山水画的静止的凝固状态，但画中的意境可能是动静融合、生命涌动。更重要的是整个画面给人传达出一种静谧之气——静寂悠远、通天地而天人合一，使作品欣赏者身心得以调整和修养。这应该就是王国维所云的"境界"吧。"能写真景物真感情者，谓之有境界"，物我同一，画家的情与真实的景达到天然融合。画家"真感情""真性情"的本真表现，是挣脱物欲和生活羁绊之后最本真的艺术个性和品质。

---

① 宗白华：《中国艺术意境之诞生》，原载《时与潮文艺》1943 年 3 月创刊号。

②［唐］王维：《山水论》。

③［唐］王维：《山水诀》。

中国古人向来与大自然保持着本能的亲近关系，大自然的感性世界进入几千年的艺术世界，是中国艺术显出中国诗意气派的魅力所在，于是以“山水诗”“田园诗”为代表的“自然文学”“生态文学”最能体现中国文人艺术家的心灵镜像，而山水画的兴起，应该是中国诗或文学的一种延伸表达。最终，画与诗的完美融合，体现出中国艺术家的立体才情和趣味雅致，更能体现中国艺术家的生存哲学，所以几乎每幅山水画都负载着艺术家的山水哲学。山水哲学思想贯穿画中，中国的哲学也打下了深刻的山水烙印。这里的哲学核心除了儒家的“仁山智水”外，更重要的是以“静”“忘”“游”为标识的道家老庄思想。“归根曰静，静曰复命”“独与天地精神往来”“心斋”“坐忘”“逍遥游”，追求的是一种无拘无束、散淡任达的生命状态。最明显的，山水画与老庄哲学之间的联系纽带就是“远”，“远”中透“静”。而山水画这种静谧之气实质上是在作品和受众之间，传达接近于静态的禅境之意，极为神闲气定的忘我的生命状态，这是一种真正的中国独特的生命美学。

山水画的韵味，山水画蕴含的哲学，归根结底是艺术家心灵自由飞翔的显现，也是观者精神得以畅想的理想依托。画家与观者在咫尺之图中达到了心灵的对话与融合：宁静致远、静气、神游、超逸、清淡、忘我、忘物，是每一个生命的渴望。画家借笔墨符号，在“受之于眼”的方寸之地，获取“游之于心”的心灵感悟；境由心生，在无限中追寻精神自由的超凡境界，或向往居山伴水式的野逸生活，或享受恬淡舒适的山水风光，或超脱物外，极度向往心灵自由，以表达对现实的抗争和批判。山水画是画家心灵自由飞翔的外显，也是中国山水文化艺术家共同的心灵折射。山水的自然形态、生活形态和审美形态是中国艺术家乃至中国人演绎生命精彩的圣地，可以肯定地说，山水始终是中国主流文化的精神寄托，山水文化则成为中国人相互间和谐沟通，并区别于西方文化的重要文化形态。

不管何时，只要心灵自觉地诗意栖居于山水、敬畏山水、畅游于山水画，我们就能充满信心地回应祛魅的当代世界。

四、从文化土壤到中西绘画审美

前面分别谈了中西方绘画的审美特点，我们一定发现中西方绘画有诸多不同之处。中西方绘画有哪些不同之处，为什么会有这些不同之处，本节我们就来谈这个问题。

我们先看这幅作品，文艺复兴时波提切利的名作《维纳斯的诞生》（图6-20）：画面所表现的是西西里岛的一个美丽的传说：一片白色的贝壳漂浮在碧波荡漾的海面，纯洁而美丽的维纳斯站在其上，翱翔于天上的风神轻轻地将贝壳

图 6-20　波提切利《维纳斯的诞生》

扫码观看彩图

扫码观看彩图

图 6-21　周昉《簪花仕女图》

吹到岸边。春之女神正等候在那里，张开红色的绣花斗篷，准备为维纳斯换上新装。画面中，维纳斯身材修长，容貌秀美，双眼凝视着远方，眼神充满着幻想、迷惘与哀伤。

再来看一幅作品，唐代画家周昉的名作《簪花仕女图》(图 6-21)：画面共绘六位体态丰腴的贵妇，她们身着低胸长裙，外罩薄纱，显出半透明的质感，是中晚唐以后典型的贵妇形象。贵妇们晕染娥眉、云髻高耸、艳丽入时。她们神态安闲，或戏犬、或漫步、或赏花、或拈蝶，在庭院中闲散地消磨着时光。

这两幅绘画作品都是人类文化的瑰宝，给人如沐春风的审美感受。然而，由于这两幅分别是西方绘画作品和中国绘画作品，其所根植的文化背景不同，又给人不尽相同的审美感觉。比如，《维纳斯的诞生》充满神话的奇幻色彩，《簪花仕女图》则描绘现世生活的美好自在；《维纳斯的诞生》光影明暗对比鲜明，更"像"真实的人体，《簪花仕女图》则着色均匀，更加侧重神似；《维纳斯的诞生》画面丰富饱满，充满动感之美，《簪花仕女图》背景单纯，人物悠闲宁静的静态之美跃然纸上。

为什么会出现不同的审美感受？这要从东西方文化的差异说起——不同民族的文化孕育了不同民族的精神气质。绘画作品传达的审美感受的差异，正是东西方人民精神世界差异的表现。让我们回到东西方文化的源头——古中国文化和古希腊文化，去探求这一问题的答案。

孔子说"知者乐水，仁者乐山"，将大自然与人的精神世界联系在一起。现代学者们也发现了地理环境对人类文明的孕育作用。打开地图，我们会发现：古代中国文明的发源地，是黄河和长江冲击而成的广阔平原，这样的地形，孕育了古中国的大陆文明或大河文明；古希腊版图的正中央，是由阿提卡半岛、伯罗奔尼撒半岛、小亚细亚半岛和米诺斯岛包围着的爱琴海，这样的地形孕育了古希腊的海洋文明。中国有广阔的平原和丰富发达的水系可以发展农业经济；古希腊本土多山，土地有限，无法通过农业种植满足生活需求，于是，它将眼光转向外部，跨越海洋探寻出一条商业经济之路。下面我们从中西文化的差异方面，来比较一下西方绘画与中国绘画的不同。

（一）中国绘画

1. 空间的闲适感——布白

中国地大，有无尽的土地可供耕耘，有无穷的山水可供徜徉，在空间上是闲适安然的，并无紧张感。这种空间上的闲适与自由，在中国画中表现为“布白”。

布白是中国绘画创作中常用的一种手法，极具中国美学特征。中国画中常用大片空白来表现画面中需要的水、云雾、风等景象，这种技法比直接用颜色来渲染表达更含蓄内敛。布白减少了构图太满带给人的压抑感，很自然地引导欣赏者把目光引向画面主体，同时可以使画面整体效果意境悠远、韵味无穷。

国画大师往往都是布白的大师，方寸之地亦显大地之宽。南宋马远的《寒江独钓图》（图 6-22），只见一幅画中，一只小舟，一个渔翁在垂钓，整幅画中没有一丝水，而让人感到烟波浩渺，满幅皆水。予人以想象之余地，如此以无胜有的留白艺术，具有很高的审美价值，正所谓“此处无物胜有物”。

中国画还有一个空间上的从容之感，就是铺排景物不受空间的限制，如《清明上河图》《富春山居图》等全景式绘画。用科学的眼光来看，几米长的画卷中那些绵延不绝的市井风光或山水画面，是不可能用一个视觉焦点穷尽的。可以说

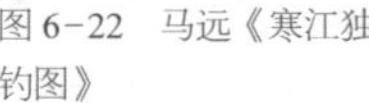

图 6-22　马远《寒江独钓图》

扫码观看彩图

画家这样表现的是心中之景，而非眼中之景。想象一下，画家由眼前之山，想到山外之山，进而想到无限；由眼前之城，想到城外之城，进而想到无限。这必须在现实中有无穷大的空间可孕育这些想象才行。生活在弹丸之地的人，恐怕是很难有恢宏阔大的想象。正是中国广阔的国土，成就了中国长卷绘画中空间上的从容与自信。

2. 伦理的主观

传统中国人在一片固定的土地上反复不舍地耕耘收播，子子孙孙胶着并固守一片土地就可满足生活。生于斯、长于斯、老于斯，世代坟墓安于斯，同时又希冀时间上的绵延不绝、循环不已。这种宁静安足的农业经济文化特征，使得传统中国人的关注点集中在天之下、地之上的人间，关心粮食和蔬菜，追求现世安稳、岁月静好的生活，不追求虚无缥缈的宗教神灵。“子不语怪力乱神”“未知生焉知死”等儒家观点，就是中国人这种思维方式的反映。

这一点也深刻影响了中国人的宗教观。佛教来到中国后，人们拜佛不是求得涅槃顿悟，而是求现世的平安好运；道教求长生不老、永远活着；天上的神仙也纷纷向往七情六欲的人间生活，不惜触犯天条。

这种对人间烟火异常依恋的心态，导致中国人不追求彼岸世界，而注重人间伦理。儒家的三纲五常，说到底都在讲人际关系，即伦理。在绘画中，这表现在依照人物之间的伦理秩序而对画面作主观化处理，即画家根据对绘画对象伦理上的个体理解，可自由安排其位置及大小。

如阎立本的《历代帝王图》，帝王是绘画主要对象，又是“大人物”，所以画得体形较大，而两边的侍从是帝王的陪衬，又是“小人物”，体形则画得要小多了。

3. 天人合一的神韵

种植农业必须仰赖天的阳光雨泽、地的肥沃营养、人的辛勤劳作，因此形成了传统中国“天地人”和谐一体的思维方式与哲学景观。天人合一、物我两忘的境界，寄情山水、归园田居的情怀，“天时地利人和”的智慧，都来自农业经济对中国人精神的滋养。

钟灵毓秀的天地自然不仅给中国人提供了赖以生存的农作物，还成为中国人精神品格的榜样。所谓修身养性、格物致知，都有赖于大自然的力量。比如“岁寒，然后知松柏之后凋也”“出淤泥而不染，濯清涟而不妖”“采菊东篱下，悠然见南山”等，都可见大自然对人格修为的榜样作用。

这就可以理解，在中国画的三大主题——山水、花鸟和人物中，为何人物画是弱项，而山水、花鸟则是集大成者。

在中国画中，由于重点是取其格调风骨，以山水花鸟人物抒画家胸臆，或体现画家对世界的独特理解，因此中国画并不讲究对对象照片似的“再现”，而讲究主观化的“表现”与“妙在似与不似之间”。

（二）西方绘画

1. 空间的焦虑

商业经济起源于内在资源的不足，内在的不足需要向外寻求，他们必须不断在外在空间中寻求资源以谋求生存。[①]因此西方文化在其流动、进取的特征之外，还常常有一种扩展空间的紧张感和急迫性，占有愈来愈广大的空间能弥补自身环境的不足而带给他们生存的安全感。在西方绘画中，也可以看出他们对空间的焦虑——即使只画一个人（如达·芬奇《蒙娜丽莎》），也要将所有的空间全部占满。

2. 注重科学

在空间构图上，西方绘画还有一个特点，就是力求在两度空间的平面上表现三度空间的立体视觉效果，并根据科学原理，进一步注重“焦点透视”。

这是法国的雅克·路易·大卫的名作《拿破仑加冕式》（图6-23），表现的是在巴黎圣母院这一场景的视觉范围之内，给皇后加冕那一瞬间的历史场景。在画面中，拿破仑不管多么伟大，除了占据了最显眼的位置之外，还是要遵循近大远小等透视原则。画面前方的侍卫，虽然处在逆光中，但身长也比拿破仑高。由此可以理解，所谓焦点透视，是指在画面上只有一个视觉焦点，离焦点越近的部分越清晰，反之，则越模糊，其原理如同今日照相机。这无疑是用科学的方法对现实进行模仿。

为什么西方绘画这么讲究科学性呢？这与他们的地理环境和经济制度有关。

古希腊商业经济需跨越海洋到达彼岸的土地进行商品交换。这使得西方人不像中国人一样将自我与大自然融为一体，而是将大自然看作一个被征服的对象，

扫码观看彩图

图6-23　雅克·路易·大卫《拿破仑加冕式》

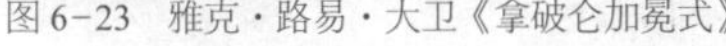

① 钱穆：《中国文化史导论》，北京：商务印书馆1994年版，第2页。

由此就产生了西方人与自然对立的自然观。大自然被当作一个对象去探索、去研究，从而孕育了西方人的科学思维——用科学的眼光看世界，这极大影响了西方的绘画艺术。

综观西方美术史，绘画的发展往往是伴随着科学的发展而发展的。比如文艺复兴时期的绘画透视准确、结构严谨，与工程、建筑、机械、解剖等学科的发展是分不开的。达·芬奇本身就是一个解剖学家，绘有多幅严谨细致的《人体解剖图》（图 6-24）。后来随着光学的发展，对色彩产生及变化的科学认识的不断提高，才有了印象派画家们对色彩表现的可能。也正因为文艺复兴时期的科学还没有认识到光学及相关的色彩学，我们今天之所以看到那一时期的作品都是暗红褐色，就不难理解了。

西方人用科学的眼光看世界，总是要透过表象寻求本质，以致其哲学和艺术都带有科学的色彩。柏拉图认为世界的本源是“理念”，“理念”的世界才是真实的世界，现实事物都是对理念的模仿。现实世界是对“理念”的模仿，绘画通过模仿现实世界，进而达到对理念的模仿。柏拉图的“理念说”和“模仿说”极大地影响了西方绘画。绘画作品是“理念”影子的影子，只有竭尽可能去模仿现实事物，才有可能接近理念。这就可以理解为什么西方绘画力求真实地再现客观事物，以逼真的效果为美。

3. 宗教情怀

西方人的科学观、哲学观影响了宗教观。既然世界上存在“理念”的真实世界，就有表象的虚假世界；有居住在理念世界的永恒的灵魂，就有居住在表象世界

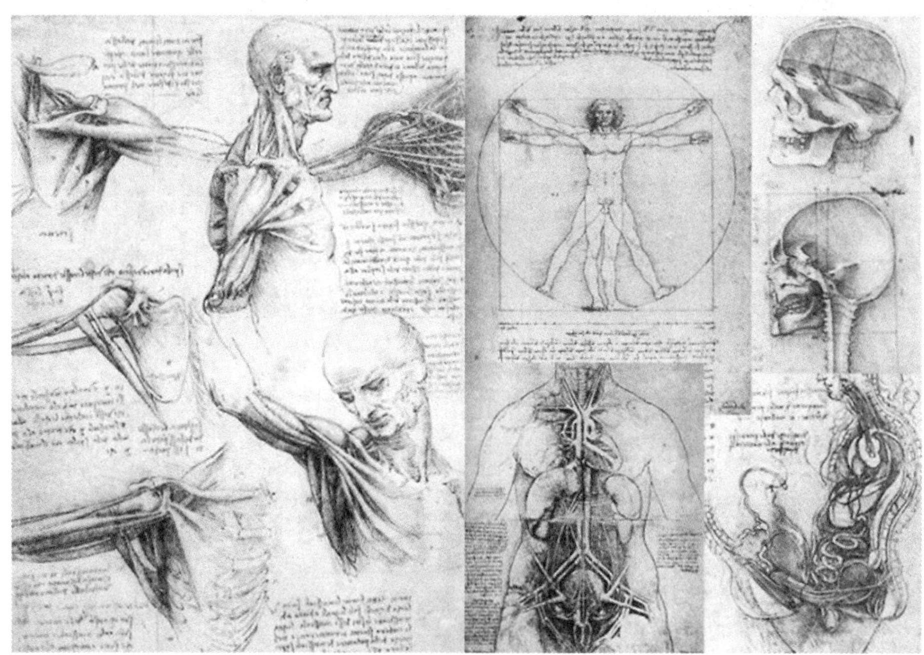

扫码观看彩图

图 6-24　达·芬奇《人体解剖图》

扫码观看彩图

图 6-25 米开朗琪罗《创世纪》局部图之《神创造亚当》

的易变的肉体。一切事物都在二元对立中成其意义：身体 / 灵魂、现世 / 天国、此岸 / 彼岸、生 / 死、永恒 / 短暂、真理 / 谬误、善 / 恶、美 / 丑……在这些二元对立中，灵魂居住的至真至善至美的天国，就是西方人追求的终极世界。

不像中国人执着于生，注重人情伦理；西方人执着于死后的彼岸世界，执着于超验的宗教情怀。这就可以解释为什么神话和宗教题材是西方绘画的重要主题。文艺复兴时期的绘画作品，绝大部分可作《圣经》插图，米开朗琪罗的名作《创世纪》（图 6-25）和《末日审判》就是应教皇之邀为罗马西斯庭教堂所作。此外，还有不少是古希腊神话的绘画本。

现在我们应该清楚，为什么前面提到的两幅画——西方的《维纳斯的诞生》和中国的《簪花仕女图》——会带给我们截然不同的审美感受。《维纳斯的诞生》带我们走进对神话世界的浪漫幻想，此起彼伏的海浪、卷曲缠绕的金发、空中飞舞的神祇、随风飘摇的衣襟，让我们感觉到海洋文明的律动与活力，仿佛湿润清新的海风扑面而来。《簪花仕女图》中，空旷的留白与铺排的长卷传达出空间的自由与大气，仕女们华丽的衣襟、丰腴的肌肤与闲适优雅的姿态，传达出对俗世生活的赞美与享受，整幅画都带给我们大陆文明的宁静与安足之感。

海洋文明与大陆文明，不仅分别滋养了《维纳斯的诞生》和《簪花仕女图》，也滋养了其绘画世界，甚至整个艺术世界，甚至是人的心态结构、思维方式。

绘画美的育人意义：

要深刻地了解绘画作品的审美意义，不仅要了解其构成符号、情感意义和审美风格，还要了解其所根植的历史背景，甚至东西方的地理、经济、文化背景等。绘画艺术不是独立存在的，它深深根植于文化土壤中。在走过了这漫长的绘画审美旅程之后，我们发现自己不仅要学习如何审美绘画，更要学习人的生活方式、心态结构。在这一深化学习的过程中，我们的审美境界不仅得到了拓宽，也变得更加深远，有了文化的深度和力量，我们会感到一种刷新知识结构的快感。审美离不开艺术教育，这就是艺术教育的魅力。

第二节　书法美赏析

教学视频

中国书法是一门古老而奇特的汉字美化艺术。有说不尽的情绪和美感隐藏在斗转回旋的墨迹笔锋之间。请看下面的两个“不”字（图 6–26，6–27），外观不同，给我们的审美感受又有哪些不同呢？

这两个“不”字都出自王羲之的笔下。第一个“不”，最后一笔“点”无精打采地耷拉在一边，似乎在结构上不那么协调，但正描绘出一个极不情愿的、无法开怀的“不”的感觉；第二个“不”，下笔力道明显大了一些，最后一笔“点”狠狠地回了过来，显得非常阳刚，这是坚决不合作的、倔强强硬的“不”。人们都说“字如其人”。原来，字中隐藏着写字者丰富的个人情绪和独特的精神气质！

请再欣赏右图这幅书法作品（图 6–28）。从这幅书法中，你是否能感受到某种气势呢？这幅作品用笔流畅自然、拙中见巧。观赏这幅作品，就如同欣赏美妙的乐章，富于节奏变化，快慢得当、悠然自得；又如同观看武林高手表演剑术，技法

图 6–26 “不”字

图 6–27 “不”字

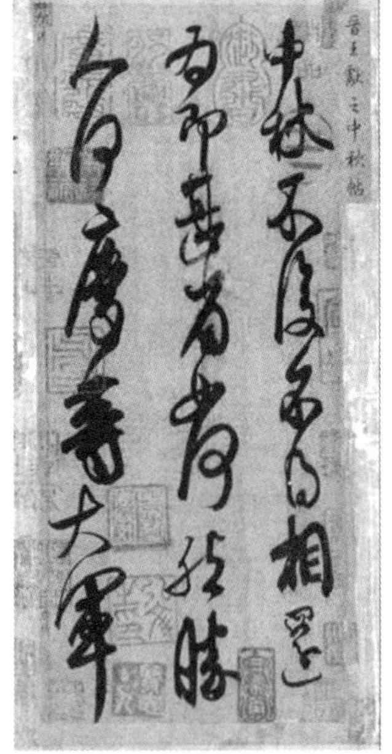

图 6–28 王献之《中秋帖》

扫码观看彩图

娴熟，节奏轻快而不浮躁，笔到力到，气势连贯流动。这幅书法就是王献之著名的《中秋帖》，现珍藏于故宫博物院。

本节我们就来探讨魅力无穷的书法艺术。

一、汉字与书法

沈尹默说："世人公认中国书法是最高艺术，就是因为它能显出惊人的奇迹，无色而具图画的灿烂，无声而有音乐的和谐，引人欣赏，心畅神怡。"[①]讲得多么生动形象、恰如其分！

那么，中国书法的奥妙究竟在哪里？为什么书法是中国独有的艺术？这主要是由书法与汉字的关系决定的。书法的造型基础是汉字，而汉字本身就具有潜在的艺术特质，或可称之为"前艺术符号"。正如钱穆先生所说："中国文字亦可说是由中国人独特创造，而又别具风格的一种代表中国性的艺术品。我们只有用看艺术作品的眼光来看中国文字，才能了解其趣味。"[②]中国人从来就是把文字当作艺术品来看待的。下面我们来谈谈汉字的艺术特质：

（一）汉字是目前世界上唯一尚存的表意文字

汉字最早的形态是象形字，是通过对客观世界的俯仰观照构筑而成的象征符号系统。汉字的这种独特构型不仅为书法艺术提供了绝好的造型基础，同时更给后世书法家一份性灵上的启示，那就是将此造字法作为艺术法则，挥洒被汉字凝固的自然空间，咀嚼自在昂扬的生命精神。正如宗白华所说："中国字是象形的，有象形的基础，这一点就有艺术性。原来是象形的，后来中国文字渐渐地越来越抽象……但是，骨子里头，还保留着这种精神，中国书家研究、发挥这种精神，成为世界上独特的艺术。"[③]

（二）汉字独特的构成元件

汉字的线条具有外在的丰富性，诸如点若高峰坠石，竖如悬针垂露，横似千里阵云等；汉字的线条也具有内在的机变性，所谓"一画之间，变起伏于锋杪；一点之内，殊衄挫于毫芒"[④]。同时，这些线条又大多是由互相穿插来实现其整体化的，故极易形成一个个"回互飞腾"[⑤]"八面点画皆拱中心"[⑥]的交构性空间，也易于和复杂的主客观世界形成同构关系。汉字的这种以线为主的奇妙组合形式决定其可以

---

① 沈尹默：《书法论丛》，上海：上海教育出版社 1978 年版，第 33 页。

② 钱穆：《中国文化史导论》，北京：商务印书馆 1994 年版，第 33 页。

③ 宗白华：《中国书法艺术的性质》，《书法研究》1983 年第 4 期。

④［唐］孙过庭：《书谱》。

⑤［明］项穆：《书法雅言》。

⑥［元］陈绎曾：《翰林要诀》。

成为审美对象。事实上，中国的书法艺术正是将这些组成文字的线变成了展示丰富情韵的线，变成一条条贯穿宇宙和心灵的线，从而使汉字实现了从民族共同体的共性符号到彰显个体生命的个性符号的超越。

（三）汉字形态的变化无穷

汉字形体基本上呈方块形，其形体上又有朝揖、避就、向背、穿插、回抱、附丽、撑拄、繁简、大小、长短、疏密等具有造型意义的结构特征；加之汉字数量极多（徐中舒主编的《汉语大字典》收字 54 678 个，常用字大约有四五千个），构型上千姿百态，每个字的书写无不受到形式美法则的制约；还有甲骨文、金文、小篆、隶书、楷书、行书、草书等不同字体，以及普遍存在的同字异构现象。这些都为书法艺术的提升、超越提供了绝佳的用武之地，成为中国书法家可以用各种优化原则予以充实的理想空间。

（四）从静态到动态

汉字是一种空间上的静态形体，但又在静中含飞动、含流转，体现出大自然的运动之势，在空间组合中展现时间流动的特点，从而成为一种富于暗示性的运动空间。汉字是一个隐含着的运动空间，而不是“死板”的“图案”。正是汉字生动的造型，才决定了书法艺术对动势的独特追求，使之能够化静为动，并借助淋漓酣畅的笔墨技巧达到飞舞激扬的效果。

二、五大书体样式及特点

中国的书法艺术在历史演进中逐渐形成了篆、隶、草、楷、行五大基本书体样式，这些样式是书法的基本程式。每种书体都各有自己的特色。篆书笔画规整匀停、对称协调，隶书波磔飞动、超拔挺秀，草书纠缠连绵、变化无穷，楷书点画规范、法度严矩，行书体势飞动、牵丝映带。下面分而述之。

（一）篆书

古老的篆书又分为大篆和小篆，其特点是字形修长、起笔浑圆、转折处带有弧形，往往给人以稳重、端庄之感。大篆的代表，就是现藏于故宫博物院的石鼓文。2017 年热播的《国家宝藏》第一集就介绍了石鼓文的来历。石鼓文藏锋起笔和收笔，用笔挺拔，笔道凝重，线条圆融而深劲；字形匀称整齐，雄强浑厚，朴茂自然；结体促长引短，严谨奇崛；通篇开阔均衡，平正稳实，风格独特；因此，有人将其视为“我国书法第一法则”。

秦始皇统一中国后使用的文字就是小篆，是秦代的标准字体。以长方结体，取纵势，不论笔画多少，均统一在一个略带椭圆的长方形内，线条粗细均匀，圆润和婉，它简化了字形，并指定了偏旁位置，使结字更加规范，可以说，小篆的出现使汉字更具备了抽象化、符号化的文字性质。小篆的代表作有《泰山刻石》。《泰山刻石》是典型的秦篆，其笔画粗细均匀，藏头护尾，圆健挺拔，如虫蚀木，筋力弥漫，渊雅雍容，有庙堂之气。

（二）隶书

隶书在汉代逐渐成熟定型，笔画由圆匀的曲线变为平直的线条，汉字由象形性质彻底转变为纯粹抽象的符号。字形扁平，具有明显的“蚕头燕尾”“一波三折”的特征，呈现出端庄高古之美，代表作品如《曹全碑》《张迁碑》《礼器碑》等。《礼器碑》笔画方圆并用，用笔瘦劲挺健，铁画银钩，具有明显的轻重变化，端庄凝练、方正宽博、刚毅典雅，是汉碑的无上神品。

在汉代，隶书出现了快写体和简化体，并逐渐出现了草书、楷书和行书等各种字体。

（三）草书

草书至东汉被确定为一种书体，分为章草和今草。章草就是对隶书有条理、有法则且潦草而明快的速写体。今草由章草进一步“草化”而来，它的笔画是以楷书和章草的写法为基础的，偏旁部首做了许多省改假借，体式连绵。今草的创始人为汉末的张芝。东晋王献之为适应士大夫的超逸思想，创制“一笔书”，即连笔草书，后经张旭、怀素等人进一步发扬光大，逐渐形成放荡不羁、豪迈奔放的“狂草”。草书结构简省、笔画连绵，最具激情和表现力。随着草书的出现，中国书法艺术就进入了最完备的阶段。

草书的代表人物是“颠张狂素”，即张旭、怀素。张旭的《古诗四帖》行笔狂放不羁，笔画连绵环绕，如疾风骤雨，气势磅礴，乃草书的巅峰之作；怀素的《自叙帖》，线条飞动，笔下生风，渴笔枯墨，愈显遒劲，一气呵成，气韵生动，是后人学习狂草的重要范本。

（四）楷书

楷书紧扣汉隶的规矩法度，从汉隶中的快写和简化中萌生，追求汉字形体美的进一步发展。三国时期，钟繇对楷书做了重大改革，以方正平直的笔画代替隶书中的“蚕头燕尾”，同时把篆书、草书中的圆转笔法融入其中，使楷书真正脱尽隶书的特征，作为正式的书体被广泛推广。后来经东晋书法家王羲之的进一步推动，楷书终于成为后世真书的典范。楷书笔画平直、字形方正、讲究法度，给人以布局规范、严谨工整的美感。书法史上，欧阳询、颜真卿、柳公权、赵孟頫被称为楷书四大家。

柳公权的《玄秘塔碑》点画峻拔，骨势刚健，精悍出神，俊秀洒脱，是后人学习楷书的重要范本。

（五）行书

行书是楷书的快写体，介于楷书和草书之间，丰赡妍美，流美超逸，既有草书的连绵笔意，又不失楷书的端庄雅致，书写者在书体的笔随意转间，在线条与墨色

扫码观看彩图

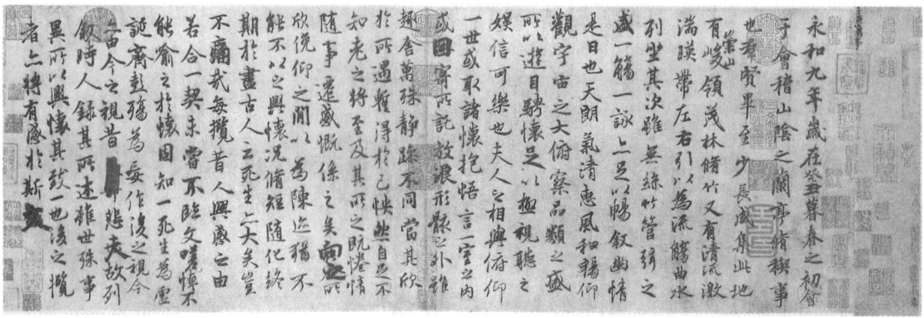

图 6-29　王羲之《兰亭序》

扫码观看彩图

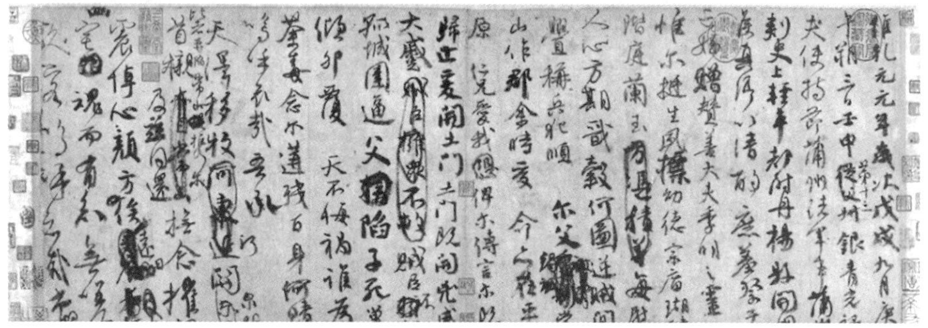

图 6-30　颜真卿《祭侄文稿》

扫码观看彩图

图 6-31　苏轼《黄州寒食诗》

变化间，形成其作品特有的艺术语言，是日常书写中最为常用的字体。

被誉为天下第一行书、第二行书和第三行书的，分别为王羲之的《兰亭序》（图 6-29）、颜真卿《祭侄文稿》（图 6-30）、苏轼《黄州寒食诗》（图 6-31）。

王羲之《兰亭序》全篇气脉相通，点化映带，字大小错落相间，字体形态多姿，但法度俨然，整体气势从容、冲和安详，是整个魏晋书风的重要代表。

颜真卿《祭侄文稿》是在“心手两忘”状态下自然而然地完成的，是真情运笔、率意挥洒的心灵奏鸣曲。此篇通篇为忠义奋发所笼罩，布局在基本纵向排列下显得无拘无束，如高山流水，随感情奔涌而倾泻；线条及形体遒劲雄逸，与切骨沉痛相融合。仔细审视，还可以从作品中观察到作者在书写过程中感情的波动。从开始的心情似尚平静，字也写得缓慢端秀；到后来的悲愤情感加剧，字的不规整，笔画轻重顿挫，字形忽大忽小，错舛涂改之处也明显增多；末五行，其手中之笔，竟仿佛如有神助，勾画出了如此激情充溢又流畅绝美的线条！

《黄州寒食诗》是苏轼遭贬之后的愤懑之作，侧笔纵横，章法上错落反侧、跳宕突变，包含了极为浓烈而又沉郁的悲剧色彩。通观全帖，笔致沉着，却又妙得自然，是件举重若轻、从心所欲，经意又不见斧凿痕迹的佳作。

三、如何欣赏书法

欣赏一幅书法作品，不仅是一种艺术的美妙体会，更是一个人艺术修养的体现。下面探讨如何欣赏书法美。

（一）从整体到局部

欣赏书法作品时，我们要做到先统观其整体——章法，再细察其局部——结字、点画等，而不能反其道而行之。

“篇幅以章法为先”①。对于欣赏书法作品来说，局部的把玩固然重要，但需首先以整体的观照为依据。无论是点画也好，结体也罢，它们的美往往并不限于自身，而需要在章法的整体布局之中显示意义。从整体到局部，再从局部到整体的不断反复的欣赏方式，是达到最佳审美效应的一种有效途径。

具体到整体章法的欣赏，则主要着眼于书法家如何经营字与字、行与行、文与款、文与印之间的空间位置；如何协调文字墨迹和字面空白的比例关系和疏密变化，从而使作品达到“有余势则隽，有余笔则清，有余纸则宽，有余意则远”②的境界。

至于局部的欣赏，主要包括两个方面：一是看结体是否奇而稳。所谓奇，就是“大小疏密，短长肥瘦，倏忽万变”③；所谓稳，就是精神团结，“潜气内转”④。二是看点画是否“坚而浑”⑤。所谓坚，就是铁画银钩，刚健有力；所谓浑，就是中锋用笔，圆润华滋。

（二）从文境到书境

书法是一种兼顾字义的综合审美形式，这构成了书法审美的另一种重要途径。欣赏者往往借助于文字内容、文学意境去体认、把握书法作品的情感内容。孙过庭在《书谱》中曾对王羲之不同作品的不同感情色彩作过精当的评赏。他说：“（王羲之）写《乐毅》则情多怫郁，书《画赞》则意涉瑰奇，《黄庭经》则怡怿虚无，《太师箴》又纵横争折。暨乎兰亭兴集，思逸神超，私门诫誓，情拘志惨。所谓涉乐方

---

①［清］蒋骥：《续书法论》。
②［明］宋曹：《书法约言》。
③［清］刘熙载：《艺概·书概》。
④［清］刘熙载：《艺概·书概》。
⑤［清］刘熙载：《艺概·书概》。

笑，言哀已叹。”孙过庭密切联系作品产生的各种主客观因素，从欣赏中捕捉到书家内在情感总是随着文字内容情感的变换而变换。文境和书境显然是同构的，可见识读性的审美心理在书法艺术的鉴赏中有不可替代的价值。

（三）从平面到立体

汉字本就是二维平面的文字，但书法家却不甘心这一平面，他们力求从平面上表现出立体的审美效果。所谓“以筋骨立形，以神情润色”①便是这一追求的形象表述。

从笔法上看，历代书家之所以特重中锋运笔，并视之为“书家真密语”②，就因为要写出自然圆满的笔画，从而产生“钜者如木如竹，细者如锥如丝”③的立体效果。从墨法上看，董其昌曾仔细观察过苏东坡《赤壁赋》的用墨，结论是“没波画尽处，隐隐有聚墨痕，如黍米珠，恨非石刻所能传耳”。平面纸上的磨痕，居然会凸起如“黍米珠”，这岂不是强调立体效果的一个生动的例证？至于字法、章法中的立体感，则主要是通过不同质感、量感的笔画交构来实现的。如枯、湿、浓、淡、粗、细笔画的穿插，都能唤起三维知觉，造就立体空间。

（四）从空间到时间

书法的线条结构形态有明显的先后和连贯特征，每个书法整体空间又会按照一定的文义先后组成行的序列和篇的序列。这表明，书法艺术的时间性是通过空间性得以展现、定型的；而空间性又借助于时间性来获取生命的节奏与神采。

书法艺术的这一特质引导着欣赏者的审美感受顺序，决定着书法欣赏的动态知觉方向。因为欣赏者恰恰正是受着笔顺、文义、线条律动的引导去把握书法的运动空间，并进而产生一种与书法家挥毫创作过程相同步的微妙体验，正如姜夔《续书谱》中所说的那样：“余尝历观古之名书，无不点画振动，如见其挥运之时。”如果不按照这种欣赏方法，则不能理解颜真卿《祭侄文稿》的情感运动轨迹，更无法欣赏这幅伟大的作品。

书法艺术的育人意义：

作为独特的中国艺术门类，书法以其行云流水、潇洒俊逸的灵动魅力吸引着每一个中国人。书法是民族的记忆，蕴含着文化的基因。作为大学生，学好书法、欣赏书法，就如同在古人隽永超逸、宽广博大的胸怀中徜徉漫步，小则可以调节情绪、陶冶情操、形神兼修，大则可以传承中华文化的宇宙观和人生观，延续中华文化的美好传统。

---

①［唐］张怀瓘：《文字论》。

②［清］包世臣：《艺舟双楫》。

③［清］汪瑔：《书法管见》。

【拓展阅读书目】

1.［英］贡布里希：《艺术的故事》，范景中译，南宁：广西美术出版社 2011 年版。

2.［美］阿纳森：《西方现代艺术史》，邹德侬译，天津：天津人民美术出版社 1994 年版。

3. 俞剑华：《中国古代画论类编》，北京：人民美术出版社 2014 年版。

4. 钱穆：《中国文化史导论》，北京：商务印书馆 1994 年版。

5. 叶秀山：《书法美学引论》，北京：宝文堂书店 1987 年版。

6. 启功：《书法常识》，北京：中华书局 2017 版。

【思考与练习】

1. 结合“冰山理论”及具体实例，谈谈如何欣赏艺术美以及艺术美对于提高人艺术修养的意义。

2. 黑格尔认为，艺术来源于心灵，艺术美高于现实美。你如何理解这句话？你赞同这句话吗？艺术对美丽人生的实现，有何帮助？

3. 谈谈你如何理解颜真卿的《祭侄文稿》。

4. 结合经典绘画和书法作品，进行赏析或鉴赏。试比较中西绘画的差异。

第七讲 美丽人生之艺术美维度（二）

第一节
建筑美赏析

第二节
雕塑美赏析

第三节
音乐美赏析

从绘画和书法的审美世界走出来，现在我们来探讨艺术审美的另外三个部分：建筑美、雕塑美和音乐美。绘画和书法都是在二维平面上进行创作的，使用的材料都是笔墨纸砚或油彩画布等，因此在审美特征方面存在一定的相似性。建筑和雕塑是三维空间艺术，音乐是听觉艺术。这三种艺术形式与绘画、书法之间差异很大，也都有其独特的魅力和美感。让我们开启新的艺术之旅吧！

第一节　建筑美赏析

人们常说，再大的住房也不过安放一张七尺之床，以此来告诫我们要知足常乐，莫要贪婪。然而，如果住房仅只为了睡眠，为何人们还要追求住房的大与美？苏州园林原本是私家园林，最基本的目的就是为了居住，为何还要追求移步换景、花木葱茏、波光倒影、匠心玲珑？

如果住房仅只为了生存，人类为何还要耗费巨大的人力财力，去建造金字塔、巴黎圣母院、泰姬陵和紫禁城？从洞穴居所、兽皮帐篷，到土窑石窟、芦苇木屋、砖房瓦顶、城堡教堂，再到现代建筑，人类住所的历史，和自身的历史一样漫长。然而，只有当人类将自己与建筑视为一体并有所寄托时，“建筑”才真正开始实现其意义。建筑不仅是安放身体的地方，更是心灵的栖居之所，甚至承载着伦理、制度、宗教等宏观文化意义。

因此，我们对建筑的追求，远远超越了遮风避雨、安放睡眠的七尺空间，而进入审美的、生命的、文化的、宗教的层次。让飞檐斗角成为梦想起飞的姿势，让雕花长窗成为诗意情怀的装饰，让罗马立柱成为坚定勇气的支持，让壁画穹顶成为信仰抵达的彼岸。

山石土木建居所，巧技匠心筑家园。建筑，能将身与心的安全感庇护在怀抱之中，能寄托我们的情思和故事，能带给人终极的生命关怀。荷尔德林说：“人充满劳绩，但还诗意地栖居在这片大地上。”海德格尔以“诗意地栖居”为灵感，生发出最美的诗意哲学。建筑正是“诗意地栖居”的物质载体，是幸福岁月的安居保证。

一、中国建筑审美概述

下面这两幅图大家一定非常熟悉，就是很为我们中国人骄傲的故宫（图 7-1）

扫码观看彩图

图 7-1　故宫

扫码观看彩图

图 7-2　苏州园林

和苏州园林（图 7-2）。故宫建筑群大气磅礴、壮丽精美，苏州园林玲珑精巧、隽永诗意。二者风格各异，交相辉映，是中国建筑辉煌成就的代表。

中国的建筑有什么审美特征？同样是主流建筑，为什么故宫和苏州园林会呈现出两种完全不同甚至截然相反的景观特征？其背后有什么文化意义？带着这些问题，我们来开启本节的中国建筑审美历程。

首先，我们从文化的视角简要探讨中国古代建筑的纵向历史演变，来大体上认识一下中国建筑的总体风格特征。

中国古代建筑的历史演变大体上可以分为三个阶段。

第一个阶段是古典时期。这一时期对应的历史阶段，大致是从殷商到两汉。这个时期的中国文化是由“神话”统领的，人们相信神魔世界的存在，因此建筑风格是宏大伟岸的，给人以崇高感和有力感。这一时期的建筑成就，集中体现在宫殿建筑，如秦朝的阿房宫、汉朝的未央宫。杜牧《阿房宫赋》说：“覆压三百余里，隔离天日。”“覆压”一词，精辟地描述了秦汉宫殿“崇高”“力量”这一建筑特质。

扫码观看彩图

图 7-3 汉代熊腿鼎

秦汉宫殿建筑建在大型夯土台基上，由柱列构成基本的空间架构，高大而方正。通常以大型建筑空间象征帝王权威。通过回廊复道相连，形成规模庞大的建筑群，象征帝王对神灵世界的想象和向往。如果以动物为代表，这一时期可以称为“熊的建筑”。在秦汉艺术中，熊一般是用来承重的动物，有用来镇守陵墓的汉代石熊，有汉代熊腿鼎（图 7-3）。熊是力量的化身，熊的建筑这种比喻，恰好可以说明秦汉时期，通过巨大夯土台基支撑庞大建筑群的建筑审美特征。

第二个阶段是中世时期。对应的历史阶段，大致是从魏晋到北宋的近一千年时间。这一时期最突出的文化特征，是外来佛教文化、北方蛮族文化与中国本土文化的碰撞与交融，新的价值内化到中华文化之中，汇入中国后世的文化主流。这一阶段的代表性建筑是宫殿与庙宇，规模都很宏大。唐代建筑继承魏晋南北朝开拓的新方向，并发展出成熟的结构体系。因为殿堂规模的加大，斗拱更加复杂化。又由于掌握了曲线技术和深远出挑技术，屋顶正脊出现了明显的曲线。从建筑审美上说，“翼角起翘”使建筑产生一种轻灵飘逸的美感。到了唐宋，中国建筑的整个屋顶，犹如凤鸟张开的翅翼，给人以乘风飞扬的审美感觉。因此，我们把中世建筑文化形象地比喻为“凤的建筑”。

第三个阶段是近世时期。对应的历史阶段大致是从金元到明清。这一时期中国文化的主流发展趋势是通俗化与民间化，这种文化特征集中反映在儒、佛、道的混融上。受此影响，建筑文化发生了重要变化。我们可以比较一下宋代张择端《清明上河图》与清代宫廷《清明上河图》屋顶形态的变化。中世建筑那种振翅欲飞的屋顶，经过宋代的制度化与金元的修正，到了明清时期有了明显的收敛，显出稳重大气的审美特征。唐宋时期建筑的正脊多为“鸱尾”，金元以后就变成“龙吻”了。与此同时，龙成为最受欢迎的建筑装饰主题。明清宫廷建筑装饰，多用龙纹，民间建筑也喜欢以龙为装饰，所以明清建筑可比喻为“龙的建筑”。

中国的建筑文化虽然一脉相承，仍然可以根据文化演变的大趋势，划分为上述三个段落。在每一段落，由于不同的文化力量，产生了不同的建筑景观；并且，每一段落也有兴起、发展、成熟到衰落的过程，由此构成了一种多姿多彩的建筑文化景观。

其次，我们通过建筑布局的横向比较，来考察中国人通过建筑表达的独特的人文景观。

建筑的平面布局是决定一座建筑、一组建筑、一群建筑，甚至一个村镇、一个城市面貌的重要因素。在中国古代建筑中，基本上有两种平面布局的方式。一种是庄严雄伟，整齐对称；一种是曲折变化，灵活多样。

举凡帝王的京都、皇宫、坛庙、陵寝，官府的衙署、厅堂、宅第，宗教的寺院、宫观以及祠堂、会馆等，大都是采取前一种形式。其平面布局的特点是有一条明显的中轴线，在中轴线上布置主要的建筑物，在中轴线的两旁布置陪衬的建筑物。这种布局主次分明，左右对称。

以故宫建筑群为例。一条中轴线贯通着整个故宫，这条中轴线又在北京城的中轴线上。三大殿、后三宫、御花园都位于这条中轴线上，气魄宏伟，规划严整，极为壮观。在中轴宫殿两旁，还对称分布着许多殿宇。这些宫殿可分为外朝和内廷两大部分。外朝以太和、中和、保和三大殿为中心，以文华、武英殿为两翼。内廷以乾清宫、交泰殿、坤宁宫为中心，以东西六宫为两翼，布局严谨有序。故宫的四个城角都有精巧玲珑的角楼，建造精巧美观。工匠们运用了烘云托月、绿叶托红花等手法，衬托出主要建筑的庄严雄伟。

这类建筑类型，不论建筑物的多少、建筑群的大小，一般都采用此种布局手法。从一门一殿到两进、三进以至九重宫阙，庞大帝京都是这样的规律。这种庄严雄伟、整齐对称的中轴线平面布局方式，满足了中国人对于安排长幼尊卑的伦理秩序的需要，所以几千年来一直相传沿袭，并且逐步加以完善。

另一种布局方式则与之相反，不求整齐划一，不用左右对称，因地制宜，相宜布置。举凡风景园林、民居房舍以及山村水镇等，大都采用这种形式。其布局的方法是按照山川形势、地理环境和自然的条件等灵活布局。例如民居甚至寺庙、官衙，凡位于山脚河边者，总是迎江背山而建，并根据山势地形，层层上筑。这种情况最适宜于西南山区和江南水网地区以及地形变化较多的地点。

这种布局原则，由于适应了我国广大的不同自然条件的地区和多民族不同文化特点、风俗习惯的需要，几千年来一直采用着，并有科学的理论基础。中国式的园林更是灵活布局、曲折变化的实例。山城、水乡的城市、村镇布局也根据自然形势与河流水网的情况，因地制宜布局，出现了许多既实用又美观的古城镇规划和建筑风貌。

中国建筑的这两种布局类型，和中国文化的两个体系相关。中轴线布局的建筑类型是儒家文化体制的产物。儒家注重人伦秩序，君君臣臣父父子子。在儒家的建筑里，人的位置与其在伦理秩序中的地位是相关的。我们走进儒家建筑群，很容易知道祖辈、父辈、子辈、仆人和客人房间的布局。儒家建筑的好处是有规矩，非常工整、有秩序，其不足之处就是一切都是直线、对称、平衡的建筑风格，失去了一些趣味和个性，所以就有另外一种建筑，就是体现老庄思想的建筑园林作为其补充。

儒家建筑和道家园林这两种建筑类型缺一不可。理解了这两种建筑，就理解了中国建筑文化，也有助于了解中国人和他们的生活方式。下面一部分，我们就重点探讨中国园林建筑的审美特征。

二、中国园林建筑的审美特征

苏州最有名的就是明清时代留下来的园林，像拙政园、网师园、狮子林等。苏州园林深受中国文化中老庄思想的影响。在园林建筑当中，所有的线条都变成了曲线，曲折的小径、流水、拱桥等，将建筑空间或分隔，或连接，将心灵带入自然之中。它区别出了儒家和道家两种不同建筑的规则，一种建筑有理性的约束，好像人的意识世界——人要生活在有规则的社会中；另一种是感性的释放，好像人的潜意识世界——人还有打破规则、回归自然的需求。

如果想要追求功名，就以走到儒家建筑的庙堂为目标；如果在积极入世的旅程中感到疲惫或受伤，就退守到道家园林中疗伤。在中国，园林建筑具有治愈功能。拙政园的“拙政”二字很明显表示园林的主人离开政治，回归山水园林，去追求个性的率真自由，来完成另一种人生的满足。《牡丹亭·游园惊梦》中，被礼教束缚的杜丽娘就是在园林中游玩时，生命的欲望被唤醒，才发生了一场生生死死的爱情故事。

如果只从建筑史去看，园林只是一种设计风格；如果从人文角度来看，园林是对中国儒家文化的一种救赎。从心理学来讲，笔直大路直通的正殿是一个现实世界，园林是人潜意识的世界。在中国的建筑中，常常有“后花园”一说。人们在居于前方的儒家建筑中办公，一切都有规则、方寸、效率；休闲的时候，人们到“后花园”中，释放潜意识里的自我。我们的大学校园在设计的时候，也兼顾师生的意识和潜意识需求。教学是大学师生有意识去完成的主要任务，因此行政楼、教学楼、图书馆这些建筑都是儒家风格，一般来说都中规中矩、对称分布，处于校园空间的前半部分。师生的生活区域在校园的后半部分，一般都有道家园林的影子：草长莺飞、小桥流水、假山飞瀑、湖光树影等，是师生在教学的间歇休闲、放松的场所。这一部分最能体现中国园林建筑的审美特征。

（一）幽静与灵动兼备

中国园林建筑总是静中有动的。如果是巴黎的凡尔赛宫，那么一进门就什么都看到了。用透视法显现它的建筑内核，是西方建筑的美学特征，追求伟大、崇高。然而，当我们想到中国的园林，会首先想到“曲径通幽”四个字。“幽”是刻意躲避的、不易被找到的，是追求含蓄、宁静和孤独，颇能体现中国的审美意趣。山水花木、亭台楼阁，都是宁静致远的，然而我们又需要不断地“动”，才能领略这隽永幽静之妙趣。进园门，往往就是以一座“山”作为屏障，有意遮挡后面的景致；脚下的路总是曲折婉转，要保持路线的神秘性；放眼望去，总有植物或花墙遮掩，只隐约露出部分风景。这始终勾起我们对尚未见到部分的好奇心，于是就“移步换景”“柳暗花明”。人物和景致都在不断移动，就好像走进一幅缓慢打开的卷轴画一般。

如果我们走累了，峰回路转，突然看到一座亭子可以歇脚，会是何等欣喜？“群山郁苍，群木荟蔚。空亭翼然，吐纳云气。”“有亭翼然临于泉上者，醉翁亭也。”这两句中的“翼然”说的是亭子的屋顶，像一只张开翅膀的飞鸟一样。著名美学家宗白华称之为“飞动之美”。静态的建筑，却有着飞翔的姿态，这是中国园林建筑动静结合的另一层含义。宗白华说：“不但建筑内部的装饰，就是整个建筑形象，也着重表现一种动态。中国建筑特有的‘飞檐’，就是起这种作用。根据《诗经》的记载，周宣王的建筑已经像一只野鸡伸翅在飞，可见中国的建筑很早就趋向于飞动之美了。”①

（二）从小空间到大空间，进而引申到时间

宗白华说：“古希腊人对于庙宇四围的自然风景似乎还没有发现，他们多半把建筑本身孤立起来欣赏。古代中国人就不同，他们总要通过建筑物，通过门窗，接触外面的大自然。‘窗含西岭千秋雪，门泊东吴万里船’（杜甫）。诗人从一个小房间通到千秋之雪、万里之船，也就是从一门一窗体会到无限的空间、时间。”②以亭为例，一般而言，亭的尺度都不大，却往往能从小空间进入大空间，给欣赏者更为丰富的审美感受。也就是说，亭子能给人一种联通无限空间的美感。比如，张岱《湖心亭看雪》有段文字说：“雾凇沆砀，天与云与山与水，上下一白。湖上影子，惟长堤一痕、湖心亭一点、与余舟一芥，舟中人两三粒而已。”亭子虽小，却以整个天地为背景。这时候，人们往往又由无穷的天地，联想到无尽的宇宙，完成由小空间到大空间，进而到时间的审美。

（三）总是和文学、文字审美交相辉映，进而抵达生命的审美智慧层面

中国园林的建筑可以说是建筑师、美学家和文学家共同完成的。世界上其他建筑在空间建造上竣工，就算完成了；而中国建筑在竣工之后，必须写上相应的文字，才算最终完成。亭台轩榭、流水山石都需要起名字，楼阁院馆则需要题对联。这些建筑空间经过文字的点化，就活起来了。

---

① 宗白华：《中国园林建筑艺术所表现的美学思想》，《文艺论丛》1979 年第 6 辑。

② 宗白华：《美学散步》，上海：上海文艺出版社 1981 年版，第 56 页。

比如拙政园里的“与谁同坐轩”。一般轩的空间比亭子大，可是此轩却小到只坐一人。苏东坡曾在政治最失意的时候作词追问：“与谁同坐？明月清风我。”了解了这一点，我们才会恍然大悟此轩的妙趣，能明白这个轩的狭小设计是为了抒发人生的孤独，为了在政治失意以后回来寻找自我的状态，其间还留有一份骄傲和自负。明月、清风虽然并没有写出来，可是人们如果读过苏东坡的词，体味过他的情怀，自然会知道其中的意境。在这狭小的空间里，在孤独寂静的夜晚，园林主人与明月清风对话，生命得到了很大的解放。

比如网师园里的“听雨轩”，轩的四周全种上芭蕉，雨季人们会坐在这里听雨打芭蕉的声音，通过听觉感知环境的诗意。如果这个地方种的是其他植物，那是不会叫“听雨轩”的。“听雨”这个词就点出了风景与设计的主题。

我们在我国很多建筑中都可以见到对联或诗句，那些诗句都是对环境的点化。网师园一座祭祀花神的庙里有一副长联，上联是：“风风雨雨寒寒暖暖处处寻寻觅觅”，下联是：“莺莺燕燕花花叶叶卿卿暮暮朝朝”。花总是与情有关，这副对联巧妙地把天气的阴晴寒暖、花期的热闹繁华与爱情的你侬我侬，融合在规则的平仄对仗中，同时点明建筑的主题。人们会忽然发现正在游玩的建筑一下子丰富起来了，建筑空间与深厚的古典文学、与美好诗意的情感融合在一起。

不仅如此，建筑本身的命名也是意味深长的，比如“亭”。刘熙《释名》说：“亭者，停也，人所停集也。”亭的初始功能是供人驻足休息的地方。这是一种“停”的智慧。中国的汉字——停，就是一个人在亭子边上驻足休息。美学家朱光潜说：“阿尔卑斯山谷中有一条大汽车路，两旁景物极美，路上插着一个标语劝告游人说：‘慢慢走，欣赏啊！’许多人在这车如流水马如龙的世界过活，恰如在阿尔卑斯山谷中乘汽车兜风，匆匆忙忙的急驰而过，无暇一回首流连风景，于是这丰富华丽的世界便成为一个了无生趣的囚牢。这是一件多么可惋惜的事啊！”①

在快节奏的现代社会，有时候需要让身体和心灵停下来，去和建筑对话，和艺术对话，和自我对话，和宇宙对话，才能真正地欣赏美、领悟美，进入一种宏阔智慧的生命境界。“亭”，就是让我们停下脚步，静静地依偎在建筑的怀抱里，“诗意地栖居”在这大地之上——这就是建筑的终极意义。正如海德格尔所说：为神建造一个家，为自己建造一个栖居之所。

三、西方建筑文化赏析

在《平郊建筑杂录》中，梁思成、林徽因说：“经过大匠之手泽，年代之磋磨，有一些石头的确是会蕴含生气的。天然的材料经人的聪明建造，再受时间的洗礼，

① 朱光潜：《谈美》，上海：东方出版中心 2016 年版，第 97 页。

成美术与历史地理之和，使它不能不引起赏鉴者一种特殊的性灵的融会，神志的感触。”[①]这句话往往能让我们联想到屹立千年的埃及金字塔和古希腊神庙，以及伟岸壮美、精致绝伦的中世纪教堂。

西方古老的建筑多为石质，雄伟壮观、气势恢宏，用雨果赞誉巴黎圣母院的话来说，就是“石头制造的波澜壮阔的交响乐”。西方建筑的瑰丽神奇，总是能让欣赏者叹为观止。

从古埃及到近现代，西方建筑的主题，主要经过五次大的变化：从古埃及的金字塔，到古希腊的神殿，再到中世纪的教堂，经过近代的宫殿，最后是现代的商业建筑。每个阶段都有一些经典建筑，它们是西方建筑的典型代表，也能展现西方建筑的发展演变。西方建筑的审美意义在于崇高伟大、动人心魄、震慑灵魂。

西方最古老的建筑艺术，应该是古埃及伟大的金字塔。在埃及，大大小小的金字塔有七八十座之多，它们庄重、简洁、肃穆、超世，屹立在红海之滨。其中最大的一座是胡夫金字塔。该塔高约 146.5 米，共用了 220 多万块巨石。每块石头都有一人多高，约 2 500 千克重。人们一直存在种种疑问，这些石块是怎样开采、运送的，又是怎样堆砌的呢？要知道，即使在今天，拥有世界上所有现代化技术手段的建筑师也很难完成如此艰巨的工作。

描述金字塔，用“极高、极厚、极大”这些词汇，丝毫不为过。金字塔的形象，给看见过的人留下了深刻的难以磨灭的印象。它们虽然是沉睡中的最单纯的几何形体，却表达了永恒的生命力。《金字塔碑文》说：“天空把自己的光芒伸向你，以便你可以通向天上，犹如神的眼睛一样。”古埃及人相信，人死后能够再度复活，金字塔正是法老再度重生的世界。站在金字塔前面，人的身体微缩成一个小小的黑点。仰望金字塔，从遥远的天际，似乎传来了法老的咒语：我看见了昨天，我知道明天。

黄沙掩盖了埃及王朝，海风吹来了古希腊文明。在古希腊的宗教中，神人同形同性，神是最完美的人，因此，神的居所——神庙也应是完美的艺术品。希腊人造的神圣殿堂——帕特农神庙，集中了他们关于美的所有想象，是古希腊建筑中最伟大的典范之作。从外貌看，它气宇非凡，光彩照人，细部加工也精细无比。它采取八柱的多立克式，东西两面是 8 根柱子，南北两侧则是 17 根，东西宽 31 米，南北长 70 米，东西两立面山墙顶部距离地面 19 米，比例接近“黄金分割”，难怪视觉效果优美无比。

帕特农神庙特别讲究“视觉矫正”，使本来是直线的部分略呈曲线或内倾，因而看起来更有弹力，更觉生动。比如，此庙四边基石的直线，中央比两端略高，看

① 《中国营造学社汇刊》1932 年 11 月，第三卷第四期。

起来反而更接近直线，避免了纯粹直线所带来的生硬和呆板。柱子也并非全都垂直并列，东西两面各 8 根柱子中，只有中央两根垂直于地面，其余都向中央略微倾斜；边角的柱子与邻近的柱子之间的距离比中央两柱子之间的距离要小，柱身也更加粗壮。

这样处理的原因是，边角柱处于外部的明亮背景中，而其余柱子的背景是较暗的墙壁，人的视觉习惯会把尺寸相同的柱子在暗背景上看得较粗，亮处则较细，视觉矫正就是要反其道而行，把亮处的柱子加粗，看起来就一致了。类似这样的矫正还有很多，可见艺术家、设计者和工匠为此花费了多少时间和精力。人们至今仍能从饱经沧桑的神庙看出精微矫正的痕迹和出神入化的效果，这真是文明的奇迹。

在中世纪，随着宗教生活方式的变化，人们对建筑的需求也发生了变化。从供奉神像，到信徒走入其中，进行祈祷和礼拜，教堂建筑的诉求，从注重外观转到了注重室内。由于信徒要在教堂里聚会，举行宗教仪式，所以室内面积要扩大，室内空间要高挑，内部装饰日趋奢华，外部塔尖越来越高。在基督教全盛时期，教堂艺术登峰造极，哥特式教堂融合北方蛮族的审美趣味，将教堂建设得又高又尖，试图摆脱力学的束缚，极力向天堂生长，将信仰引向上帝。

哥特式大教堂与罗马式教堂一样，俯视图呈现拉丁十字的形状，就像是一座平躺于大地上的十字架。哥特式教堂的外观，在结构上仿佛是一条船身构造由内向外翻了出来，这是利用一种独特的建筑技术——飞扶壁。飞扶壁就是扶持墙壁的意思，中间的拱对墙有向外的推力，而扶壁将墙向内推，就可以平衡拱券对外墙的推力。由于有了这些飞扶壁及层层由里往外的梁柱，教堂才能摆脱厚重的墙面而盖得高耸直入云霄，把支撑屋顶的重量完全延伸到外边，使得内部空间显得无比空旷。

走进哥特式教堂，会被巨大的空间所震撼（图 7-4）。宽阔的空间，高远的穹顶，肃穆的氛围，让人感到自身是如此的渺小，神的胸怀是如此宽广。除却空间，哥特式教堂也非常善于利用光线来营造神圣的宗教氛围。清晨七点整的科隆大教堂，黎明的阳光自东边洒进来，整个唱经席犹如发光的太阳，将大教堂沁染成一片言语难以形容的圣境。圣弥额尔教堂（图 7-5）的主堂与唱经席对光线的巧妙运用，使教堂内充满神圣的气息，仿佛上帝之光照耀着人。一时间，人是如此的渺小，神是如此的庄严，人的灵魂被直逼出肉体，飞向崇高的宗教世界。

与中国人将最恢宏的建筑建造成皇家的宫殿和陵寝不同，西方人将最伟大的建筑献给了神灵或上帝，无论是金字塔、神殿还是教堂，都是如此。到了 17 世纪，启蒙运动高扬人文主义大旗，神权逐渐失落，西方人开始将眼光放到追求现世的幸福之上，建筑的目的从崇拜神灵转向为人类服务。拥有最多权力和资源的人，自然是王室成员，因此，宫殿建筑是这一期的杰出建筑形式，如巴

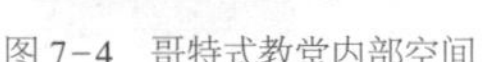

图 7-4　哥特式教堂内部空间

图 7-5　圣弥额尔教堂

扫码观看彩图

扫码观看彩图

黎的凡尔赛宫、维也纳的美泉宫等。宫殿建筑不再追求更高更尖，而是追求华丽和舒适。

凡尔赛宫占地 111 万平方米，其中建筑面积为 11 万平方米，园林面积 100 万平方米。宫殿建筑气势磅礴、宏伟壮观、布局严密协调。正宫东西走向，两端与南宫和北宫相衔接，形成对称的几何图案。宫顶采用平顶形式，显得端正而雄浑。宫殿外壁上端，林立着大理石人物雕像，造型优美，栩栩如生。凡尔赛宫五百多间大殿小厅处处金碧辉煌，豪华非凡。内部装饰以雕刻、巨幅油画及挂毯为主，配有 17、18 世纪造型超绝、工艺精湛的家具。宫内还陈放着来自世界各地的珍贵艺术品，其中有远涉重洋的中国古代瓷器、从中东运来的波斯毯等，奢靡华贵，令人惊叹！为了现世的享乐，极尽装饰之能事，是这一时期宫殿建筑的最主要特点。

在当代社会，王权走远，平等观念深入人心，与此同时，商业大潮滚滚而来。商业社会中的建筑代表——摩天大楼，兼具埃及金字塔的“大”，中世纪教堂的“高”，以及现代建筑的“新”和“奇”，成为商业时代创造的另一种神庙或教堂。1885 年建造落成的芝加哥家庭保险大楼（42 米）在当时被世界公认为第一幢摩天建筑。之后成为世界第一高的摩天建筑分别有：纽约帝国大厦（381 米）、纽约世贸双子大厦（417 米）、芝加哥西尔斯大厦（443 米）、吉隆坡双峰塔（452 米）、台北 101 大楼（509 米），多伦多电视塔（553.3 米）、上海中心大厦（632 米）等。迪拜 2010 年启用的哈利法塔（828 米），是目前世界最高的摩天大楼。

最初，摩天大楼是商业社会节约资源、提高效率、追求财富的产物。摩天大楼中不可能进行工业制造，只有第三产业才能在其中蓬勃发展。办公、商务、会议、展览、购物、教育、住宿、餐饮、娱乐、观光等都可以一网打尽。人们不用在拥堵的道路上横向奔波，上下穿梭的升降机将土地的利用率发挥得淋漓尽致。每一寸土地上的财富都让人咂舌。

不仅如此，摩天大楼是城市财富、实力与荣誉的象征，也是城市天际线上的现代美景。因此，只追求高度是远远不够的，还要追求外形上的新鲜出奇。比如上海的“东方明珠”、广州的“小蛮腰”，还有郑州的“大玉米”等，都因外形别致而享誉全国。

著名艺术家丰子恺说：“一切艺术之中，客观性最丰富，鉴赏范围最广大，而对于人生关系最切者，实无过于建筑。故自古以来，建筑美术的样式对于人心有莫大的影响。”①从埃及金字塔的厚重，到希腊神殿的精美，从中世纪教堂的高尖到近世宫殿的奢华，再到当今摩天大楼的高冷，西方建筑的历史变迁史，也是一部人类文化的发展史、人类心灵的栖居史。

建筑艺术的育人意义：

“人，充满劳绩，但还诗意地栖居在大地上。”荷尔德林的这句诗，启发了海德格尔的诗意哲学，也启发了我们对建筑审美的新境界。人，如何栖居在这片大地上？如果没有精巧别致、清幽隽永的苏州园林，如果没有恢宏精美、震慑灵魂的基督教堂，敢问人类如何诗意地安放自己的身体和灵魂？当然，限于篇幅，本节并没有提到人类历史上一些独具特色的其他建筑形式，如蒙古包、福建土楼、欧洲城堡、美式民居等。这些建筑的背景，有起伏的草原、有广袤的山川、有迷人的郊外，也有根植于其中的生活方式、历史文化。建筑是多元的，在建筑之美的空间中可尽情遨游，相信安放这些建筑的天地，也是安放心灵的家园。

第二节　雕塑美赏析

中学美术课本中几乎每册都有许多关于雕塑的插图：如出自西汉霍去病墓石雕的《跃马》，四川出土的东汉的《说书俑》，汉代的白虎纹瓦当及唐代开龙山的佛像等。它们的风格都简练、雄健、浑厚、富有装饰性，大多都反映客观现实，而又能

① 丰子恺：《丰子恺文集》（第3卷），杭州：浙江文艺出版社、浙江教育出版社 1990 年版，第 195 页。

扫码观看彩图

图 7-6　罗丹《加莱义民》

突出主题性格，显露形象特征，无论在描写生活状况和刻画人物神气上，都达到了很高的成就。雕塑家罗丹的《思想者》《加莱义民》（图 7-6）雕塑作品却是心神沉着、严肃，让我们感觉到人类精神的庄严和伟大。

在生活中，分布于各大城市广场的各种各样的雕塑，无论具象的还是抽象的，无论是何种材质的，都已经成为现代化城市建设与全景规划的一个重要组成部分。每一件雕塑作品都通过精心设计，去展现其作为一件独立艺术品的风格，同时又与周围的环境达到完美和谐的统一，使人们在无意识中得到艺术的享受，提高审美修养，焕发向上的精神。

雕塑无处不在，又是如此有魅力。那么，如何去欣赏雕塑作品呢？雕塑艺术美在何处？

一、雕塑之美

雕塑是一门独具特色的艺术形式。首先，雕塑是立体的，不同于绘画作品的平面审美模式，雕塑可以从正面、侧面、背面等各个角度去欣赏，其每一个侧面都会构成一幅千变万化、独具意境的画面。雕塑的三维立体属性，使得我们对雕塑的欣赏更具动态性。其次，就绘画作品而言，其本身就有一个画好的背景，而雕塑作品本身没有背景，把雕塑作品创造或陈列在哪里，哪里就是它的背景。因此，我们需要把雕塑作品和环境融为一体来进行欣赏，才能把握其完整的意义。

题材及灵感是雕塑艺术创作的起点，它决定着作品的外在形式。每一件雕塑作品都是对自然形象加诸艺术处理的结果。或是精简概括，或是夸张出奇，或是突出

扫码观看彩图

扫码观看彩图

图 7-7　米隆《掷铁饼者》（左）
图 7-8　（罗马）《母狼哺婴》（右）

细节。总之，用加强形式感的方式，凝固住一个意味深长的瞬间，让雕塑作品的意境得以最恰当地表达，从而突出主题。

走近古今中外的一些著名雕塑作品，感受雕塑艺术带给我们博大深厚的思想和震撼灵魂的美感：

在阳光明媚的竞技场上，你遇见了一个勇猛强壮的古希腊男子，他弯腰曲臂、肌肉饱满，浑身的力量蓄势待发，准备掷出铁饼（图 7-7）。他的动态之美被凝固在这一瞬间，阳刚、健康，充满张力，仿佛正在演奏一曲**人类身体**的美与力的赞歌。

在博物馆中，有一匹奇特的母狼，它腹下有两个人类的婴儿，正在吮吸乳汁（图 7-8）。它张嘴露牙，凶恶警惕的表情源自保护孩儿的母爱。这两个孩子后来成为罗马城的建造者。于是，人们超越了对这个雕塑具体形象的审美，油然产生了对一个**民族历史**的敬畏和缅怀之情。

在漫漫黄沙之中、在浩渺苍穹之下，你凝视屹立着的狮身人面像（图 7-9）。四千多年来，它像一名忠于职守的卫士，匍匐在哈夫拉金字塔前，天天凝视着旭日东升，默默无语地俯视着人间的沧海桑田。而它自己呢？鼻子深陷，全身“肌肉”松弛，斑驳残缺，遍体鳞伤。我们不知道它与岁月经历了什么样的对抗与和解，只感叹在它所代表的无限的**时间与空间**之中，人不过是沧海一粟。

雕塑是一种如此伟大的艺术，它以三维形象传达出二维平面难以抵达的震撼和感动。人类的身体与灵魂，历史的建造与重生，时间与空间的浩瀚可畏、民族与国家的信仰尊严……它可以向你诉说一切伟大的思想。德国著名艺术评论家温克尔曼在《古代艺术史》中说，古希腊雕塑最大的美是“高贵的单纯，静穆的伟大”。当

图 7-9　狮身人面像

图 7-10　秦始皇陵兵马俑

扫码观看彩图

扫码观看彩图

你静静凝视它的时候，它用穿越时空的语言无声地和你对话，在静穆中，使你的灵魂激烈地战栗，使得你的思想在颤抖中升华。

在中国伟大的雕塑群秦始皇陵兵马俑（图 7-10）参观现场，往往会看到人山人海如闹市般喧闹的情景。如果我们像大众游客一样，在这种嘈杂声中走马观花地看热闹，那是非常浅薄的。此时，如果我们放空头脑，让鼎沸的人声离我们远去，在思想中开辟出一片静谧的空间，再去端详那披坚执锐、军容严整、气势雄伟、势不可挡的军阵，你会感觉两千年的时光在瞬间消失，一种神秘的力量把你带进喊杀震天、战车嘶鸣的古战场。

鏖战在即，你身边的一名名勇士，同仇敌忾、勇猛刚强，急待战场上立功实现男儿的凌云壮志；然而他们也是有家的人，谁战死沙场，谁能有幸回还？一瞬间，你和他们达成一种心灵的共鸣，在跨越了两千年的空旷安静的时空中，你清晰地感到，这些沉默冰冷的陶俑，有了声音，有了温度，有了生命。如今，他们的灵魂在哪里？威镇寰宇的大秦帝国又在何处？过去，这里是杀气腾腾的战场；现在，这里是人头攒动的景点。不知过去、现在与未来，到底哪一个是南柯一梦。因这寂静中的猛然顿悟，又因那喧闹中的醍醐灌顶，油然产生“前不见古人，后不见来者”和“众人皆醉我独醒”的孤独感。

莱辛在《拉奥孔——论诗与画的界限》中说雕塑要选择“最具包容性的瞬间”，可能就是这种感觉。

二、中国雕塑审美

左图是雕刻于唐代的《卢舍那大佛》（图 7-11），它依山就势雕造在龙门石窟露天的崖壁上，浑然天成，博大壮美，眉目之间温和而慈悲。右图是文艺复兴时期米开朗琪罗的《摩西像》（图 7-12），它牙关紧咬，目光坚毅，充满力量。为什么

扫码观看彩图

扫码观看彩图

图 7-11 《卢舍那大佛》

图 7-12 米开朗琪罗《摩西像》

两个雕塑呈现出完全不同的精神气象？这是因为东西方在社会历史条件、文化传统、民族审美心理方面均有差异，故而在雕塑艺术上形成两种各具特色的艺术风格。下面的内容，将从东西方文化的角度，分别来探讨中国雕塑审美和西方雕塑审美。

雕塑是中国艺术的精华。中国古代雕塑在形式风格、雕塑技法、使用材质和题材内容上，都具有鲜明浓郁的民族特色和时代特色。就形式风格来看，各个时代都有不同。如秦汉雕塑粗浑、雄大，魏晋雕塑健朗、潇洒，唐宋雕塑丰富、端丽等。就艺术门类来看，有圆雕、浮雕、纪念性雕塑、案头雕塑、建筑及器物装饰雕塑等。就使用材质来看，除了主流的青铜、石、砖、泥、陶等材料外，还有玉雕、牙雕、木雕、竹雕等。

就题材内容来看，中国古代的雕塑作品有两种创作主流：一种以服务于本时代帝王统治和宗教为目的，一种以描写社会生活及表现人的思想情感为内容。前者起到让人们服从、崇拜、信仰的教化作用，后者唤起人们对美好生活和精神境界的向往。这两类作品在每一个时代中都有产生，在技术上互为启发和推进，在内容和风格上互为影响，构成了中国古代社会辉煌灿烂的雕塑文化。

（一）自然物与人生命气质的交互感应

中国是农业社会，庄稼的生长仰赖天地滋润，因此人与自然始终保持着和谐一体的关系。大自然不仅用食物养育着中国人的身体，还用品格滋养着中国人的内心。中国人讲究“格物致知”，即通过与自然物相感通，来获得生命的内在修养。植物中的松竹梅兰莲菊等，是品质高洁的典范；“梅妻鹤子”代表俊逸高雅、超凡脱俗的生命境界。实际上这是人将自我的人格期许投射到自然物身上，再反过来以之观照、激励自身。不仅如此，在民间生活和宗教信仰中，自然物也和人类世界产生了千丝万缕的认知联系，比如鱼代表生活富余，石榴代表多子，蝙蝠代表多福，桃子代表长寿，羊代表善良知礼、外柔内刚、吉祥如意等。自然物为中国雕塑提供了广泛的题材。不仅有人物、现实的动物、虚构的动物（龙、凤、麒麟等）、人与动物的合形（女娲、伏羲的人首蛇身），还有山水树林、云雾水波等，尤其是动物造型，在早期雕塑艺术中占有重要地位。

距今六千年前的辽宁东沟后洼遗址和浙江余姚河姆渡遗址均出土有很多滑石、陶塑和牙、木雕成的虎、猪、狗、鸡、鹅、鹰、蝉、鸟、昆虫、鱼、蜥蜴等形象。形体不大，已具备圆雕、浮雕、线刻等不同表现形式。其中一件陶猪（图 7-13），高 4.5 厘米，长 6.3 厘米，作低头疾走的动势，体肥、口方，腹部肌肉松弛，将一头老母猪的形态，概括而传神地表现了出来。

仰韶文化的半坡遗址和湖北龙山文化遗址出土的动物雕塑则更多。除羊、狗、鸡等家畜家禽外，还有大象和乌龟。这些随手捏成的小陶塑，能够表现动物活动中的神态。新石器时代，在定居农业的环境中，南北各地普遍饲养着猪、羊、牛、狗、马、鸡等六畜。雕塑者在狩猎和豢养家畜的活动中，通过长期观察，熟悉了各种动物的特征与习性。因而，这些作品虽形体简单，但特点鲜明，形态生动。

商周时期的青铜器雕塑也十分偏爱动物题材。弥足珍贵的“国家宝藏”《妇好鸮尊》（图 7-14）是以鸮为原型的。鸮，又叫猫头鹰，它昼伏夜出的天性、击而必中的本领，让其成为“战神”的象征。《妇好鸮尊》宽喙高冠，圆眼竖耳，头部略扬，挺胸直立，双翅敛羽，两足粗壮有力，同垂地的宽尾构成一个平面，给人沉稳之感。整个身姿矫健威武，雄浑有力，仿佛是一位得胜凯旋的将军。不论从身姿，抑或目光，都隐隐透露着自信和骄傲。

不仅如此，上海博物馆的镇馆之宝《春秋牺尊》、山西博物院的镇馆之宝《晋侯鸟尊》以及现藏于英国不列颠博物馆的《双羊尊》等，都是极富艺术价值和历史价值的动物题材的青铜器雕塑。

图 7-13　陶猪

图 7-14 《妇好鸮尊》

扫码观看彩图

扫码观看彩图

扫码观看彩图

扫码观看彩图

图 7-15 《马踏匈奴》

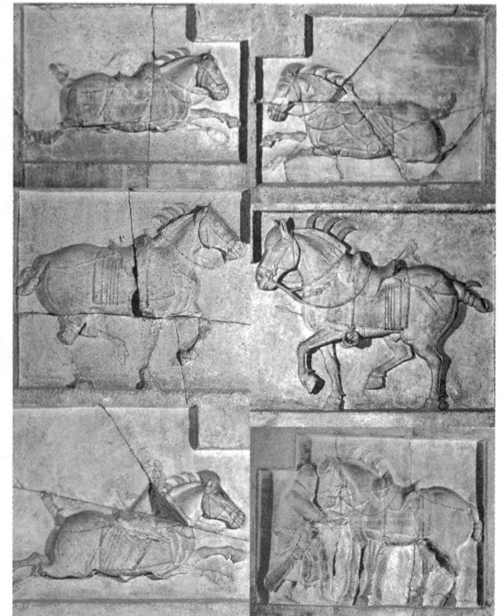

图 7-16 《昭陵六骏》

动物也是中国陵墓雕塑的重要题材。在中国厚葬习俗的影响下，君主及达官贵族大肆修造陵墓及陪葬品，这其中有诸多动物题材的雕塑，都是中国雕塑艺术中的珍宝。汉代霍去病的陵墓前有十多件动物石雕，如马踏匈奴、跃马、卧马、卧牛、伏虎、野猪等。其中最具代表性的就是《马踏匈奴》(图 7-15)。为了表现霍去病的赫赫战功，作者别出心裁地雕造出一匹气势轩昂、庄重雄强的战马。马的神情果断沉着，仿佛在时时刻刻警惕着，防止被踢翻在地的匈奴败将挣脱而逃。整个作品体现出霍去病“匈奴未灭，无以为家”的坚定意志。虽然我们看不到霍去病的雕塑形象，但是我们通过踏着匈奴败将的战马，看到了这位英勇无敌的青年将军的伟大抱负和坚定决心，听到了击败匈奴时那热泪盈眶的胜利欢呼！

《昭陵六骏》(图 7-16)是唐太宗李世民生前所乘六匹战马的雕刻形象，六骏是李世民在唐朝建立前先后骑过的战马，分别名为“拳毛騧”“什伐赤”“白蹄乌”“特勒骠”“青骓”和“飒露紫”。为纪念这六匹战马，李世民令工艺家阎立德和画家阎立本，用浮雕描绘六匹战马列置于陵前。艺术家概括地塑造了六骏的立、行、奔、驰的健美姿态，并显示出六匹骏马英勇而温顺、刚毅又善良的性格。造型饱满剽悍，神韵充沛飞扬，层次转折有力，在外光映射下富于变化，具有节奏感。雕刻的是马，反映的是人，歌颂的是唐太宗李世民建立大唐王朝的丰功伟绩。

除了表现人的精神品格和功绩外，动物雕塑形象也是皇权威仪的载体。例如清代十三陵，墓前的石象背加鞍鞯，上托宝瓶，头施笼佩，四足平衡，完全依照皇帝的仪仗，其寓意为“太平有象”。

（二）雕塑群落与所处环境的意义共生

与西方雕塑每一个都是孤立的实体不同，许多中国雕塑作品除了作为独立的艺术品之外，还与其所处的环境产生有意义的共生关系。也就是说，中国雕塑的意义与价值，更多地是在其与环境的交融中完成的。如果单独去欣赏一个孤立的雕塑作品，往往不能领会其完整的意义。

这里的“环境”，首先是指天地山川。在中国，丰富发达的水系和广阔的平原为农业经济提供了自然环境基础。农业种植必须仰赖天的阳光雨泽、地的丰厚肥沃和人的辛勤汗水，才有可能收获硕果。天、地、人，在这样的经济形态和生活方式中，形成了稳固的实践统一体和哲学统一体。“天人合一”也就成为中国人朴素的基本思维范式，进而形成了天人相融、主体与客体相通的哲学观。这样的思维方式，在中国艺术领域普遍存在，雕塑也不例外。比如，中国的石窟群雕和陵墓群雕，都是在钟灵毓秀的天地山川之中，铺排出浩然大气的群落景观。它们和环境情景交融、虚实相生，营造出“天地浑融一气”的境界，创造出“无往不复，天地际也”的独特雕塑艺术空间。

著名的“四大石窟”雕塑群落，原是僧侣们选择崇山峻岭、幽僻之地来开凿石窟以便遁世隐修的场所。《卢舍那大佛》是龙门石窟佛像群雕中的一尊，它和其余 97 000 余尊佛像密布于河南洛阳伊水东西两侧的龙门山和香山的峭壁之上，沿峡谷南北绵延 1 公里，形成大气磅礴、气势恢宏的雕塑群落。山西大同西郊武周山南麓的云冈石窟，依山开凿，东西绵延 1 公里，洞窟 45 个，大小窟龛 252 个，石雕造像 51 000 余躯；甘肃天水的麦积山石窟均凿于高 20～80 米、宽 200 米的垂直崖面上，存有窟龛 194 个，共有泥塑、石胎泥塑、石雕造像 7 800 余尊；开凿于甘肃敦煌鸣沙山东麓的莫高窟，南北全长 1 680 米，现存洞窟共 735 个，皆分布于高 15～30 多米高的断崖上，现存洞窟 492 个，彩塑 2 400 多身。

石窟雕塑群落，在某种程度上说也是环境的艺术。石窟雕塑群落无一例外地都选择在山清水秀之处，带给人们世外桃源、恍如隔世的虚幻感，这与佛教向往彼岸佛国净土的主张相合拍。山川河流为石窟群雕造像提供了广阔的天地舞台，烘托着雕塑艺术的超验审美感受。如敦煌莫高窟在茫茫沙漠之中，鸣沙山下一湾溪水环绕，树木繁茂，绿草如茵。沿山开窟造像，佛国净土的幽静美丽，会给千里跋涉越过荒漠前来朝圣的信徒们以强烈的超验感受，好像他们真的来到另一世界。

石窟雕塑群落位置的选择，也会给礼佛者造成感情震动。如龙门石窟的奉先寺、宾阳中洞，凿建在龙门西山南部山腰，朝拜者需要走一段山路，到山下还须沿山坡小路攀登，才能见到石窟群雕造像。路途的艰辛，会加重礼佛者的虔诚，更充分地酝酿感情。这是一段身体的旅途，同时也是精神的跋涉。想急切朝拜佛像而不能立即见面，必须经过艰难攀登。这些屹立于天地山川的佛像群雕，主尊雕塑往往高达十几米，气势宏伟。众里寻他千百度，峰回路转，当高大伟岸的佛像突然出现在人的面前时，我们只能卑微地仰视。在对比中，人的渺小感和神佛的崇高威严神秘感立现，人的灵魂一下子就会被征服。

除了佛教石窟，中国还有大量陵墓雕塑群落也依山势地形建造。尤其是唐太宗李世民设立“以山为陵”的体制后，陵前雕塑就与自然起伏的山势巧妙结合，令观者“身所盘桓，目所绸缪”。西方那种瞬间直观把握雕塑形象的空间感受，在这里变成长久漫游的时间历程。陵寝深藏于宽厚神秘的大地，面对着浩渺无垠的天穹，以整个宇宙作为自己的庙宇，人与自然、生与死在天地间循环往复、和谐一体。与日月山川融为一体的陵墓地面雕塑群落，正是为这样的主题而服务。

这里的“环境”，还指雕塑群落本身作为一个整体的环境。雕塑群落之所以以群雕的方式存在，是因为其数量的庞大或者布局的宏大而产生独特的主题意义。如果把一个雕塑单独剥离出来欣赏，那么环境整体所指向的主题意义在它身上就消失不见了。比如数以万计的秦始皇兵马俑，无论人物还是战马都与真实的一样大小，其整体以体量的巨大、数量的众多、形象的真实，显示出对人的力量的肯定，产生震撼人心的艺术魅力。如果单独欣赏一个俑塑，固然也有审美价值，但失却了其构成整体的庞大的震撼力量。

乾陵是唐高宗与武则天的合葬墓。陵墓前，一条纵贯南北的长长神道依起伏的山势自然延伸，石雕群则对称地配置在神道的两侧。自南而北，计有华表 1 对、翼马 1 对、鸵鸟 1 对、鞍马 5 对（各配奠官 1 人）、文武侍臣 10 对、蕃臣像 61 躯。这些体貌不同、高低错落、排列空间不等的石雕群，为整个陵区创造了十分神圣、庄严、崇高的气势。这个庞大的雕塑群无论人物还是动物形象，除了具有象征守护和仪仗的作用外，都是服从于整个乾陵所要表达的主题，即君权神授、皇家气象、天下归心等宏大意义。如果把单独一个石雕拿出来欣赏，同样难以感受其构成整体的恢宏气象。

（三）传神写意与质朴写实的互相补充

霍去病墓群雕的《跃马》（图 7-17），在整体上借用了石头的天然形态，只是略加雕刻，便呈现为一匹雄强有力的跃马。那行将伸展的前腿，那已经点地的蹄尖，那高昂的马头和警觉的双目，仿佛都预示着这匹千里马即将腾空而起，去参加战斗。

不同于西方雕塑注重表面和细节的逼真，中国雕塑不拘泥于细致的刻画和烦琐的装饰，而着意于瞬间动势的捕捉和对对象内在精神的把握，造型简练、完整而厚重，整体风格朴拙粗犷、雄健豪迈。《跃马》是中国雕塑传神写意风格的典型代表。

传神写意的风格，主要是运用“简约”的造型处理手法去达到的。简约，是指用最少的笔墨表现出最丰富的形象。简约体现着中国传统哲学对于单纯朴素之美的

图 7-17 《跃马》

图 7-18 唐代女陶俑

扫码观看彩图

扫码观看彩图

深刻智慧。中国美学认为，艺术需要去除掉多余的华丽表象才能到达质朴归真的境界。中国传统雕塑始终不追求雕塑形象的精确性，而多从感觉和意境出发。像中国画一样，惜墨如金，却能达到以少胜多又耐人寻味的境界。

通过简约而达到传神写意的效果，这在中国的雕塑中处处都有体现。例如中国传统雕塑在刻画人物头部时，眉毛往往被简约为几何形，没有鼻骨转折与肌肉的变化，颧骨咬肌等面部的凹凸起伏也被简约法则所取消，成为平整、饱满的大形，浑然简约，却不失神韵。

中国雕塑还通过净化了的线条来达到传神写意的效果。区别于西方雕塑追求团块体积，中国雕塑受到绘画的影响，非常注重线条的辅助造型作用。如《跃马》就是在大块花岗岩上用寥寥几笔粗线条勾勒出的，质朴简约又雄浑大气；如唐代女陶俑的面部（图 7-18），用灵动的线条勾勒出飞扬的眉毛和迷离的眼神，传达出大唐仕女自信饱满、气定神闲的韵味；如石窟里北魏、唐、宋时期的佛像菩萨，细润的线条勾勒出轻纱透体的衣襟裙带，仿佛吴带当风般显示出肌柔肤润的生动美感……

中国雕塑家运刀如运笔，各种各样的神态、质感、体型、个性，都可以通过那富有弹性而又丰富多变的线条表现出来。这种“净化了的线条”行云流水，骨力追风，刚柔相济，状物抒情，充分展示了中国雕塑的灵活性和自由美，其传达出的无穷韵味拨动着人心弦，使人欣赏后难以忘怀。

不讲究描摹写实，在塑形上注重写意传神，气韵生动，“神似胜于形似”，这一中国式的美学观念贯穿了整个古代雕塑史。从早期原始雕塑的人形和动物形陶塑中自然稚拙的抽象模拟，到以粗线条捏塑人物形体动势的汉俑，到昭示着时代活力的唐三彩俑，到大型石窟群雕和陵墓群雕，都表现出中国雕塑对客观物象形体塑造上的传神写意风格特征。

传神写意体现在艺术风格上，质朴写实体现在题材上，这二者互相补充，并不矛盾。中国雕塑除却宗教题材之外，还有大量反映日常生活的题材，朴素写实，活泼生动。比如汉代的砖画像浮雕，舂米、采芋、酿酒以及舞乐百戏等世俗生活情景，还有宴饮、驱车、习射等士大夫生活都是主要素材。

世俗题材的增多和写实风格的发展是宋、辽、金时期雕塑艺术的主要特点，山西晋祠、山东长清灵岩寺、江苏甪直保圣寺彩塑，都生动传神地表现了世人情态，有很强的写实性。辽代大同下华严寺的菩萨造像体态优美，神情含蓄，衣饰华美，大有唐塑遗风。此外小型泥塑，在写实方面达到了相当高的水平。

写意传神的艺术风格和质朴写实的现实题材相互补充，形成了中国雕塑艺术既境界高远又脚踏实地的美好景观。

三、西方雕塑审美

漫步在欧洲的街头，随处可见精美的园林雕塑、宏伟的哥特式教堂雕塑以及气势磅礴的纪念性雕塑。这些雕塑作品都是盛开在人类文明园地里的绚烂之花。回首西方雕塑几千年的历史，有波澜壮阔的战争，有虔诚笃信的宗教，有对民族的自豪，有对生命的思考。当一切都成为过去的时候，时代的灵魂便镌刻在雕塑那无声而坚硬的骨骼里。现在，请走进西方雕塑那瑰丽神奇的世界，感悟西方雕塑伟大沉静的艺术风格。

（一）塑造人体美的传统

西方雕塑数千年来始终对人情有独钟。这一题材特点是由在海洋地理环境中孕育而成的海洋文明决定的。

西方文化的源头可追溯到古希腊。古希腊的版图由爱琴海周边的半岛及星罗棋布的岛屿组成，海洋面积大于陆地面积。岛屿和半岛上多山，不适合种植农作物。内在不足，需要向外寻求。于是催生了古希腊的商业经济。从此岸到彼岸进行商品交换，有赖于人类征服大海的力量和气魄，有赖于人类探索未知世界的勇气和能力。因此，海洋文化赞许人的个体性的张扬，人之美也就成为古希腊雕塑最重要的主题。

在古希腊时期，绚丽悠久的神话史诗是雕塑艺术创作鲜活的源泉。古希腊人对神的世界有美丽的幻想，他们相信神人同形同性，神与人一样有血有肉，有喜怒哀乐；不同的是神长生不老、拥有法力，是最完美的人。因此，古希腊雕塑参照人的形象来雕刻神，又用神的理想化之美作为雕塑的目标。苏格拉底说：“当你们描绘美的人物形象的时候，由于在一个人的身上不容易在各方面都很完善，你

图 7-19 《米诺斯的维纳斯》

图 7-20 阿格桑德罗斯《拉奥孔》

扫码观看彩图

扫码观看彩图

们就从许多人物形象中把那些最美的部分提炼出来，从而使所创造的整个形象显得极其美丽。”①著名的《米诺斯的维纳斯》和《拉奥孔》就是这时期充满古典理想之美的人体雕塑的代表。

《米诺斯的维纳斯》（图 7-19）从被发现的第一天起，就被公认为是迄今为止希腊女性雕像中最美的一尊。端庄秀丽的容貌、丰腴的肌肤，和谐优雅、螺旋上升的身姿，富有音乐的韵律感。雕像不追求纤小细腻，而是简洁大气，集中体现了人体的青春、自然感及真、善、美等一切美德。这样的美不是“感官美”，而是古希腊雕塑艺术所追求的古典主义理想美，充满无限诗意。

与端庄秀美的《米诺斯的维纳斯》不同，《拉奥孔》（图 7-20）表现的是巨蟒缠身的可怕与痛苦。拉奥孔的面庞因痛苦而扭曲，然而他却没有极度挣扎，只表现为刚毅的严峻。18 世纪的德国美学家莱辛说：在古代希腊，美就是法律。身体苦痛情况之下激烈的形体扭曲和最高度的美是不相容的。所以他不得不把身体的苦痛冲淡，把哀号化为轻微的叹息。②这就避免了恐怖、臃肿等不舒服感觉的产生。扭曲与美在《拉奥孔》中高度协调，整座雕像有一种平静、肃穆、庄重的风格。

体育竞技中的人体也是古希腊雕塑的重要题材。古希腊地处亚热带，海洋气候温和湿润，非常适合户外的体育竞技。体育竞技是古希腊除宗教生活之外的另一项重要内容。为了在竞技比赛中显露强悍、优美的体型，体育竞技大多以裸体的方式

① [古希腊] 色诺芬：《回忆苏格拉底》，吴永泉译，北京：商务印书馆 1986 年版，第 120 页。
② [德] 莱辛：《拉奥孔》，朱光潜译，北京：人民文学出版社 1979 年版，第 16 页。

进行。这种社会风尚给雕塑家提供了一个很好的观察和创作的环境。如米隆的《掷铁饼者》。

《掷铁饼者》所刻画的年轻运动员弯腰稳站在地上，拿着铁饼的手伸向后方。只要一瞬间，他那像弹簧似的形体就会立即伸直，铁饼将从他手中飞向远方。这真是最具有表现力的瞬间！雕像虽然是沉着平稳的，却充满了连贯的运动感和节奏感，突破了艺术上时间和空间的局限性，把人体的和谐、健美和青春的力量表达得淋漓尽致。

在古希腊，人是万物的尺度。人们发现了自己——自己的身体、自己的生命、自己的创造潜能，感受到了人类生生不息的原动力。这是一种极大的满足、最深的启示，这也是人体的魅力之所在。人体本身就蕴藏着无穷无尽的变化，蕴含着微妙多姿的美。希腊民族深刻地理解和完整地把握了人体这个小宇宙，并发掘出人类纯粹的知性结构，再通过自然真实的外貌，去表现一种理想化的境界。他们把情与理、美与真结合在一起，追求自由的真谛与乐趣，并在理性的指导下，在单纯与静穆中展示人体雕塑的理想之美。

从古希腊创立并奠定了以人为主题的雕塑形式后，一直到现代雕塑兴起的两千五百年中，人像始终占据着雕塑题材的主导地位。西方雕塑史上有众多优秀的人像雕塑作品。如文艺复兴时期米开朗琪罗的《大卫》《摩西》《垂死的奴隶》《哀悼基督》，贝尼尼的《阿波罗和达芙妮》《特洛伊战争中的勇士》，法国雕塑家罗丹的《思想者》《青铜时代》《地狱之门》《欧米艾尔》《吻》，巴托勒迪的《自由女神像》，吕德的凯旋门巨型浮雕《马赛曲》等。

（二）一以贯之的写实主义

上述西方雕塑史上优秀的作品均沿袭了古希腊的人物雕塑传统。在各个不同时期，这些雕塑都体现着一以贯之的写实主义。这些雕塑可能和现实中人的状态相比有一些超越或理想化，但总体上都是基本符合解剖学原理的。可以说，西方雕塑艺术家创立了人类历史上独一无二的写实性雕塑。围绕着人体的形象，在哲学和美学思想的推动下，西方雕塑还创造出一系列的标准法则。

公元前 6 世纪的毕达哥拉斯学派认为数是宇宙的本源，他们认为整个有规定的宇宙的组织，就是数以及数的关系的和谐系统。而人体这个“小宇宙”的和谐之美也需要各部分的比例对称。据说黄金分割率就是毕达哥拉斯学派发现的。毕达哥拉斯学派关于“美在数的比例和谐”的观点，对雕塑家认识形式之美有重要的影响，以数字关系确定人体比例这一规范至此拉开序幕。

公元前 5 世纪的希腊雕刻家波留克列特斯在他关于人体塑造的著作《法则》中，系统阐述了人体各部位的比例，提出头与人体之比为 1∶7。他的代表作《荷矛者》（图 7-21）是符合这一比例的规范化代表。

写实性雕塑的发展，还有一个至关重要的理论基础——“模仿说”。亚里士多

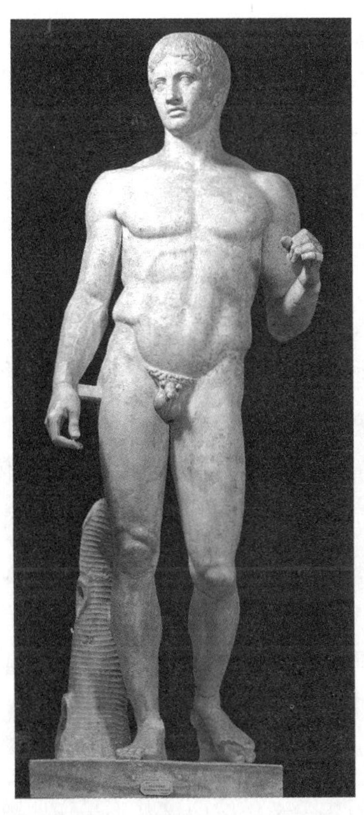

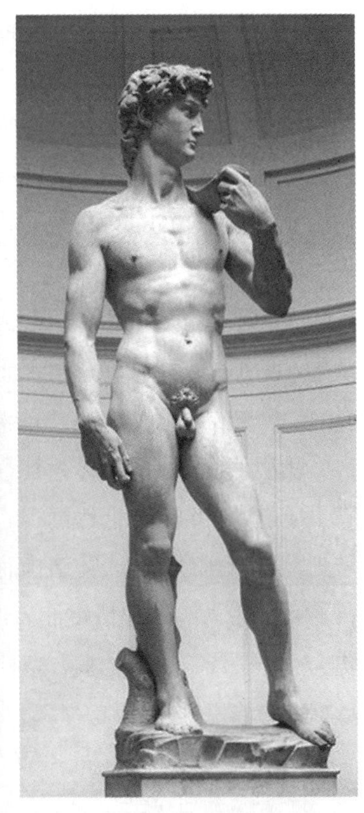

图 7-21　波留克列特斯《荷矛者》（左）
图 7-22　米开朗琪罗《大卫》（右）

扫码观看彩图

扫码观看彩图

德是“模仿说”的集大成者，他认为人类从孩提时期就拥有“模仿”这种自然本能；模仿不是机械的复制，而是主动的学习、积极的创造。①亚里士多德认为，艺术创造就是把事物的存在从一种形式转换为另一种形式，例如雕刻家把事物的实体存在转换为雕塑符号的存在。因此，艺术模仿不只是对实在世界进行复制和抄录，更是在自然事物基础上的自由创造。

亚里士多德的“模仿说”在西方文学史上影响深远，从古希腊艺术精神到 14 世纪的文艺复兴艺术思想，再到 18 世纪的启蒙主义文艺思潮，都深受此影响。不断发展的人体解剖学也为西方雕塑艺术“模仿”现实提供了客观依据，很多雕塑大师都致力于研究人体解剖学。如多纳太罗、米开朗琪罗等亲自动手做人体解剖实验，就是为了能够更好、更准确地模仿自然，更完美地刻画雕塑形象。

在哲学和科学双重精神的支持下，西方雕塑艺术在对人体形态和运动的模仿方面达到了近乎完美的程度。在一定程度上，“模仿说”要求雕塑如同一面镜子，去反映视觉的真实。《掷铁饼者》《米诺斯的维纳斯》《大卫》等，都是写实的千古典范。

以米开朗琪罗的《大卫》（图 7-22）为例，雕像的任何部位都符合写实原则。从大处说，肌肉骨骼凸显明显，不仅胸大肌、腹肌、肱二头肌等按照真实人体的肌肉曲线走向刻画得饱满有力，而且手臂上下的骨骼转折处、大腿与盆骨的接缝处、

① ［古希腊］亚里士多德，《诗学》，陈中梅译注，北京：商务印书馆 1996 年版，第 47 页。

大腿与小腿的转折处，都真实而且自然；从细节说，雕像面色坚毅，头部左转，颈部青筋凸起，以表现出准备战斗的紧张感。上唇和鼻子附近的肌肉紧绷，眼睛全神贯注地望着远方。静脉从他下垂的右手上凸起，重心在右腿上，右手拿石头，左手前屈，将机弦搭在左肩，随时准备发起攻击。

亚里士多德的“模仿说”认识论认为，最好的艺术必须“照事物的应当有的样子去模仿”，因为这样的模仿会产生愉悦感。亚里士多德认为，对事物进行认识能解除人的困惑和不安心理，使人感到满足和愉快。[①]在欣赏艺术品的过程中，人们从艺术品那里产生认知感，因而是愉悦的。亚里士多德认为，绘画、雕像、诗，以及一切模仿得很好的作品，必然是使人愉快的。

雕塑家模仿真实人体，其意义不局限于使欣赏者去认识人体而产生愉悦感，更在于通过真实的人体抵达真实的情境。当我们站在《大卫》面前，我们不会仅仅为雕刻家所刻画的真实人体结构而惊叹，更是为这一位神态坚毅、英姿勃发的青年英雄将我们带入的历史情境而着迷。通过真实的人物形象，我们得到的是对一段历史、一个民族、一段壮举、一种精神的认识，这才是“模仿”的写实主义应该带给欣赏者的愉悦感的来源。

（三）写实之外的巧思与创造

西方雕塑追求一以贯之的写实主义，然而这并不是说，雕塑家在模仿时，没有主观的创造。亚里士多德认为，最好的艺术需“按照事物应该有的样子去模仿”[②]。德国艺术史家温克尔曼说：“经常性地观察人体的可能，驱使希腊艺术家们进一步形成对人体各部分和身体整体比例美的确定的普遍观念，这种观念应该高于自然。只有用理智创造出来的精神性的自然，才是他们的原型。”[③]什么是“事物应该有的样子？”什么是“理智创造出来的精神性的自然”？每个人的理解可能都不一样。这就给主观艺术创造提供了空间。西方雕塑家在以写实主义为基本原则的同时，对雕塑形象加入极具个性的感情、思想和审美观念等，创造了丰富灵动、风格各异的雕塑艺术。

卡尔波的《舞蹈》（图 7–23）中左右两边的少女在飞速舞动旋转时重心不稳，身体严重倾斜，似乎被风吹动而飘舞起来，从而表现出极为快速的旋转舞蹈动作。如果是在真正的舞蹈中，这样的动作仅仅持续瞬间就马上恢复身体的平衡，舞者不会摔倒；然而雕塑为了最大程度地表现生命的狂欢，就将这最激情飞扬的瞬间凝固成永恒。人们在欣赏时，会感到少女马上就要摔倒，似乎很不稳定。不过卡尔波用了一个技巧，就是借助外力平衡身体重心。这两位飞舞的少女都伸出手臂牵住对方，从而保持稳定，没有倒下去。这就是艺术家的巧思与创造。这种艺术手法非常

① [古希腊] 亚里士多德，《诗学》，陈中梅译注，北京：商务印书馆 1996 年版，第 47 页。

② [古希腊] 亚里士多德，《诗学》，陈中梅译注，北京：商务印书馆 1996 年版，第 112 页。

③ [德] 温克尔曼：《希腊人的艺术》，邵大箴译，南宁：广西师范大学出版社 2001 年版，第 7 页。

图 7-23　卡尔波《舞蹈》

图 7-24　米开朗琪罗《垂死的奴隶》

扫码观看彩图

扫码观看彩图

巧妙，既刻画出最富表现力的瞬间，又不会因为不稳定而让欣赏者感觉不舒适。欣赏者仿佛看到一群快乐的少女在草地上尽情地舞蹈，仿佛听到她们跳得尽兴时的开怀大笑。如果作者不采用这样的巧思来表现如此灵动的瞬间，我们如何最大程度地被生命的欢乐与美好所感染呢？

一件原原本本模仿美的形态而雕刻的作品，可能只是一个装饰品；而包含雕刻家艺术创造和思想内涵的作品，才是艺术品。人体雕塑也并不是靠对单一动作或姿态的模仿去表现丰富的艺术内涵，而往往包含多个复杂的，甚至对立的层面，以深化和升华艺术主题。

米开朗琪罗《垂死的奴隶》（图 7-24）就是一个有着复杂艺术层面和深刻思想的作品。从正面看，奴隶的腰部使劲儿挺着，试图带动下肢站起来。但从其他角度去看，奴隶却在无力地缓缓倒下。两种截然相反的动作被巧妙综合在同一件作品中，一方面表现奴隶对延续生命的渴望与挣扎，另一方面揭示了他即将死去的残酷现实，悲剧感油然而生。另外，奴隶手臂高举，支托着朝后仰去的头部，以表现他痛苦的内心；奴隶困乏的身体，斜坠的下肢，无力又怠倦的手，表现出他即将死去的悲惨命运；而他安详平静的神情，闭合的双眼又表现了奴隶已经超脱了尘世的苦难，灵魂将要得到超脱与永生。作品中这些丰富而又对立的层面，让我们陷入对生与死、肉体与灵魂、痛苦与超脱等的沉思。

同样，罗丹的人体雕塑之所以让我们感动，不在于它如何逼真，而是有一股昂扬的生命力和深刻的思想，透过雕塑坚硬的表面向外膨胀，从而激起了我们灵魂的悸动。《思想者》塑造了一个强有力的男子。他弯着腰，屈着膝，右手托着下颌，注视着人间发生的悲剧。他悲悯并爱着人类，因而不能对迷失的人下最后的判决。他心情极其矛盾，在那深刻的沉思中，体现了但丁似的痛苦。这种苦闷的内心情感，通过对面部表情和四肢肌肉起伏的艺术处理，生动地表现出来。那突出的前额和眉弓，使双目凹陷，隐没在暗影之中，增加了思索的痛苦感；那紧紧收屈的小腿肌腱和痉挛般弯曲的脚趾，那全身紧张的筋骨肌肉，仿佛他全身的每一个地方都沉浸在痛苦的思索中。这种思索与痛苦是永恒的，是深刻的。

因此，西方雕塑绝不仅仅是通过“模仿”把人像原原本本雕刻出来而已，写“理想”之实，模“本质”之型，才是“模仿说”和写实主义的真谛。这是和西方哲学与科学追求理想和本质的精神并驾齐驱、互为表里的。

雕塑艺术的育人意义：

“逝者如斯夫，不舍昼夜”，“百川东到海，何时复西归”，时间的流逝是人力不可挽回的。如果一种艺术形式能够凝固时间，那它一定是最有力量的。雕塑，就是这种神奇的艺术。在被凝固了的冷冰冰、硬邦邦的时间面前，我们看到的是民族、国家、历史、战争的荣耀与悲哀，看到的是生命、青春、尘世、彼岸的绚丽与残酷。站在一个伟大的雕塑面前，你的心灵不可能不震颤，你的眼睛不可能不湿润。如果你听到时间对你说了什么，那么请保持对它的敬畏。雕塑，让我们的灵魂充满静穆和感动。

第三节　音乐美赏析

教学视频

有一种艺术，无关乎视觉，又超越了语言。有一种声音，让世界宁静，让心灵丰盈。那就是经典音乐。

中国的经典音乐，有《高山流水》《梅花三弄》《阳春白雪》《春江花月夜》《胡笳十八拍》《十面埋伏》等。西方经典音乐，如贝多芬《第九合唱交响曲》，巴赫《圣母颂》，莫扎特《费加罗的婚礼》《唐璜》《魔笛》，小约翰·施特劳斯的《蓝色多瑙河圆舞曲》等。这些经典音乐，滋养我们的心灵，抚平我们的情绪，丰富我们的感觉，让灵魂走进浪漫高远的人间天堂。

可能大学生会想，我们经常听的是通俗音乐，为什么只谈经典音乐呢？可用咖啡、茶和可乐、果粒橙来做类比。咖啡、茶，好比是经典音乐，可乐和果粒橙好比是通俗音乐。可乐和果粒橙遍布喧嚣的商店和自助售卖机，只需少量花费，人人唾手可得。咖啡和茶呢，最好是让我们在装修精美、灯光别致的咖啡厅和茶室静静地、细细地品味，最好再配上缓缓流淌到内心的音乐，还有整齐的服装、精致的妆容，好增添情绪和格调。

二者一比，差距立现。通俗音乐可以满足基本的娱乐需求，但是却无法如咖啡和茶一样带来隽永的文化韵味。经典音乐，给我们带来品味和境界的提升。下面，就请大家一起走进经典音乐的美丽世界。

一、西方经典音乐的审美特征

音乐是文化孕育出来的精华。西方音乐在西方特定的土壤中滋生发展，积累了丰富的创作和审美经验。

首先，对立统一是西方经典音乐的结构原则。西方人看世界采取科学、理性的态度，是“物我对立”的。以“奏鸣曲式”为例。西方音乐的最高曲式是“奏鸣曲式”，交响乐结构原则之一就是其中有一个乐章必须用“奏鸣曲式”来写。“奏鸣曲式”的创作是建立在矛盾的提出、矛盾的激化和矛盾的解决这一变化过程中的。具逻辑性主要体现在以下几个方面。第一就是呈示部，呈示部里分为主部主题和副部主题，这两个主题是通过对立的材料和因素来建构的。比如柴可夫斯基《第六“悲怆”交响乐》第一乐章，主部主题是焦躁、不安的，副部主题是柔和、抒情的，且主部和副部处在两个不同的调上，二者显然是对立的关系；在展开部，作曲家通过转调的手法等，使呈示部提出的这一对矛盾激化；在再现部，主部和副部的调性和风格得到统一。“奏鸣曲式”是典型的建立在对立统一的结构原则上的乐曲形式。这样的结构比较容易体现戏剧的冲突，或者说明某种哲理。这和中国“物我合一”的协调、中和的音乐风格，显然是两种完全不同的思路。

其次，乐器的材质也影响着西方经典音乐的审美风格。中国讲究天人合一，乐器总是从大自然中取材，如以“丝”“竹”“木”为材料的古琴、古筝、琵琶、扬琴、竹笛、箫、笙等传统乐器，天然材质演奏出的音乐具有柔、细、清的特征，我们通常称之为“丝竹之乐”。这些乐器结构简单，多不演奏和声，因此音乐清新质朴有意境。西方乐器如钢琴、管风琴等结构精细繁复，多能演奏和声，故音色丰富、音域宽广，表现力更强。除却天然材料之外，西方还有很多金属材质的乐器，如圆号、小号、萨克斯等。金属材质的乐器音色浑厚、清亮、雄壮。再加上西方古典音乐受到西方戏剧的影响，以深刻严肃见长，突出主客对立，大都带有正剧或悲剧色彩，体现出来的是“壮美”风格。

在这样多元因素的影响下，西方经典音乐多音域宽广、曲调刚健、情绪激昂、气魄宏大、声势华丽，在每个阶段都有不同的特点，总之是突出人的情感力量，表现人的精神气魄，为人性的张扬服务。典型的如《命运交响曲》深沉铿锵，用强烈的开奏敲响命运之门，十分震撼人心。

二、中国古典音乐的审美特征

1978 年，湖北省随州市郊区曾侯乙墓出土了国家一级文物曾侯乙编钟（图 7-25）。它是由六十五件青铜编钟组成的庞大乐器，其音域跨五个半八度，十二个半音齐备。它高超的铸造技术和良好的音乐性能，改写了世界音乐史，被中外专家、学者称为“稀世珍宝”。

20 世纪 80 年代，舞阳县贾湖遗址出土了贾湖骨笛（图 7-26）。它是由距今九千至七千八百年以鹤类禽鸟中空的尺骨制成的，可演奏近似七声音阶的乐曲，是迄今中国发现的时代最早、保存最完整的乐器，其出土改写了中国和世界音乐的历史。

《国家宝藏》的热播，使中国音乐史上的绝世宝藏进入普通大众的视野，中国古典音乐的光辉成就令世人惊叹。那么，中国古典音乐有何美学内涵呢？

中国古典音乐美学的主要特点，可以归结为两点。一是“虚静”之智。“虚静”思想来自老庄哲学。“天地有大美而不言，四时有明法而不议，万物有成理而不说。”《庄子 · 知北游》在天地自然的“虚静”之中，蕴含着宇宙全部的奥妙与真理。感受万物造化的天籁之音，并赋之于丝竹管弦，在人与自然的融合之中，抒发情感、领悟智慧。十大古曲之一的《春江花月夜》便是“虚静”之美的典型代表。

扫码观看彩图

图 7-25　曾侯乙编钟

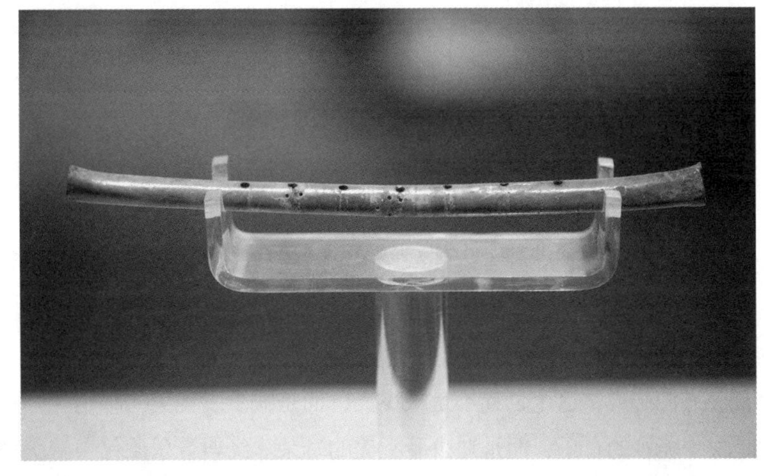

图 7-26　贾湖骨笛

扫码观看彩图

《春江花月夜》全曲由各种民族乐器共同演绎、相互协调而成。二胡悠扬邈远，着重抒发“曲终人不见，江上数峰青”的绵绵思绪；洞箫旨在表达舟子晚归、渔歌互答的悠远情思；鼓声表现了明月映照下惊涛拍岸的气势；琵琶或清脆如珠落玉盘，或幽咽如冰下泉流，以模拟急涛拍岸、江楼钟鼓之声。各种乐器在演奏时或高或低，或长或短，分分合合，千姿百态，但万变不离其宗，始终围绕着同一主题进行演奏。这一主题表现在具体内容上，便是全曲依春、江、花、月、夜五种景物依次展开，以水墨画般的笔触勾勒出的美好画面：月亮从东方缓缓升起，小舟在江面轻轻荡漾，船夫在舟上唱着渔歌，花影在两岸摇曳婆娑。整首曲子营造出静谧清幽的和谐氛围，让人置身其中顿觉宇宙万物之浩瀚无穷，人则渺如凡尘世间一粒粟。

老子有“涤除玄鉴”说，意为审美主体要“洗”去自己的成见，正所谓“致虚极，守静笃，万物并作，吾以观复”①，只有以“虚静”之心观照世界，方能体验世界的大“道”；庄子有“坐忘”之说，“堕肢体，黜聪明，离形去知，同于大通，此谓坐忘”②，即人的精神进入一种无欲、无得失、无功利的平静的状态，事物的一切美和丰富性就会展现在眼前。

无论是中国古典音乐的演奏者还是欣赏者，如果做到“虚”“静”，就很容易走进美学家朱光潜所说的音乐的“无言之美”。

二是“中和”之美。中和思想来自儒家哲学。在孔子看来，上古民歌《诗经·关雎》“乐而不淫，哀而不伤”（《论语·八佾》），是艺术的美好境界。艺术所表现的情感要具备道德上的纯洁性和崇高感，要受到理智的节制，要讲究适度、平和，不能过于放纵、任其泛滥。《胡笳十八拍》就是“中和”之美的代表。

《胡笳十八拍》词曲均为蔡文姬所作，以感人的音调、悲愤的词句诉说了蔡文

① 陈鼓应：《老子今注今译》，北京：商务印书馆 2003 年版，第 134 页。

② 陈鼓应：《庄子今注今译》，北京：中华书局 2009 年版，第 226 页。

姬一生的悲惨遭遇，反映了连年战乱给百姓带来的深重灾难，抒发了对祖国、乡土亲人的思念以及痛别稚子的悲痛情感。另一方面，全曲又继承、发展了中国音乐所要传达的“雅”的意境，饱含古朴、委婉、迂回的特点。有所隐、有所抑，缓缓拈出，漫情入境，避免大悲，怨而不怒，似在低泣自己的不幸与国家、民族面临的动乱。

可以说，以“虚静”去体会空灵的意境和宇宙的智慧，以“中和”去体会健康的情感和高雅的修养，构成了中国古典音乐美学思想的核心。

经典音乐的育人意义：

人们都说，这个世界不是缺少美，而是缺少发现美的眼睛。同样，这个世界不是缺少美妙的音乐，而是缺少聆听美的耳朵。经典音乐不仅声音美妙，还往往蕴含着创作者对人生的理解，聆听经典音乐，其实就是通过美妙的音符和伟大的灵魂对话，让美与智慧营养我们的精神，让我们对世界的感受更加细腻，更加丰盈，让我们的内心充满美与爱。大学生正处于风华正茂之时，怎能缺少经典音乐的滋养？愿大家多听经典音乐，让音乐为人生插上美丽的翅膀！

【拓展阅读书目】

1. 丰子恺：《认识建筑：丰子恺建筑六讲》，北京：北京日报出版社 2017 年版。
2. 梁思成：《中国雕塑史》（手稿珍藏本），北京：中华书局 2014 年版。
3. 蔡仲德：《中国音乐美学史》（修订版），北京：人民音乐出版社 2003 年版。
4. ［德］莱辛：《拉奥孔》，朱光潜译，北京：人民文学出版社 1979 年版。
5. ［美］查尔斯·罗森：《古典风格：海顿、莫扎特、贝多芬》（修订版），杨燕迪译，上海：华东师范大学出版社 2016 年版。

【思考与练习】

1. 除了文中提到的建筑形式，你还对哪些建筑形式感兴趣？为什么？请谈谈其产生与发展的历程。
2. 结合你最喜欢的中外雕塑，谈谈对“最富包孕性瞬间”的理解。
3. 结合经典建筑或音乐艺术，谈谈“诗意地栖居”之内涵，以及音乐对建构美丽人生的意义。
4. 蔡元培说：“吾人固不可不有一种普通职业，以应利用厚生之需要；而于工作的余暇，又不可不读文学，听音乐，参观美术馆，以谋知识与感情的调和。这样，才算是认识人生的价值了。”你赞同上述观点吗？请论述艺术美欣赏对于人生修养的重要意义。

第八讲 美丽人生之技术美维度

第一节

技术美内涵

第二节

现代技术反思：让技术更趋向人性之美

第三节

人工智能的伦理学维度：美与善之思

当讲完有关艺术美欣赏后，可能我们会更专业或更深度地陶醉于艺术的世界之中。艺术地掌握世界，是人内在本性的一种需求。但在当今高科技发展迅速的时代，一方面艺术需要与技术完美地融合，另一方面技术因与艺术融合或技术本身带来震惊效应，从而彰显出独特的美的“光晕”。如以《印象·刘三姐》《禅宗少林·音乐大典》《大宋·东京梦华》为代表的实景演艺项目，是在声光电高科技与艺术结合基础上，给观众带来独特视觉盛宴的现代表演形式。《大宋·东京梦华》通过舞美设计和场景，突出别具宋韵的诗一般的意境；《禅宗少林·音乐大典》尾声部分，用灯光把作为演出背景的少室山连天峰打造成一尊大佛。另外，人工智能领域也在最近几年飞速发展，大数据、区块链、人工智能等技术术语大有成为日常用语的趋势。现代人工智能开始向情感领域迈进，出现了能够进行艺术创作的人工智能产品。2018 年 7 月 26 日，微软发布了第六代微软小冰，能够写诗的小冰不仅唱起了歌曲，而且可以表现歌曲语调中的情绪变化。

技术独特的审美维度彰显其另一面的魅力！本来，技术美是人类社会所创造的第一种美的形态，也是人类物质生活中最基本的审美存在。当我们谈论技术的时候，我们固然首先想到技术带给人们的便利，技术似乎首先给予我们的是有用而非审美，但是，随着当代互联网技术的发展，越来越多的技术现象与审美、艺术结合在一起。技术已经渗入我们的日常生活。可以说，艺术与技术这一对立矛盾统一体，随着当代技术的发展呈现越来越多的融合。面对一个技术时代，我们将在本讲介绍技术美内涵、现代技术两面性以及人工智能的伦理等重要问题。

第一节　技术美内涵

在各种文体活动庆典中，传统上我们通常会燃放烟火，让欢庆的氛围达到高潮，但是，随着数控灯光技术的发展，灯光秀这一体现现代技术的庆祝方式因为环保而更受大家欢迎。现代科技已经不仅能够展现国家技术的先进，更可以为大家带来审美的愉悦享受。新近引人注目的灯光秀，是 2019 年元宵佳节，有六百余年历史的紫禁城首开夜场，“紫禁城上元之夜”（图 8-1）活动的门票一出即售罄，一时洛阳纸贵。其实，灯光秀只是技术美的一个案例，我们所生活的时代，是一个“大审美时代”。在“大审美时代”，由于现代技术的广泛应用，推动了日常生活审美

扫码观看彩图

图 8-1　紫禁城上元之夜

化。这就为我们在日常生活中欣赏技术美，提升自身审美素养，提供了极为便利的条件。

那么，什么是技术美呢？从广义上来看，技术美是社会美的一个特殊领域，是相对艺术美、自然美的概念而提出来的。技术美的一个突出特点，是功能和审美的统一，技术与艺术的融合。比如，一把椅子，如果不符合使用目的，坐着不舒适，即使非常精致，非常华丽，也不符合技术美的标准。又如我们日常居住的建筑，早在古罗马时期，建筑师维特鲁威在《建筑十书》中就谈到了建筑三要素："实用、坚固、美观。"实用与坚固侧重功能，而美观则是谈审美，这就为作为技术美代表的建筑提供了设计的基本准则。不过，我们同样会发现，现代建筑似乎过于追求一种不健康的"审美"，当下网站经常会给出各种排行榜，其中最丑建筑排行榜往往会受人关注。因为这些建筑就在我们生活的都市空间里，我们平时出行、散步会看见，乘车时会经过，甚至就在其间工作、学习。这些最丑建筑大都有一些共性，或是造型前卫但寓意低俗，或是直接模仿某一世俗物象，比如酒瓶、钱币等，让人容易生成一种"负"能量和"负"价值，不能满足人的审美需要，反而造成"审美剥夺"。可见，在技术时代，人们对技术的掌控能力已经越来越强，但同时在使用技术时也越来越没有外部规范，这种随意的"造物"追求的不是审美的解放，而是感性的释放，也因此，对技术的审视，美学应当发出自己的声音。

技术美成为当代审美的重要问题，这是因为在大工业生产的时代条件下，各种工业制品以及人类整个生存环境的美，都可以视为技术美。在手工业时代，技术和审美并没有完全分离，而进入机械化的大工业时代，大机器生产带来了更加精细的分工，提高了劳动生产率，但是产品变得粗糙了，产品的各部分之间也失掉了有机和谐的关系。这些现象引起了当时一些思想家、艺术家的关注。于是，19世纪，威廉·莫里斯和他的朋友开设了英国第一家在新的思想指导下的美术装饰公司。公司的宗旨是：通过艺术家来改变英国社会的趣味，使英国公众在生活上能享受到一些真正的美观而又实用的产品。大家知道，我们现在很多高校都有艺术设计专业，这个专业在我国最初名为实用美术，是对审美与功能的强调。而艺术设计的诞生，正是进入大工业时代以来，人们对审美需要的提高而来的。之后，1919年在德国，由格罗庇乌斯等人创立的“包豪斯学校”（图8-2），以“艺术与技术重新统一”的理想为指导，强调自由创造的审美设计方针。可以说，基于大工业生产方式，现代技术美在日常生活中的影响广泛而深入。大家看这些图片，无论是精美的服饰，还是日用的餐具，或者出行的汽车，还有居住的小区，技术时代为我们创造了种种生活的满足，呈现了不同的人类造物，这些造物，都因为“技术”与“艺术”、功能与审美的融合，呈现出一种别样的技术美。

也因此，很多学者认为，我们正处于一个“日常生活审美化”的时代。在叶朗先生看来，日常生活审美化是一个大审美经济时代，在这个时代，“文化产业（或称创意产业、头脑产业、艺术产业等等）必然越来越受到重视，‘技术美’（功能美）也必然在社会生活中占据越来越重要的地位。”①我们非常认同叶朗先生的观点。日常生活审美化既然已作为一种广泛存在的当代审美现象，我们理当对这一理论以及它描述的现象有更深刻的理解。

可以说，对于日常生活审美化，中外学者进行了广泛而深入的探讨，国内日常生活审美化的主要理论来源有迈克·费瑟斯通与沃尔夫冈·韦尔施。英国

图8-2　包豪斯学校

扫码观看彩图

① 叶朗：《从中国美学的眼光看当代西方美学的若干热点问题》，《文艺研究》2009年第11期。

社会学家费瑟斯通在 1991 年出版的《消费文化与后现代主义》一书中明确提出了“日常生活审美化”。该书书名也就表明“日常生活审美化”与消费文化、后现代主义密切相关，它们正是孕育“日常生活审美化”的重要土壤。在费瑟斯通看来，“日常生活审美化”包括以下三层含义：一是“那些艺术的亚文化，即在第一次世界大战和本世纪二十年代出现的达达主义、历史先锋派及超现实主义运动”；二是指“将生活转化为艺术作品的谋划”；三是指“充斥于当代社会日常生活之经纬的迅捷的符号与影像之流”①。可见，费瑟斯通主要是从消费社会角度来看待日常生活审美化问题，他认为“日常生活审美化”成为消费社会的重要表征及其组织运作的基本原则，换言之，日常生活审美化不仅是一个美学问题，也是对当代社会的描述。

“日常生活审美化”的另一理论资源来自德国哲学家沃尔夫冈·韦尔施。在《重构美学》一书中，韦尔施区分了两种审美化，即浅表审美化和深层审美化。在他看来，浅表审美化指的是“审美因素对现实的与日俱增的润饰，以及审美因素对现实的包装”②。韦尔施认为，当代的“日常生活审美化”就是一种浅表审美化，它“只是从艺术当中抽取了最肤浅的成分，然后用一种粗滥的形式把它表征出来。美的整体充其量变成了漂亮，崇高降格成了滑稽”③。由此看来，相比费瑟斯通，韦尔施对“日常生活审美化”表达了更为明确和强烈的质疑批判立场。

无论是费瑟斯通还是韦尔施，两位学者对日常生活审美化的描述都是基于当代西方消费社会背景下的审美现象。我们看到，在当代中国的很多大城市，消费社会的普遍现象已经出现在人们的生活中。近些年火遍一线城市的 K11 商场，就将艺术与生活结合到一起，作为购物中心，其商业形态不再是单纯的购物消费，而是以艺术欣赏和人文体验，以及自然环保为主要特色，让人们在商场这一业态中体验艺术化的生活。近些年，人们的衣食住行等基本问题大都得到保障和解决，随之而来的消费需求正逐渐向文化、娱乐消费转移，从商品角度看，伴随消费升级的不再是良好的质量保证，而是在此基础上的包装、服务与身份标识。在这样的背景下，费瑟斯通和韦尔施等人描述的日常生活审美化，尤其是其中的诸多可能弊端，确实是伴随着技术时代而来的社会现实。

不过，我们也不能一味批判日常生活审美化，技术发展决定了人不可能回到田园牧歌的自然经济时代，正如叶朗先生认为的，日常生活审美化时代是大审美经济

① [英] 迈克·费瑟斯通：《消费文化与后现代主义》，刘精明译，南京：译林出版社 2000 年版，第 96 页。

② [德] 沃尔夫冈·韦尔施：《重构美学》，陆扬、张岩冰译，上海：上海译文出版社 2002 年版，第 8–9 页。

③ [德] 沃尔夫冈·韦尔施：《重构美学》，陆扬、张岩冰译，上海：上海译文出版社 2002 年版，第 6 页。

时代的判断，在这个时代，文化产业将越来越受到重视。而当代的文化产业已经不再是近代的纯粹艺术品，它不是将精神生活物质化，而是让物质升华到精神领域，让审美赋予技术与物质崇高的价值与精神意义，让物质需求与精神需求伴生，让实用与审美结合。如果我们平时经常观察郑州的城市变化的话，会发现深处内陆中原的郑州也开始开办越来越多的咖啡馆。我们会发现大学图书馆的桌椅设计与摆设都颇具匠心，让我们在一份舒适宁静中与一个个伟大心灵对话。这正是由于人们对精神生活需求的增加所致。当然，对精神文化的需求不是当代才有的，陆游《临安春雨初霁》有云："小楼一夜听春雨，深巷明朝卖杏花。矮纸斜行闲作草，晴窗细乳戏分茶。"在小楼之中静静地听一夜春雨，待到明朝雨住，又有三三两两的小贩在大街小巷叫卖杏花，诗人在楼上闲写数行草书之后，在明媚的春光中与朋友一起分茶劝茶，逍遥而乐，一种宁静闲雅而又充满生机的意境悠悠而出。然而，古人如此悠闲的饮茶情境是在士大夫阶层才能实现的，而在当代，即便是大学生，这种精神需求也能够在普通的日常生活中得到满足。在这样一个创意时代，如果技术没有精神维度，那技术将成为干瘪的槁木，一旦有了精神附属，则技术就会成为构建人们美好生活的实体支撑。

因此，我们认为技术美的出发点是人的需求，器物的功能不仅要满足物质需求，也要满足精神需求。很多人认为，现代技术产品所具有的审美价值从属于实用功能。因此，也有人将技术美称为功能美。

不过，对于大部分技术产物而言，功能美是第一位的，形式美是第二位的，形式美要服从功能美。这也是一般大众的认知。比如，一辆汽车，形状的新颖，色彩的柔和，音响的震撼，内饰的华贵等这些形式上的东西，比起动力、安全和速度这些功能性要求来说，终归是次要的。又比如一座大桥，设计很漂亮，还没有建起来，就垮掉了，总不能说这座桥很美吧。

所以，我们在日常生活审美化时代固然要强调审美和精神的作用和价值，但是技术美是一种与功能紧密联系的美。产品的功能作为内在的活动，通过相应的外在形态表现出来，正如日本美学家竹内敏雄所言："功能的合目的性的活动所具有的力的充实与紧张并在与之相适应的感性形式中的呈现。"[①]产品内容与它外在化的形象相互交融统一，就构成了技术美。

同时，关于技术美的论述，我们必须提及美学家李泽厚，他认为："技术美是对美的本质的直接披露。美之所以是自由的形式，不正在于通过技术来消除目的性与规律性的对峙，以达到从心所欲、恢恢乎游刃有余吗？庖丁解牛是古代的个人故事，现代科技工艺不正使人类将要处在或正在追求去达到这种自由的王国吗？"[②]

① 转引自徐恒醇：《技术美学》，上海：上海人民出版社1989年版，第156页。
② 李泽厚：《美学三书》，天津：天津社会科学院出版社2003年版，第447页。

李泽厚在这里谈到“技术美是对美的本质的直接披露”，这是一句较为抽象的理论解释。李泽厚是在社会美中讲技术美，从形式美引导出技术美。在李泽厚看来，形式的力量是人类“造形”的力量，体现了人对“形式结构规律的发现与把握，获得了巨大的物质力量”，简单说，体现了人的主观能动性，那么，现代社会的形式美是什么呢？就是技术美，而且技术比之原始社会、封建社会，更能体现人的本质力量，有了先进技术，“庞大的物质生产和产品中的美”就能更好体现，这意味着，古代的技术美或许只能存在于精美的艺术品或者建筑上，而现代技术美可以存在于我们的日常生活之中。同时，李泽厚提倡现代技术，这固然与他实践美学对理性的肯定有关，更是他基于实用理性而得出的价值判断，即认为现代科技为人们的生活提供了便利，现代生活不是苦难的，而是为群众带来了审美。现代科技构成了当代社会的生存基础，即科技生产力是“人类作为本体存在的基础”，由于李泽厚强调“美的本质＝美的根源”，因此在美的根源论述中，美的根源与社会根源一致，无论是他说的美是“人的本质力量对象化”，还是“自然的人化”，李泽厚都认为“物质生产、劳动实践”是美的根源。那么，这些活动在现代社会怎么体现呢，显然就是现代技术了。“美之所以是自由的形式，不也正在于通过技术来消除目的性与规律性的对峙”，而现代技术，则助人类去追求这种自由的王国。故而，从美的本质看，李泽厚认为美的本质是美的根源，源自生产劳动，而在现代社会，技术就是生产劳动。从技术看，技术活动作为一种生产劳动，就是美的根源。而技术美，则以技术为“根源”，在追求自由的王国中成为美的本质的披露。可以说，以李泽厚为代表的当代中国美学家，在肯定现代技术的同时，也自觉从理论上反思和发展了技术美的思想。李泽厚对技术美的阐释尤其重视“自由”问题，而这一思想与中国传统技术美学思想如出一辙。

我们都知道庄子的《庖丁解牛》，庖丁说：“臣之所好者道也，进乎技矣。”又言：“以神遇而不以目视，官知止而神欲行。”庖丁在解牛过程中能够“以神遇”，这就超越了一般的感官支配而将解牛这种技术活动做到出神入化，从而展现了生命的韵律，并最终达到自由的精神境界。这个故事的寓意是：当我们驾驭了普遍规律后，处理特殊对象才能达到自由状态。对技术的掌握越纯熟，越能解决目的性与规律性的矛盾，达到自由的形式，实现技术美的境界。

所以，在技术美中，包含着善（目的性）与真（规律性）。技术美是人的智慧、意志、力量、情感的结晶。技术美是真、善、美的统一，是人类发展的历史记录，是社会进步的里程碑。技术美启示我们当代大学生：在一个标准化生产的社会里，技术已经不是外在于人的活动，而是正在接近完成对生活世界的规定，技术渗入到我们的生活和身体，成为我们人的一部分，技术似乎也没有了边界。**在现代技术时代**，我们无法回避技术，没有了技术，就没有我们的现代生活，但是只有技术，那我们的生活同样黯淡无光。我们应当直面技术，让技术成为我们认知、情感、意志活动的助推器，让我们借助技术与工具形成对世界更为深刻的认识，也同时应借助技术来实现人类梦想的审美幻境。

第二节　现代技术反思：让技术更趋向人性之美

在技术哲学领域，一直有技术悲观主义者和技术乐观主义者，作为当代大学生，我们应当如何理解现代技术呢？

现在请大家进入这样的情境：如果你的手机不见了，生活将发生什么变化？我们知道，手机为人与人的交流带来了极大的便利。由于手机的存在，“千里眼、顺风耳”等神话想象，成为一种生活现实。不过，手机也带来了一些危害和问题。比如，越来越多的人成为“低头族”。我们在路上行走的时候，低头看手机；在朋友聚会的时候，低头看手机；甚至在朋友间拥抱的时候，也不忘看看手机。

其实，手机只是现代技术发展的众多成果之一。对于技术，我们可以理解为人类改造世界的手段和工具。人类创造技术，是为自身服务的，是为了满足自身的需求与愿望。技术与人、技术与社会、技术与自然等三个方面，呈现了技术的诸多价值。从技术与人的关系看，技术在最初行使了保护功能，比如具有自卫功能的斧头、木棍等，这些技术工具保证了我们的生命延续。其后，人们使用技术推动社会发展，最后，正是先进技术让人生活便利，实现人的更大解放。以家用电器为例，在自然经济时代，男耕女织、男主外女主内是社会普遍的家庭生活样态，这是由于大量家务活动必须由人亲力亲为，而男性又因为生理结构原因更适合做耗费体力大的农业活动。当越来越多家用电器发明后，女性的时间得到了巨大的解放，我们知道肥皂剧就是诞生在妇女生产力获得解放之后。但是，这种解放还仅是生产劳动的解放，随着家用电器的发展，当大部分家务劳动通过机器即可完成之时，妇女就越来越多去参加工作，实现自己的价值，从劳动中真正获得社会的认可，从而彻底摆脱种种偏见束缚，实现了自我的解放。与之相应，在技术与社会的关系中，由于技术的发展，我们不仅提高了生产力，更促进文化艺术活动的发展，同时保障并改变了人们的生活方式。就技术与自然的关系而言，人们最终通过技术来利用自然，而后改造自然，但随着技术的发展，人们认识到自然对于人类的价值，于是又以技术保护自然，从而促进人与自然和谐关系的逐步生成。总之，从人类社会的发展看，每一次技术革新不仅仅是技术的进步，更是人、自然与社会的飞速发展。第一次工业革命后，二百多年来，人类的科技文明经历了大爆炸式的发展，创造了无与伦比的生产力，也给人类的生产生活带来了波澜壮阔的改变。技术对人类文明进程，对人类工作与生活，影响巨大。

现代技术的快速发展，在促进社会发展的同时，也埋下了诸多隐患。比如生物技术，既能最大限度挖掘人类自身的潜力，也会对社会秩序产生冲击，带来伦理危机。又如信息技术，置身信息大爆炸的互联网时代，隐私、财产乃至生命安全等隐患，实际上就潜藏在我们身边，所以我们一定要加强互联网安全意识。

现代技术具有两面性。正如爱因斯坦所说："在战争时期，应用科学给人们（提供）相互毒害和相互残杀的手段。在和平时期，科学使我们生活匆忙和不安定。它并没有使我们从必须完成的单调劳动中得到多大程度的解放，反而使人成为机器的奴隶：人们绝大部分的时间是一天到晚厌倦地工作着，他们在劳动中毫无乐趣，而且经常提心吊胆，唯恐失去他们一点点可怜的收入。"[①]

由于现代技术的两面性，在现代技术的发展历程中，一直伴随着批判的声音。无论是西方的海德格尔，还是中国的梁漱溟，中西方一些著名思想家，都把现代生活的苦难与罪恶，把人的各种异化与奴役，归根于现代科技。比如哲学家海德格尔悲观地写到："在技术的千篇一律的世界文明的时代中，是否和如何还能有家园？"[②]

然而，我们认为，悲观地看待现代技术的负面效应，不仅于事无补，甚至是有害的。最重要的是，真正还原现代技术的工具性，恢复人类早期社会中，技术作为人类生存工具的原貌。从根本上说，人的无休止的欲望，必须在合理、有效满足的条件下，纳入法律和伦理的控制中。对新技术的危害结果，必须作出科学的判断和有效的限制，以防止新的技术灾难，从而使技术真正成为人的服务者。对此，中国古代非常重视技术的审美与教化，让技术在审美活动中寓教于乐，从而实现人对技术价值的多维认知。嵇康《琴赋》云："弦以园客之丝，徽以钟山之玉。爰有龙凤之象，古人之形。伯牙挥手，钟期听声。华容灼爚，发采扬明，何其丽也！伶伦比律，田连操张。进御君子，新声憀亮，何其伟也！"[③]嵇康在谈论琴的制作时，总是将技术活动融汇到人际关系与社会生活之中，琴的演奏者与聆听者是伯牙与钟子期这样的音乐大师，其演奏与聆听过程正是高尚人际关系与友情的体现。可见，中国古代对技术的思考，总是将其渗透到社会生活之中，这就让人们对技术的认知与规范能够在具体的生活情境之中得到实现。这种对技术活动的认识是深刻的，它启示我们技术不是一种无关人类生活的纯粹手段，而是手段与目的的统一体，技术是处在社会建构之中的"导体"，而不是与社会隔绝

---

① ［美］爱因斯坦：《爱因斯坦文集》（第 3 卷），许良英、赵中立、张宣三编译，北京：商务印书馆 2009 年版，第 89 页。

② ［德］海德格尔：《出自思想的经验》，法兰克福：法兰克福出版社 1983 年版，第 243 页。

③ 洛秦、章瑜注释编辑：《中国经典乐论书法版论丛》，上海：上海音乐学院出版社 2014 年版，第 20 页。

的“绝缘体”。我们时刻使用着技术，也发明着技术，更应当合理使用技术。作为当代大学生，我们应当对技术有全面的认识。一方面，在当代社会，无论是为了更好地生存，还是为了得到更好的生活，我们都无法离开技术为我们的生活世界提供的诸多便利。但同时，随着技术的发展，我们每天都会有很多新的技术产生，技术不仅出现在生产领域，也会出现在经济领域、社会领域、政治领域，技术的危害也往往具有不可预测性，对此，我们应当提倡责任伦理，以预防为主。而这里就不得不提到艺术在实现责任意识层面所具有的重要作用。2018 年年末，基因编辑婴儿成为一条爆炸新闻，迅速成为人们热议的焦点，有人认为基因编辑打开了“潘多拉魔盒”。在当代社会，随着生物工程技术的发展，克隆、基因编辑、DNA 这些貌似与我们日常生活相隔很远的科学实验室问题，成为普通大众热议的话题，其中缘由，正是人们对生命和伦理的敬畏。对于这些前沿科技问题的反思，很多电影都有探索，早在 1997 年上映的美国科幻电影《千钧一发》，就是对科学界在伦理道德边缘疯狂试探行为的拷问。如果说现实世界的很多探索是有风险的话，艺术世界为我们思考问题提供了无限丰富的“土壤”，我们尽可以在这里释放想象力，让各种可能以语言、图像、声音的形式展现出来，为人类探索未知找到更为合理的途径，在这一意义上，大学美育正是希望通过艺术和审美视角，让大学生对技术风险有更为理性的判断。可以说，处于技术时代的我们更要去自觉反思技术，在面对新技术时，要反思各种技术带来的后果，从而让技术做到为人发展服务，而不是人被技术制约。

第三节　人工智能的伦理学维度：美与善之思

教学视频

人工智能在近些年取得了突飞猛进的进步，其关涉的伦理问题为科学界、哲学界和美学界关注，现在对人工智能的伦理问题的研究，不再是技术是否存在伦理问题，而是存在哪些伦理问题。人工智能将深刻改变我们的生产与生活方式，同时，也对社会伦理秩序产生强烈的冲击。

本节就为大家讲述人工智能带来的一些伦理问题。

第一，隐私泄露。人工智能的发展，可能侵犯人的隐私。比如，近年流行的人工智能玩具，安全性是很低的，对儿童隐私构成极大威胁。法国信息与自由委员会做过一项测试：在距离人工智能玩具 10 米远的地方，仍然可以用手机与玩具联机，所以，即使人在建筑物外面，也可窃听孩子与玩具的对话。据法国《费加洛报》报道，2015 年，有人通过智能玩具，取得数百万名父母及儿童的个人资料。

第二，算法歧视。人工智能隐含着各种"算法偏见"。人工智能需要大量数据进行深度学习，最简单的方法，就是从互联网上获取大量学习数据，这个过程可能导致人工智能集成各种偏见。比如，2016 年 3 月 23 日，微软公司的人工智能聊天机器人 Tay 上线了。出乎意料的是，Tay 刚开始和网民聊天，就被"教坏"了，成了一位集反犹太人、性别歧视、种族歧视等偏见于一身的"不良少女"。最终，上线不到一天，Tay 就被微软公司紧急下线了。

第三，安全风险。人工智能的应用，可能会对财产及人身安全构成威胁。2018 年 3 月，在美国加利福尼亚州高速公路上，一辆特斯拉汽车，在开启自动驾驶行驶过程中，撞上混凝土隔离带，汽车起火，随后又被车道后方驶来的两辆汽车追尾，车主送往医院后不治身亡。事后，埃隆·马斯克对事故进行解释，他承认，自动驾驶并不完美，车主们需要时刻保持警惕。

第四，电子人格。人工智能可能获得完全的道德自主性。2017 年初，欧盟委员会发布一份报告，报告中提出："从长远来看，应该考虑机器人的法律地位。这样一来，它们才能对其（可能）造成的损害担负起责任。"在这份冗长的报告中，这样简单的一句话，竟然引起了轩然大波。据媒体报道，150 多名人工智能专家，联名发表了一封公开信，认为赋予人工智能"电子人格"，绝对是一个糟糕的主意，因为此门一开，那些制造机器人企业的责任，就等于被豁免了。当然，这一问题的核心，从伦理学角度看，就是"道德圈"大小的问题，即道德伦理应该包括哪些范围。就人工智能而言，18 世纪的拉·梅特里在《人是机器》中已经宣称："人是动物，因而也是机器，不过是更复杂的机器罢了。"[①]如此看，人工智能，表面看是在研究机器，实质上还是在讨论"人"，正是由于现在的机器与人更为相近，不仅是外表的类同，更是因为机器人开始涉及认识、感知、情感，它一步步接近甚至到达了我们认为的"人之为人"的独有领域，这令我们为之惊慌。所以，公开信还是表达了一个坚定立场，就是欧盟必须控制人工智能对人类造成的各种风险，保护机器人用户和第三方，必须成为欧盟所有法律的核心条款。

在未来社会，人类与人工智能的共处，将是一种新常态。在设计、研发、生产和使用人工智能的过程中，我们如何最大程度地减少伦理风险呢？纵观现代技术的发展历程，核能、克隆等现代技术，一直伴随着各种担忧与批判的声音。

事实上，单纯地依靠道德倡议，并不能有效解决人工智能的伦理问题，还必须依靠良好的制度设计和政策引导，实现自上而下的责任伦理意识。对此，我们不得不提出一个"责任伦理"如何实现的问题。德国哲学家汉斯·尤纳斯在此方面有深入思考，他认为，技术时代带来了人的行为性质的改变，我们需要一种责任伦理以应对当下技术时代的挑战，并以此开启伦理学的新维度。在尤纳斯看来，

① ［法］拉·梅特里：《人是机器》，顾寿观译，北京：商务印书馆 1981 年版，第 65 页。

责任伦理的实现需要施行“忧惧启迪法”，发挥情感的作用，提倡理性的想象，建立负责的政府。以敬畏的态度重新认识自然，以审慎的态度对待人类飞速发展的科技和日益膨胀的野心，唯有如此才能走向可持续发展的道路，可以说他的这些观点为我们实现技术伦理的责任意识提供了很多启发。尤纳斯提出了“忧惧启迪法”，其原则是“优先预凶”，实现责任伦理需要培养一种责任意识和责任感，即“忧惧”。在对待现代科技的态度上，尤纳斯认为需要采取一种“审慎态度”。这其中，尤纳斯尤其强调了想象和情感的作用，让传统美学的中心概念参与到现代技术的哲学反思建构之中。尤纳斯强调的想象是理性的想象。想象是虚无缥缈的，同时具有随意性。但对不良技术后果的预测又不得不同想象打交道。换句话说，预测后果就意味着首先对后果的多种可能性进行想象，以便激发自己内心的忧患意识。但是责任伦理要求此时的想象不能够过于随意，否则就失去了想象在此处的作用。尤纳斯认为应当将理性和想象有机结合，对未来尚未发生的事实进行想象，这种想象需要有目的的引导，因为想象不会自动发生，而这种引导在一定程度上也是对想象的节制，一定程度上使得想象对“恶”的预测更符合未来可能的结果。

尤纳斯认为，要“激发一种适合于这种想象的图景的情感”[①]。这是因为，未来遥远的恶并不会在当下环境中显现出来，我们对恶的预测和想象也会因此受到限制，因此我们要自我激发相关的辅助力量，最重要的就是激起我们的“恐惧感”，刺激我们的敏感度。尤纳斯认为，我们要培养一种“精神性的恐惧”，“应教化灵魂，使我们想到子孙后代的可能命运和灾难就战栗”[②]，只有培养这种情感才能更好地帮助人们想象未来的图景，想象未来人类和我们生存的星球未来的命运。同时，这种情感不能像霍布斯“病理学的恐惧”那样让人产生一种极度恐惧感，这种恐惧感会激发我们自保的意识，不利于对未来命运的想象。我们应培养一种适度的情感，使得我们对未来的恐惧有一定的容纳空间，使得我们的内心可以接纳这种恐惧，并对未来的可能结果作出更为合理的判断预测。

但是，个人的道德力量是薄弱的，责任伦理要求一种整体性的责任。若想规避技术时代可能导致的种种威胁，不能仅仅依靠个人，更需要建立一个强大的负责任政府，“只有政治上强加的社会纪律的最大化才能确保当前利益服从未来的长远需要”[③]。故而，为了实现对人工智能有效的伦理治理，我们需要从立法、监管、产业、技术、国际合作等方面，作出努力，采取必要的应对措施，削弱人工智能的不

① Hans Jonas, The Imperative of Responsibility: In Search of an Ethics for the Technological Age, Chicago［M］.Chicago: University of Chicago Press, 1984. p28.

② Hans Jonas, The Imperative of Responsibility: In Search of an Ethics for the Technological Age, Chicago［M］.Chicago: University of Chicago Press, 1984. p28.

③ Hans Jonas, The Imperative of Responsibility: In Search of an Ethics for the Technological Age, Chicago［M］.Chicago: University of Chicago Press, 1984. p142.

利影响，努力实现人工智能与人类之间的和谐共处。

如果说尤纳斯的忧惧更具有西方文化色彩，那么中国传统智慧强调的“祸兮福所倚，福兮祸所伏”，概括为忧患意识更为恰当。从美育角度看，作为当代大学生，我们应当适度培养自己对待技术的忧患意识，调动自己的想象和情感，让技术的发展能够在合理范围内实现其最大的价值。

到这里，我们为大家呈现了自然、社会、艺术、技术领域的审美问题，有了这些不同领域审美经验的认识，可以让我们从审美形态入手，来学习美学史上，都有哪些审美范畴，以此来体味审美情感的丰富层次与意蕴。

【拓展阅读书目】

1.[日]赤木明登:《造物有灵且美》，蕾克译，长沙：湖南美术出版社 2015 年版。

2.[德]哈特穆特·罗萨:《新异化的诞生》，郑作彧译，上海：上海人民出版社 2018 年版。

3. 尼克:《人工智能简史》，北京：人民邮电出版社 2017 年版。

4.[美]温德尔·瓦拉赫、科林·艾伦:《道德机器：如何让机器人明辨是非》，王小红等译，北京：北京大学出版社 2017 年版。

5.[美]杰瑞·卡普兰:《人工智能时代——人机共生下财富、工作与思维的大未来》，李盼译，杭州：浙江人民出版社 2016 年版。

【思考与练习】

1. 在日常生活中，越来越多的技术产品给我们带来丰富的审美体验。请结合具体技术产品，论述技术美的内涵和特征。
2. 创意产业中技术美是如何形成的？技术美的融入对创意产业的发展有何影响？
3. 现代技术的快速发展，在促进社会发展、便利工作生活的同时，也带来了诸多问题与隐患。请结合具体案例，论述现代技术的两面性。
4. 人工智能会取代人类吗？这或许是 21 世纪人类面临的根本问题之一。请论述你对这个问题的看法。

第九讲 优雅：美丽人生形态（二）

第一节
审美范畴简介

第二节
优雅美学内涵

第三节
如何做一个优雅的人

自然美、社会美、艺术美、技术美是审美活动存在的主要领域，与此同时，我们发现不同的审美活动会呈现不同的风格与类型，审美范畴就是对审美活动不同类型风格的概括与把握。在本书绪论中，我们提出美育的终极目的是美化人生，大学美育的核心在于让人成为一个感情发达、精神境界高远的人。在美丽人生的具体践行中，如果我们只是抽象地对美的本质问题有所认知，而没有针对不同审美形态的具体体验，那美丽人生的深度和广度就大打折扣。美丽人生的形态具有丰富面向，在教材中，我们将分两讲论述美丽人生形态——优雅与崇高。本讲在解释审美范畴概念的基础上，着重阐述优雅审美范畴的内涵。作家杨绛历经生命的波折和苦痛，依然淡泊从容，是一种优雅；桂林山水、江南水乡的宁静、单纯与和谐，是一种优美，也滋养着人之优雅品性。我们对优雅美丽人生形态的理解，来自美学的优美范畴，从美育角度看，我们则重点思考如何做一个优雅的人。

第一节　审美范畴简介

在具体论述优美与崇高之前，我们首先进入审美范畴的学习。

大家应该都了解著名科学家霍金的故事。

霍金从小就喜欢物理学和天文学，并以此为志，但在其攻读博士期间，却发现自己患上了卢伽雷氏症，病痛使得他曾一度打算放下从事研究的理想，后期病痛还导致他全身瘫痪，连说话和写字都要靠电脑和语言合成器。但即使如此，也没有磨灭他对科学研究的执着，霍金重要的科研成果均是在其患病期间完成的，他以坚毅不屈的意志，抵挡着疾病的侵扰，创造着科学的奇迹，也证明了残疾并非走向成功的障碍。

回到审美范畴，美学中谈到的审美范畴有很多，一般会讲述优美、崇高、悲剧、喜剧、丑和荒诞。大家可能会有疑问，讲美学、美育，为什么会说丑呢，讲审美愉悦，为什么会讲悲呢？刚才讲霍金的故事，其实就是想通过他的故事，来谈谈作为审美范畴的悲剧！

这里需要为大家区分一个概念，作为审美范畴的悲剧与作为戏剧种类的悲剧。我们大学美育着重讲悲剧审美范畴，探讨的是悲剧的本质、悲剧的审美意蕴、悲剧的审美效果等理论问题，所以，有学者又将这一审美范畴称为悲剧性，或者直接叫悲，以此区别于作为戏剧类型的悲剧。当然，需要说明的是，从更为广泛的视角看，人类社会生活中的不幸与痛苦遭遇，失败与死亡的结局，都是一种“悲剧”，也正是在这一层面上，对悲剧进行美学探索，其面对的不仅是一个艺术问题，更是关于人生境遇的“大问题”。

在中国，“悲剧”概念是在20世纪经由王国维先生引入国内后，开始为学人所重视。王国维先生的《红楼梦评论》，是我国第一部运用西方哲学、美学的观点和方法研究中国文学作品的研究论文，即考察《红楼梦》的悲剧精神。鲁迅先生对悲剧也有高见，提出“悲剧将人生有价值的东西毁灭给人看”的著名观点。而被誉为现代中国美学双峰之一的朱光潜先生，留法期间的处女作，就是关于悲剧的《悲剧心理学》。可见，悲剧是中国美学界普遍关注的焦点问题。

悲剧在西方美学理论中更是一个“永恒”问题，古希腊有悲剧“命运说”，亚里士多德在《诗学》中提出“净化说”，黑格尔在《美学》中提出了“矛盾冲突说”。后来，马克思从社会历史的宏大背景中考察人类悲剧，而西方现代哲学的开创者尼采，其名著之一即是《悲剧的诞生》。在20世纪，包括卢卡奇、本雅明、伊格尔顿等诸多学者，都对悲剧问题做出了自己的思考！

为什么这么多学者会关注悲剧？一方面，古希腊艺术有悠久的悲剧创作传统，三大悲剧家埃斯库罗斯、索福克勒斯和欧里庇得斯的创作为人们审视人类的悲剧命运提供了艺术范本。另一方面，悲剧也是大多数人生活中不可避免的遭遇，即便没有人生的大悲剧，或许也会有生活中不时出现的不幸小遭遇。故而，每当面对无常的人生，就愈发容易激发思想的力量。《俄狄浦斯王》（图9-1）就是古希腊人对命运无常的艺术化展示。传说俄狄浦斯出生后，生父忒拜王拉伊奥斯从神谕中得知他长大后将杀父娶母，于是命令仆人将他抛之野外。然而，仆人因可怜无辜的小孩，便将俄狄浦斯送给了科林斯的牧羊人，随后被柯林斯国王收养。俄狄浦斯长大后，也得知了自己命中注定杀父娶母的命运，为躲避厄运，他逃离了

扫码观看彩图

图9-1 《俄狄浦斯王》

柯林斯，朝忒拜城走去。然而，俄狄浦斯并不知道，这样的躲避正让自己加速走向悲剧命运。在路途中，俄狄浦斯因受凌辱而杀死了四个同伙路人，其中就有自己的生父拉伊奥斯。之后，俄狄浦斯以自己的聪明才智破解了女妖斯芬克斯的谜底，为忒拜人民除害，因而被拥立为王，娶了前国王之妻。如此，俄狄浦斯在毫不知情的情况下，还是未能摆脱命运的驱使，而自己也在这种种偶然事件之后，被迫完成了杀父娶母的神谕。

俄狄浦斯的故事在西方影响深远，20 世纪精神分析学派创始人弗洛伊德从心理学角度，提出了当下我们熟知的“恋母情节”学说，这一学说也叫“俄狄浦斯情结”。可见，俄狄浦斯的故事不仅是古希腊人的神话传说，而且具有普遍代表意义。

不过，古希腊人将俄狄浦斯的悲剧归结为命运，增加了故事的神秘色彩，却未能从理性的角度去分析悲剧的内核。于是，上文提到的诸多哲学家，开始以自己的理论来诠释悲剧发生的缘由。在俄狄浦斯的故事中，俄狄浦斯为摆脱命运而做的努力，其实也表达了人为突破自己的局限而发扬主体性精神与能动性的努力。

在这里，我们要提及亚里士多德对悲剧的认识。他提出了“净化说”，他认为，悲剧就是“借引起怜悯和恐惧来使这种情绪得到陶冶”。陶冶，就是净化，悲剧的“净化”（katharsis），就是使痛苦和不愉快的情绪得到一定的宣泄、释放，转化为与之相反的生命激情。亚里士多德所说的当然是悲剧艺术，但在实际生活中，“悲剧”也无处不在，比如刚才提到的霍金。

我们有理由相信，霍金在得知病情时，一定是悲痛的、绝望的，但他没有沉沦，而是充满对生命的热爱和对科学研究的热忱，最终成就了自己的科学人生。我们的生活可能没有霍金那样的“大悲剧”，但或许会遇到“小悲剧”。在全球化背景下，当代社会早已没有了诞生伟大悲剧的土壤，但日常生活的酸甜苦辣、重复压抑却让“小悲剧”成为当代悲剧的主流，悲剧由英雄和史诗下放到家庭与个人，悲剧的基调也被嵌入了娱乐精神。2019 年 3 月热播的电视剧《都挺好》，让悲剧一词再次出现在大众视野。尽管电视剧的结尾充满了温情，也使得这部电视剧有“烂尾”嫌疑，但《都挺好》以新鲜的原生家庭作为素材，让观剧的人体会到了人生百态。如果说今日的中国大部分人并不发愁吃饭问题，那在社会转型期出现的种种新的苦恼，则让人们面对无时不在的小悲剧时显得束手无措。然而，在这个小悲剧时代，我们同样应该不忘伟大先哲对悲剧的论述，悲剧并不是人生的无可奈何，而是让人体验到蓬勃的生命力，让有限的生命个体在与命运斗争中体会人的伟大与崇高。所以，人生如寄、韶华不再，逝者如斯夫，不舍昼夜，时光匆匆流逝，人生苦短寻常，面对这些“悲”意识，我们不应沉默，而应当在人生的道路上将之“净化”，使之升华，让“悲”化为生命向上的动力！

接下来，我们再谈谈丑。2014 年，习近平同志在“文艺座谈会”上提出不要搞奇奇怪怪的建筑，为什么会这样说呢？“酒瓶”楼、“天子”楼、“茶壶”馆、

"金鳌"馆……这些建筑充满荒诞和滑稽，其实就是当下生活中以丑为美的典型代表。李斯托维尔说，丑"是近代精神的一种产物"，当我们看到刚才的那些建筑，更可以说丑充斥着现代生活，也难怪著名画家吴冠中先生说，今天中国的文盲不多了，但美盲很多！

我们可以考察一下当代妆容，我国古代文学描述女子的美，是"清水出芙蓉，天然去雕饰"。在当代，适当的妆容也是一种礼仪之美，但存在过度的妆容、病态的妆容，或者在某种场合不恰当的妆容，比如学生上课的时候画很浓烈的烟熏妆，显然就不符合场合。虽然，那可能是在展现个性，但实质上却破坏了校园中青年学生朝气蓬勃的美感。

美让人充实，丑让人虚伪，我们美学讲丑，不是在宣传以丑为美，而是要化丑为美，从而对美丑有感知和把握，引导大家抵制丑，高扬美。

当然，审美范畴还有很多，其中，优美和崇高是美学家论述最多的。优美的对象让人有亲近感，崇高的对象则让人心生距离。往往二者相互补充，相得益彰。如河南财经政法大学的图书馆旁，有一片不大的湖面萦绕，高大严肃、静雅祥和，这一张一弛的大学图景，则构成了未来我们学习生涯的美好回忆。优雅而崇高是我们所推崇的美丽人生形态，那么如何做一名优雅而崇高的大学生呢？

总体上看，从优美到崇高，从喜剧到悲剧，从丑到荒诞，人类的审美在不断变化，不变的，是对美好生活的追求！

第二节　优雅美学内涵

黑格尔在《美学》中曾这样评价希腊艺术："希腊人的世界观正处在一种中心，从这个中心上美开始显示出它的真正生活和建立它的明朗王国；这种自由生活的中心不只是直接地自然地存在着，而是由精神观照产生出来，由艺术显示出来的。"①这种精神的外显，体现了充实的内在生命力和人的精神智慧。

王维的《山居秋暝》："空山新雨后，天气晚来秋。明月松间照，清泉石上流。竹喧归浣女，莲动下渔舟。随意春芳歇，王孙自可留。"这首诗描写了青松明月之下，翠竹青莲之中，优美的田园风光和人们无忧无虑的生活图景。全诗所表达的审美意趣，令人神往。从这些案例中，大家是否感觉到了美的熏陶呢？本节我们谈论的，就是"优美"这个话题。

① [德] 黑格尔：《美学》（第2卷），朱光潜译，北京：商务印书馆1979年版，第169-170页。

图 9-2 毕达哥拉斯

西方美学主要有五个范畴，分别是优美、崇高、悲剧、喜剧和丑。

我们着重讲优美，是因为对于大学生来说，了解优美的深刻内涵，树立美的价值观念，是我们度过优雅人生的重要准备。

优美，在西方美学语境中有一个重要的学术源头，那就是毕达哥拉斯学派（图 9-2）以数为美的观念。毕达哥拉斯学派都是一些数学家，他们从自然科学的角度来认识美，认为统摄自然界的元素就是数，美就是数的和谐。“黄金分割点”就是这个学派发现的。在现实生活中，我们身边无处不充满数字，比如建筑，全都是精密的数字组成，人的身体也是在数的基础上支撑起来的。

且看毕达哥拉斯派对美的论述：

> 至于美，依他看，却不在各因素之间的平衡，而在各部分之间的对称——例如各指之间，指与手的筋骨之间，手与肘之间，总之，一切部分之间都要见出适当的比例。
>
> 音乐是对立因素和谐的统一，把杂多导致统一，把不协调导致协调。
>
> 一切立体图形中最美的是球形，一切平面图形中最美的是圆形。①

毕达哥拉斯学派开启了西方美学形式美的传统。一般来说，优美的对象都符合形式美的原则：对称、均衡、合比例、多样统一。美的形式与内容完美地结合在一起。

因此，我们看古希腊雕塑，比例的协调与形体的优美，仿佛让人们看到了人类身体形态的完满与极致，故而马克思评价其具有“永久的魅力”。

实质上，我们谈到美学，谈到审美，最先融入脑海的就是以“优美”为标准的

① 北京大学哲学系美学教研室：《西方美学家论美与美感》，北京：商务印书馆 1980 年版，第 14-15 页。

审美对象和艺术作品。宗白华先生说："汉代的铜器、陶器、王羲之的书法、顾恺之的画、陶潜的诗、宋代的白瓷，这又是一种美，初发芙蓉，自然可爱的美。"[①]从中国美学看，以上艺术作品或工艺品，都可以说具有优美的特征。

当然，对优美的认识也是一直向前发展的，斯宾诺莎认为："如果神经从呈现于眼前的对象所接受的运动使我们舒适，我们就说引起这种运动的对象是美的；而那些引起相反的运动的对象，我们便说是丑的。"[②]简言之，美是作用于主体神经产生的舒适感。显然，这种舒适感，就是优美感。

18 世纪英国美学家博克曾论述过优美的七个感性特征，在总结这七个特征之前，有一段颇有趣味的分析：

> 在研究任何事物时，最明显地让我们看到的是它的大小或量，在被认为美的事物中，哪种程度的大小是最占优势的呢？这可以从日常语言中见出。我听说在多数民族语言里，说到爱的对象通常用指小词。就我所懂得的一些语言来说，情形全是如此。希腊文的指小词几乎全是用来表示恩爱和温情的。希腊人通常把指小词加在亲友的名字上。罗马人在情感上虽然不那么锐敏细腻，也自然地把亲人的名字缩短。古英文的指小词"小"（ling）也是加在所爱人物的名称后面，这类情形有一些还保存到现在，例如"小亲爱的"（darling）之类。在现时日常语言里，用"小"作为表示亲昵的字样加在所爱事物名称之前，也是很常见的，法国人和意大利人更特别喜欢用这类亲昵的指小词。无论是动物还是人，我们所喜爱的通常总是小的，例如小鸟儿小猫儿之类，通常说话中很少听说"一个大美家伙"，但是"一个大丑家伙"却很普通。[③]

正是基于上述分析，博克认为，比如小巧、光滑、明亮、身材娇弱等，表现的是优美的特征。同时，他认为崇高和优美是对立的美学概念，崇高引起的情绪是惊惧，是痛感，而优美则引起人的欢喜和愉悦。面对一个优美的对象时，我们在瞬间就发现了它的美，优美感是一种当下即得的感受。

20 世纪初，英国美学家鲍桑葵曾将美区分为"艰难的美"和"平易的美"，"平易的美"就是优美，看上去是单纯而且容易把握的。确实是这样，我们在审丑时需要度过一段艰难的心路历程。比如欣赏毕加索的作品《格尔尼卡》（图 9-3）。这幅作品表现的是西班牙格尔尼卡小镇被德国法西斯空军夷为平地的情景。画面中有哭号的母亲、死去的孩子、战士的尸体、恐怖的武器，这些血腥的场面描绘了一

① 宗白华：《美学散步》，上海：上海人民出版社 1981 年版，第 29 页。

② 北京大学哲学系美学教研室：《西方美学家论美与美感》，北京：商务印书馆 1980 年版，第 87 页。

③ 朱光潜：《朱光潜全集》（第六卷），合肥：安徽教育出版社 1990 年版，第 523 页。

扫码观看彩图

图 9-3 毕加索《格尔尼卡》

副悲惨的景象。我们通过这丑的表象挖掘到残酷的真实，从而感受到灵魂的震撼，才能有精神的升华之感，这就是所谓“艰难的美”。

而我们在欣赏优美时却容易得多。比如拉斐尔《草地上的圣母》这幅作品，画面中充满古典美感的圣母温柔地搂着天真无邪的孩子，在蓝天白云、湖光山色中构成天然和谐的风景，画面线条柔和、色彩温暖。这种至善至美的感觉是我们一瞬间就能感受到的。

为什么会有“艰难”和“平易”这样的分别呢？因为优美的本质在于内与外的和谐，是宁静，从而直接引起我们的愉悦感。下面我们来看一下德国美学家温克尔曼对古希腊造型艺术的分析。

温克尔曼在 1755 年发表的论文《对〈关于在绘画和雕刻中摹仿希腊作品》的一些意见》中指出：“希腊杰作有一种普遍和主要的特点，这便是高贵的单纯和静穆的伟大。正如海水表面波涛汹涌，但深处总是静止一样，希腊艺术家所塑造的形象，在一切剧烈情感中都表现出一种伟大和平衡的心灵。”

在温克尔曼看来，古希腊的雕塑，表现出伟大沉静的灵魂，尽管这灵魂是处在激烈的感情里面；正如海面上尽管是惊涛骇浪，而海底的水还是寂静的一样。也就是说，雕塑这种空间艺术，将动态的美用静态的形象展示出来，表现出最富包容的瞬间的美。

掷铁饼者投掷的瞬间，浑身的肌肉饱满。你完全能够想象到，一个勇猛的强壮的男士在运动场上正在瞬间发力，那是掷铁饼者动态、阳光、健康的美。雕塑是静穆的美，欣赏雕塑，也要在安静的环境里，穿越时空，和雕塑瞬间达成一种心灵共鸣。

当然，如果说优美是自古至今最为典型与常见的审美形态，那在大众娱乐化的今天，最难得的正是古典优美的风范。在高等教育极为普及的今天，一般大众也具有了基本的艺术素养，但学院化的艺术审美趣味也越来越影响大众的审美。在当今时代，如果一位艺术创作者依然坚守传统的优美风格，往往会被艺术评论界视为没有艺术创造力。即便是大众对高雅艺术的要求，也越来越倾向先锋的评判标准，如果我们翻看历年画作拍卖排名，就会发现现代艺术与先锋艺术所占比例远高于传统艺术作品。显然，当大众对艺术的欣赏越来越缺少耐性时，优美范畴带来的那圆润而舒缓的审美体验节奏就难以填充人们的胃口。然而，优美在当代社会依然具有重要意义。优美是优雅人生得以实现的内在依据。梁漱溟曾言："盖人类入于社会主义时期以至共产社会时期，是最需切道德而道德又充分可能之时。那时道德生活不是枯燥的生活，恰是优美文雅的生活，将表现为整个社会人生的艺术化。"①我们实现优雅人生，关键就是要有体验优美范畴的心灵，因为只有面对优美的事物时，我们才能拥有一种宁静的喜悦、圆融的满足和轻盈的愉快。风在轻轻地吹、鸟在欢快地唱，"万物静观皆自得，四时佳兴与人同"，不知不觉中我们泯灭了物我的界限，纵身于大化之中。作为当代大学生，请让我们静观天地艺术之美，熏陶一颗平静优雅的心灵吧！

第三节　如何做一个优雅的人

教学视频

在学习优雅的内涵后，我们现在的思考是：如何做一个优雅的人、优雅的大学生？请看下面几个案例。

中国女作家杨绛，通晓多国语言，一生创作了多部文学作品，其中由她翻译的《堂吉诃德》被公认为最优秀的翻译佳作，到2014年已累计发行70多万册。她的文章可谓"不着一字，尽得风流"。中国小说学会副秘书长卢翎评杨绛散文时说："读她的散文，更像是聆听一位哲人讲述些烟尘往事，在平静、平淡、平凡中有一种卓越的人生追求。"②

杨绛先生的百年岁月中，历经曲折动荡，饱经岁月打磨，但她始终不改初心，始终保持明媚从容、淡定优雅。她把她的一生，活成了一个典范。

电影《泰坦尼克号》的结尾，在船即将沉没的时候，面对即将结束的生命，人们的表现各有不同。甲板上到处都是呼喊奔跑的人群，而在惊慌失措的人群中，有几位提琴手在认真地演奏，悠扬的乐章飘荡在死亡笼罩的夜空中。人们在他们身边往来穿梭，各自逃命。而那些优雅的提琴手们，在用经典的音乐演示着直面死亡的淡定与从容。

① 梁漱溟：《梁漱溟全集》（第3卷），济南：山东人民出版社2005年版，第750页。
② 转引自朱云乔：《杨绛先生》，北京：现代出版社2017年版，第165页。

从这些案例中，我们可以体味“优雅人生”的话题。那什么是优雅？优雅的人生又包含哪些呢？

第一，应保持自尊、自我、自信，塑造属于自己的人格、风情与韵味。

在一档电视节目中，女嘉宾口出惊人之语：宁愿在宝马车里哭，也不愿在自行车上笑。一时间，人们对拜金主义的价值观议论纷纷。不付出努力就过上以金钱为基础的精致生活，这种观念在当今社会大行其道。很显然，在节目中的语境下，无论是宝马，还是自行车，都不是这位女孩自己的。既然不是自己的，为什么要在别人的车上发泄自己的情绪？我认为，不管是自行车还是宝马车，只要不是自己的，不管哭或笑都不太合理。如果靠自己的努力，去挣来一辆车，无论是自行车还是宝马，我们爱哭就哭爱笑就笑，都是自由而舒适的。靠自己的努力去赢得自己的生活，同时赢得自己的尊严，对于年轻人来说，更应该如此。没有尊严，谈何优雅！

第二，应大度、宽容、平和，拥有仁爱的胸襟。

说到“仁爱”，大家肯定首先会想到儒家。中华传统道德是以儒家传统道德为主体的，在儒家道德体系中，“仁”是最高目标，“仁者爱人”，不仅要爱自己，更要爱他人，爱一切人。这爱人的过程，是人对自我的发现、自我肯定和自我尊重，更是对他人的尊重与肯定，这就会形成一种爱自己与爱他人的“仁爱胸襟”。这种仁爱胸襟在传统士大夫文化中有普遍体现，其代表就是对生活超然度之、泰然处之的苏轼。而在现代社会，拥有宽广的仁爱胸襟，也是企业管理者应有的素质。现代社会，“仁爱”精神不仅是每个人的做人原则，也应是现代企业管理者必须具有的基本道德素质。同属东亚文化圈的日本，在培养企业管理干部时就非常重视儒家的“仁爱”思想。著名的松下电器商学院在培养商业人才时，将中国的儒家哲学与现代管理熔为一炉，对企业管理者进行重点的培养和教育。其经营理念，对内，认为企业管理者必须善待员工，要以尊重、信任、爱护、善用来留住人才，只有发挥人才的能力才换取企业的业绩；对外，则认为要树立“消费者第一”的理念，企业的生存是要满足他人和社会的需求，要考虑各方面的利益，由此才能实现企业的利益。可见，学会宽容、仁爱、温和、谦恭，这样的人生，才能因静而从容，因从容而优雅。

第三，应保持简洁、机智与成熟，让自身充满知性美。

在生活和工作中，我们经常会看到各种各样的身体姿态。身体姿态的优雅现在越来越被人重视。但身体姿态并不是狭义的身体外形的胖瘦高矮，因为每个人拥有不同的身体形态，既来自父母的遗传，也来自后天的自我培养。身体的优雅是人综合素养的体现，它不止于对身体美丽外形的要求。人举手投足之间一颦一笑的气场、礼贤下士的态度、文明得体的口齿谈吐等，都是身体优雅的重要内容。《礼记·大学》里说“欲修其身者，先正其心”①，以及我们通常所说的“腹有诗书气

① ［清］阮元：《十三经注疏》，北京：中华书局1980年版，第1673页。

自华”，都是这个意思。读万卷书，行万里路，丰富自己的阅历，深化自己对人生的理解，注重从外形到内心的修炼，优雅的姿态才能由内而外地散发出来。

第四，培养温柔、沉静而高贵的性情。

如果说知性美是一种外在的优雅，那么培养温柔、沉静而高贵的性情，则更多地体现为自己内心的优雅，更为接近优雅的本质。这是一种内与外的宁静与和谐。这种性情如何去培养呢？应选择并拥有一个自己热爱的事业或爱好，使人不执着于物质世界的凡庸与嘈杂，让人生有远大或超越性的目标，可以不为当前的获得或失去而悲喜，从而更容易拥有“不以物喜、不以己悲”的、冲淡平和的心境，获得身心内外的宁静和谐，使人生之路走得淡定、从容而优雅，走近人生的本质。

第五，还应拥有美感活跃、情感发达的“美商”。

这也是对当代大学生的要求。没有最优雅，只有更优雅，自己的人生，是个不断走向“优雅”的过程。你是一个什么境界的人，就决定了你过什么样的人生。作为大学生，“美商”的培养可以通过读书、聆听、礼义、虚静等进行训练。读书可以使人明智，聆听可以使人增加同理心，通过合乎礼仪的姿态律己敬人，在学业、事业乃至人生的追求中虚廓心灵，涤荡情怀。只有经过不断修炼，才能达到我们心中的完美优雅人生。当然通往优雅的路途是动态的，在现实中只有不断修正、不断学习，才能够创造愈来愈美丽的人生。

【拓展阅读书目】

1. 朱光潜：《给青年的十二封信》，合肥：安徽教育出版社 2006 年版。
2. [德]温克尔曼：《希腊美术模仿论》，潘襎译，北京：中国社会科学出版社 2014 年版。
3. [德]康德：《论优美感和崇高感》，何兆武译，北京：商务印书馆 2010 年版。
4. 北京大学哲学系美学教研室：《西方美学家论美与美感》，北京：商务印书馆 1980 年版。

【思考与练习】

1. 结合经典作品，谈谈如何理解悲剧的“卡塔西斯作用”？
2. 结合艺术作品，谈谈优美范畴的特征？
3. 选取某一艺术门类，谈谈艺术对人优雅气质形成的影响，你认为优雅的大学生素养如何形成？

第十讲 崇高：美丽人生形态（二）

从博克到康德，西方美学对崇高范畴的思考建立在主客对立的二元模式之下，强调崇高感在痛感之后实现主体对客体的超越。中国传统美学与崇高类似的范畴是“大”“雄浑”“豪放”“阳刚之美”等，中国美学更强调崇高之美在主体与客体之间的亲和关系。不过，在后现代社会语境中，崇高有可能变成“伪崇高”，崇高的精神力量需要在现代语境下重新确立。其实，当代社会并不缺少崇高，一辈子隐姓埋名、坚守罗布泊52年、参与了我国45次核实验任务的科学家林俊德，生命的最后时刻坐在病床上特制的办公桌前，完成工作，与时间赛跑，是一种崇高；西部空旷的边塞和沧桑厚重的黄土高原，是一种崇高。崇高的美学内涵意蕴有哪些？崇高如何在新时代成为我们的人生形态之一？作为当代大学生，在了解崇高美学内涵之后，我们应当如何做一个崇高的人？这一讲，我们将探寻以上三个问题。

第一节　崇高美学内涵

在学习过“优美”美学范畴之后，让我们来看与之联系紧密的“崇高”美学范畴。

若我们去欧洲旅行，必然会看到哥特式建筑（图10-1）。这些建筑多是高耸削瘦的教堂，显著特点是有许多尖塔或是尖顶。看到这样的建筑，我们会有什么样的感受呢？

哥特式建筑给人一种轻盈修长的感觉，但我们感受到更多的是：由内而外升腾起蓬勃的、严肃的、庄重的，乃至是虔诚的状态。

我们可以想象，有一天，你一个人静静地置身于一个广阔无垠的地方，或者静静地立于空旷的西部高原，或者静静地坐在一座大山之巅，你会有什么样的体会呢？

这种体会的深层之处，指向的是：我们对大山、大河，对大自然的敬畏之心。

我们可以发现，无论是严肃的、庄重的、虔诚的状态，还是对大山、大河的敬畏之心，都是一种崇高之感。今天我们便来学习崇高的美学内涵，也就是，从美学的角度来理解我们所体会到的崇高之感。

崇高和西方基督教文化、希伯来文化密切相关。换言之，崇高是和宗教密切相关的美学内涵。在西方世界里，建筑恰恰和宗教密切相关。我们参观教堂，会发现

图 10-1　科隆大教堂

扫码观看彩图

教堂一定是庄重、严肃而崇高的，尤其是中世纪后期的教堂，一般都有指向苍穹、直刺云霄的尖顶，这也是西方建筑美学中的一个重要特征。

古罗马人朗吉努斯在《论崇高》中，第一次明确把崇高上升到美学的范畴。崇高通常和这样一些字眼联系在一起，比如：不平凡，伟大而奇特，肃然起敬之情，令人惊心动魄。

当然，崇高不仅仅是惊心动魄的形式，更重要的是什么呢？朗吉努斯所论述的崇高，包含了五个要素，前两个要素尤为重要，一个是思想的崇高，一个是感情的崇高，也就是“庄严伟大的思想”和“慷慨激昂的热情”。思想、感情的崇高指的是我们不要过于卑微、狭隘和自私，要具有伟大的思想。一个真正具备伟大思想的人，他绝对不会狭隘、自私，而是具有家国情怀，勇于为人类命运担当。

“崇高的风格是一颗伟大心灵的回声”。回声，言外之意，不是单独的，它要和对方某个世界产生共振，产生共鸣。所以大家可能会发现，当你建立了拥有崇高氛围的对象的时候，它就会打动你的心灵。我们读书，为什么有时会潸然泪下，就是这个原因。

在关于优美的分析中，我们谈到了英国美学家博克，博克对优美的分析是与崇高相结合进行的。在博克看来，美的对象是小巧、平滑光亮、轻巧而娇柔的，其带给人们的心理感受是以快感为基础。崇高则不同。博克称崇高对象为“伟大的东西”，其特征往往是奔放的、鲜明的、坚实的，其审美感受以痛感为基础。作为英国经验主义美学家，博克对崇高的分析侧重于欣赏主体的心理特征，因此博克认为："当我们考虑一个对象对我们的情绪所发生的力量时，我们必须知道，当任何一个事物打算借助于某种主要的特性去影响心灵时，假如该对象的其他一切特性或品质是属于同一种类的，并和主要的特性一样倾向于同一个目的，那么它所产生的影响就大概会更加一致和更加完满些。"①所以，博克谈论的是"崇高感"，而这一分析思路深深影响了康德。

德国哲学家康德对崇高的解读上升到了哲学的高度。在康德看来，崇高的审美特征是"无形式"，具体而言，一方面是数学的崇高，包括体积和数量的崇高。在这里，"无形式"特征表现为对象的无规律、无限制或者无限大。

作为曾经的地球霸主，恐龙（图 10-2）的崇高一方面应该是体积的崇高，作为已知地球上存在过的最大动物，一般的恐龙大概在 150 吨，有的恐龙可达 200 多吨以上。万幸的是与之相比特别渺小的人类没和恐龙生活在同一时期，否则恐龙带给我们的就不是崇高感而是痛感，就不可能转化为美感体验了。另一方面，恐龙也可以表现为数量的崇高。其种类繁多，生活区域广泛。数量上的崇高在当代社会普遍存在。我们生活中常见的广场舞，便是数量上的崇高的一种体现。更为典型的例子，则是 2008 年北京奥运会的开场演出，由 2008 名工作人员打着会发光的缶，缶每被击打一次就会发一次光，构成汉字小写数字及阿拉伯数字，倒数开幕秒数的激

扫码观看彩图

图 10-2　恐龙

① 高建平、丁国旗：《西方文论经典——从文艺复兴到启蒙运动》（第 2 卷），合肥：安徽文艺出版社 2014 年版，第 724 页。

扫码观看彩图

图 10-3　东非动物大迁徙

情时刻，同样是在数量上以压倒性的方式，让中国人第一次在奥林匹克的大舞台上展示民族的崇高与自信。数量的崇高更是大自然表现的天地。东非动物大迁徙（图 10-3），就是自然界带给人类崇高审美体验的代表。每年的 12 月到第二年的 5 月之间，非洲的食草动物一般会在塞伦盖蒂国家公园的保护区内悠闲生活，这是由于这里丰美的水草为它们提供了足够多的食物。从每年的 5 月中后期开始，非洲塞伦盖蒂国家公园就迎来了它的旱季，在这期间，公园的水草不能满足大量食草动物们的需求，所以食草动物们开始向塞伦盖蒂的西北面迁徙，以便得到更为充足的食物和水源。这样，每年数百万动物奔腾在茫茫草原，以至于现在很多游客特意去非洲旅游，体验动物迁徙带给人们心灵的震撼。

康德还指出了另一方面的崇高，即力学的崇高，对象形式的力量无比强大，无形式限制。在电视节目中，我们经常会看到大力士的比拼，展示他们不可思议的力量。在当代中国电影、电视中，有很多表现 20 世纪初期中国受列强欺压、侵略的题材作品。这些作品中大多会有中国人通过中华传统武术打败外国大力士的情节。李连杰、甄子丹等武打明星，都演过类似题材的电影。在中国的擂台把西方的大力士打倒，赢得我们民族的尊严，这也是一种力量的崇高。我们也会看到，蚂蚁可以搬运一个比它身体庞大数倍的木块，这也是力量的崇高。

当然，对崇高的分析大多还是需要从主客两个层面进行。2008 年，汶川地震的发生让大半个中国经历了生与死的考验。地震，正是西方哲人分析崇高时经常举的事例。地震，总是在瞬息之间突然发生，其威力从地壳内部突显而出，大地不再宁静，生活不再祥和，一切熟悉的场景瞬间遭到破坏。在突发而来的地动山摇面前，死亡与黑暗、孤独与沉寂笼罩了灾区，这强大的破坏力量由于远超人类认知和承受的正常范围而产生一种强烈的压迫感，让人类的心灵遭受巨大的创伤，形成强烈的挫败感。然而，正是面对突如其来的地震，人在感到自身渺小无助时，于消极被动的情感之间又可能会激发一种战胜灾难的激情，激发无所畏惧与抵抗的决心，这正如康德所言："而我们愿意把这些对象称之为崇高，因为它们把心灵的力量提高到超出其日常的中庸，并让我们心中一种完全不同性质的抵抗能力显露出来，它使我们有勇气能与自然界的这种表面的万能相较量。"①可以说，人的主体实践正是在一次次挫败而又继续前行的行动中体现出了生命的崇高。而这正是崇高感在痛感之后实现主体对客体的超越，并最终实现快感的过程。

以上我们介绍的是西方美学中的崇高，那中国是否讲崇高呢？其实，中国有同西方美学崇高接近的词，但很少直接用"崇高"这个词。先秦时期，与"崇高"接近的是"大"，孟子是最典型的代表。《孟子·尽心下》云："可欲之谓善，有诸己之谓信，充实之谓美，充实而有光辉之谓大，大而化之之谓圣，圣而不可知之之谓神。"②孟子这里的"大"，是从人格崇高角度来讲的，"大"是一个兼具伦理价值和美学价值的范畴，"大"一方面要建立在儒家伦理"仁义礼智"的基础之上，另一方面要求展示主体生命力的勃发，以此实现美学价值。当然，以孟子为代表的先秦哲人对"崇高"的论述，还是建立在人与自然亲和关系基础上的，与西方美学强调"崇高"带给人痛感不同，中国美学更强调崇高之美在主体与客体之间的亲和关系。

之后，"崇高"在中国逐渐由伦理学、哲学范畴走向文艺美学范畴。唐代著名诗人、诗论家司空图写了一部著名的诗学著作《二十四诗品》。这部著作将诗歌风格分为二十四种，其中有"雄浑、豪放、高古、旷达"等都非常接近西方的崇高。这几个词，我们日常生活中也会经常用到，大家可以体会一下这些词所表达的内涵与崇高的区别。清代时，学人开始从"优美"与"崇高"特征的不同来论证二者的审美特征。清代刘熙载论述了一个接近崇高的范畴——"阳刚"之美，魏禧则以"重者""轻者"区别。姚鼐以"阳刚之美""阴柔之美"相比较。可以说，在文艺批评领域，中国古代对"优美"与"崇高"的理解，基本源自《易传》的"阳刚阴柔"思想，在理论上、诉求上依然强调审美对象内容与形式的统一。

而到了近代的王国维，在吸收中国传统美学思想的基础上，提出了"优美"与"壮美"，才正式开启了中国现代美学与西方美学在这一领域的"对话"。可见，中国传统美学中确实有"崇高"的审美基因，只不过，这种中国文化背景下的雄壮之美，不是西人的那种主客对立与冲突，而是在"阴阳"调和中达到对世俗世界的内在超越。一个典型的例子就是在2018年春晚亮相的《千里江山图》（图10-4），这

① [德] 康德：《判断力批判》，邓晓芒译，北京：人民出版社2002年版，第100页。

② [清] 焦循：《孟子正义》，北京：中华书局1987年版，第994页。

图 10-4　王希孟《千里江山图》(局部)

扫码观看彩图

幅画作现在已经火遍全国，作品集水墨山水之大成，以散点透视法，展现了烟波浩渺的江河与层峦起伏的群山，以精细的笔致、绚丽的色彩，描绘了祖国千里山河壮丽雄伟、灿烂辉煌的景色，其高山之巅直插云际，或水天之际远山一抹，展现江面的辽阔无垠。可以说，此图要表达的内容固然是一种“宏大叙事”，但我们在观赏中并不能体验到西方美学的“崇高”美，而更多感受到一种人与自然的和谐共存，而这也是中国“崇高”审美带给我们的独特体验。

第二节　现代语境下崇高价值的重建

2014 年春晚，一部名为《扶不扶》的小品火爆全国。然而，在春节祥和氛围的嬉笑之下，一个现实而严峻的问题也展现在国人面前，曾经的“做好事”，在当代竟然也成了一件需要左思右想的“事件”，“扶者”与“被扶者”互不信任，让“平常”变得“不平常”。

更为值得思考的现象是，在春晚这个传播力度极广的平台演出之后，现实生活中的“扶不扶”现象继续上演。我们通过网络搜索看，输入“扶不扶”三个字，会出现大量相关新闻，而这些新闻下面，还总是伴随着网友成千上万条的各色评论。

可以说，“扶不扶”现象已经成为当代中国社会精神价值问题的一个缩影。然而，当我们回想当年中小学课本上学习的雷锋事迹、长征精神、周恩来总理为中华崛起而读书的责任与豪迈，不禁会思考崇高精神的问题。

当然，我们也会欣喜发现，近些年出现了不少模范事迹，比如，近些年中宣部集中组织宣传“时代楷模”先进事迹，有很多平凡人，在自己的工作岗位上兢兢业业，涌现出了“最美教师”“最美司机”“最美卫士”，也有保家卫国的军人，有英雄的航天员，也有走向国际的河钢集团塞尔维亚公司管理团队，他们之所以被授予“时代楷模”称号，很大程度上是因为具备高尚的道德情操，有感人的事迹。他们或无私奉献，或勇于创新，总之，在一个扁平化的社会，他们的事迹为我们带来了难得的情感温度。

面对两种不同的社会现象，我们不得不叩问自己，这个时代，崇高的意义何在？崇高将走向何方？

我们常常说，我们处于后现代社会之中，我们的时代是消费文化时代，就消费文化时代而言，后现代社会意味着在社会物质生活逐渐丰富之后，人们开始关注文化生活，但同时也开始重视商品的附加价值，更习惯从“符合”和“表象”来衡量价值。比如我们日常购买的洗发水、沐浴露、香皂等，都会在包装上印出代言的明星相片，这种心理暗示让本来是用于清洁的日用品一下子具有了象征性，似乎消费者使用了这样的产品，就会成为聚光灯下的明星。类似的，我们平时的衣着、鞋帽，也必然有很多明星代言，不同的商品会根据定位选择明星，更换代言明星可能会直接影响一件商品的销量，变更品牌的定位。这一个个明星就成了符号本体，而我们广大消费者则在分享这些符号为我们带来的光环。于是，很多人会根据一个人的商品使用来断定个体的生活品位、社会阶层等，这样，在自我与他者之间，大家形成了一个共同认可的“符号”标准。这样的消费社会，貌似每个人都在追求个性化的选择，但实质上却形成了一个个无本质区别的小群体，每个人都被打上了认知标签，在一个商品已被诸多大品牌垄断的时代，并不是你需要购买某件商品，而是你被迫选择一件件充满“诱惑”的符号。

因此，后现代主义打着摆脱权威的口号，制造着更多的权威，后现代主义者怀疑一切本质主义，最终形成了怀疑主义价值观；后现代主义者强调非理性与个人主义，这将不利于集体主义价值观的培养；后现代主义者反对一元论，怀疑真理的合法性，这就容易形成虚无主义价值观；最后，后现代主义者在消费社会语境中容易形成拜金主义和享乐主义。总之，尽管从学术层面看，后现代主义固然有对西方形而上的合理批判，但是也因为其批判力度过大，导致自己滑落到另一极端，从而破坏了西方文明几千年来建立的稳定价值结构，让各种问题纷涌而来。而就后现代主义对我国影响看，新一代年轻人很容易接受后现代思想的影响，从而在价值观上出现思想偏差。

正是在后现代主义价值扁平化、虚无主义化的影响之下，崇高精神在当代社会也遇到了危机。如果说优美由于同感性、享乐更为接近，其审美体验多走向和谐、融洽的结果，故而更容易为后现代社会与消费文化接受，消费文化的大众化特点让审美体验更重视“当下”感受，任何深度的审美体验与反思都是多余的。

然而，我们需要强调，任何时代都不能缺少“崇高”。席勒提出通过审美道路让人成为“完整的人”，马克思认为：“人以一种全面的方式，就是说，作为一个完整的人，占有自己的全面的本质。”[①]成为“完整的人”，就需要打破人的异化状态，如果说马克思通过劳动揭示了人的异化，那在后现代主义和消费文化时代，劳动异化就更为复杂，已经摆脱了简单的物质关系而走向更为复杂的精神领域。在这样的时代，崇高具有更为独特的价值，只有崇高式的审美，才能为我们提供主体与客体之间的“异质性”“陌生化”与“非同一性”，然而，我们又不能像西方后现代主义崇高论者那样，以“差异”和“异质性”消解整体性，而是应当发挥主体的能动性，让崇高精神回归我们的思想，让崇高行为回归我们的生活。在当代社会，我们能发现很多崇高精神的事例，只不过当代崇高精神的事例，已经不再局限于“宏大叙事”，而是在平凡中见真情。2019 年 6 月 17 日，一则关于屠呦呦的新闻再次登上热搜，新华社报道称，经过三年多科研攻坚，屠呦呦团队在“抗疟机理研究”“抗药性成因”“调整治疗手段”等方面终获新突破，提出新的治疗应对方案。实质上，屠呦呦在获得“诺贝尔生理学或医学奖”之前，其知名度主要集中在学术圈内，社会影响力并不算很大，然而，这并不影响一位科研工作者的潜心钻研，她淡泊名利，始终脚踏实地工作。尤其令人敬佩的是，在屠呦呦获奖之后，尽管已八十多岁，却依然奋斗在科研一线，并继续着“青蒿素”的研究工作，为解决疟疾这一困扰人类许久的病魔而前行。屠哟哟以科研工作者责任感，为人类的健康事业作贡献，可以说真正体现了当代社会的人格崇高。

第三节　如何做一个崇高的人

教学视频

我们在学习崇高的美学内涵的同时，一并思考如何做一个崇高的人。

哲学家席勒对崇高的解读，同样不可忽略。席勒将崇高分为威力的崇高和激情的崇高。威力的崇高更多是抽象的威力。电视节目《开讲啦》中有一位叫陈州的残

① 马克思、恩格斯：《马克思恩格斯文集》（第 1 卷），中共中央马克思恩格斯列宁斯大林著作编译局译，北京：人民出版社 2009 年版，第 189 页。

疾人做过演讲。他独自登上泰山，给我们带来了心灵的震撼，我们可以体会到一种威力的崇高。

席勒还讲到激情的崇高。我们也来举个例子，著名的诗人、学者、爱国者和民主主义者闻一多先生那震撼人心的“最后一次演讲”，演讲所表现出的义愤填膺的愤怒、澎湃的爱国热情，便是激情的崇高。

讲到这里，我们有一个疑问，中国美学中有没有崇高？有的！中国式的崇高可归结为一个字——“大”。

儒家的大、儒家的崇高强调人的内心，人格之美，也就是指一个人有没有宽容、从容而且博大的心胸。

道家的大更多的是心灵之外的天地万物。比如在庄子的世界里面，都是天马行空、浩渺无穷的宇宙。

到这里，我们总结一下：**西方的崇高，多与宗教相关；而中国的崇高，我们需要从儒家和道家哲学中去寻找。**

在明确了中西崇高内涵的区别后，我们要思考“如何做一个崇高的人”这一实践问题了。想知道如何做一个崇高的人，首先必须弄清楚什么是真正的崇高。正如朗吉努斯说的那样：“天之生人，不是要我们做卑鄙下流的动物；它带我们到生活中来，到森罗万象的宇宙中来，仿佛引我们去参加盛会，要我们做造化万物的观光者，做追求荣誉的竞赛者，所以它一开始便在我们的心灵中植下一种不可抵抗的热情——对一切伟大的、比我们更神圣的事物的渴望。所以，对于人类的观照和思想所及的范围，整个宇宙也不够宽广，我们的思想往往超过周围的界限。你试环视你四周的生活，看见万物的丰富、雄伟、美丽是多么惊人，你便立刻明白人生的目的究竟何在。”①

简而言之，崇高的审美情感，来源于超越常人的高度。在超越的过程中，必然伴随着应对挑战时的痛感，也会伴随着实现超越之后的愉悦感、快感。正是在这复杂的痛感和快感之中，我们体悟到了美丽人生的意义和价值。

王蒙写有《躲避崇高》。

立足于当下，我们该**如何评价“躲避崇高”呢**？这篇文章发表在 1993 年，但是在今天依然值得我们思考。这篇文章并不是说我们要躲开真正美学意义的崇高，王蒙是在批判伪崇高。大家读了文章后会知道，王蒙在谈论 20 世纪 90 年代初非常著名的作家王朔。说到王朔，大家可能不熟悉他的作品，但肯定看过根据他的作品改编的影视作品，如《顽主》《甲方乙方》《阳光灿烂的日子》《编辑部的故事》。这些作品也成为一代人的记忆。作为“00 后”的大学生，现在看这些作品，可能会感觉

---

① ［古罗马］朗吉努斯：《论崇高》，见章安祺：《缪灵珠美学译文集》（第一卷），缪灵珠译，北京：中国人民大学出版社 1987 年版，第 123－124 页。

好玩，有种看历史剧的感觉了。但是在当时那个年代，王朔的作品，带给人们的冲击是非常大的。20 世纪 80 年代文学热时期，尽管文学被全社会关注，人人都想当作家，但是那时的文学还在追求审美体验，大家还是想走纯文学的道路。但是，当 20 世纪 90 年代商业大潮来临时，那种纯粹的学院之风被消费的务实阻挡了。人们谈论的是实际生活，对于文学塑造的水中月，不是那么向往了。这时，王朔出现了，“调侃”的语言风格让王朔的作品披上了“痞”的外衣，这固然让当时的人们摆脱了“十七年”文学的宏大叙事与弥漫的政治话语，但也是不经意间打破了文学高雅的门槛，让大家于“小生活”中看“小生活”，那种文学常有的升华在结尾处没有了。因此，王朔固然揭露了“伪崇高”的神话，但并没有自觉建构新的“崇高”，而是“躲避”了崇高，让自己绕着走。这种躲避实质上是有些矫枉过正的，特别是“躲避崇高”的泛滥造成了对崇高价值的遗忘，人文精神失落，以至于当代中国文坛以调侃和戏谑为能事，嬉笑而没有嘲讽，嘲弄而无崇敬，这是我们必须警觉的。

若我们躲避所有崇高，躲避国家大事、国际时事，躲避或者不关注人类社会命运，不关注、不思考人类集体的生活，只关注单纯的自我，会带来很多问题。所以，我们需要重建崇高。

那么，究竟如何做一个崇高的人呢？

首先，做一个崇高的人，我们要健康，要运动，要畅怀宇宙，要有一个宽广的胸怀。在这方面，中国古人为我们树立了榜样。王羲之云：“仰观宇宙之大，俯察品类之盛，所以游目骋怀，足以极视听之娱，信可乐也。”苏东坡言：“一点浩然气，千里快哉风。”魏禧曰：“发豪士之气，有鞭笞四海之心。”无不是以有限的个体生命通达无限的本体彼岸，以阔达的胸怀拥抱宇宙，成就崇高的心灵。作为当代大学生，我们同样要继承中国传统文化的崇高之美，这一崇高之美是内容与形式统一的美，是内在心灵与外在世界和谐统一的美，这样的崇高之美是以伦理之善为根基，以培养浩然君子为理想的美。

其次，一个崇高的人必定是心灵伟大而高贵的人。上文提到孟子以“大”论崇高，对于“大”的内涵，《左传·襄公二十九年》言：“能多则大，大之至也……德至矣哉！大矣。”可见，“大”是以德、礼等为内在依据的，这实质上是对崇高之人心灵的要求。崇高的心灵需要我们自觉培养，其途径有很多，比如通过文学艺术作品培养。文学艺术的欣赏不仅是一种知识的学习，更是通过审美体验净化心灵，普罗米修斯为人类利益而遭受巨大苦难，其牺牲精神可谓崇高；巾帼英雄木兰为国出征，女扮男装，归来不求富贵，重返家园，展现了中国女性的崇高之美；很多现实主义作品也展现了崇高美，比如我们熟悉的“红色经典”，如《红岩》《林海雪原》《创业史》等，为我们展现了中国革命和社会主义建设的历史风貌，一个个艺术典型让那个激情燃烧时代的伟大精神浮现在我们面前。崇高的艺术作品可以激荡我们的心灵，让我们在审美体验中充实自己的人格美，与此同时，崇高的精神也要求我们于现实生活中去培养。崇高让人不平凡，但崇高往往起于平凡。保家卫国的解放军战士，舍己救人的平民百姓，守望贫困乡村的青年教师，在他们的平凡行动中，蕴藏着崇高感人的精神力量，这是伟大而高贵的心灵，在当代社会，崇高美不一定必须感天动地，但一定要触及人内心最深处的灵魂。

最后，一个崇高的人一定要有正义感，有时代担当、关注国家大事的情怀，要有全球化思维、人类命运意识。在当代社会，一个崇高的人一定要有家国情怀，也要有世界眼光。2017 年 7 月，教育部启动了“全国高校黄大年式教师团队”创建活动，同时贯彻落实学习黄大年教授的先进事迹。黄大年是一位海归学者，归国之后，为中国“巡天探地潜海”等领域填补了技术空白，为国家的科学技术发展做出了巨大贡献。黄大年在 1982 年的毕业赠言中曾写道：“振兴中华，乃我辈之责。”这种情怀与责任，正是一个崇高的人的基准。后来，黄大年有幸成为 1992 年全国仅有的 30 个公派出国留学人员之一，开启了留学生涯。然而，即便国外有优越的科研条件和舒适的生活，黄大年还是选择了回国，他要追随钱学森、邓稼先、李四光的脚步，让科学之花开放在祖国的大地。可以说，正是一代代黄大年们，让崇高精神在当代继续发扬。

因此，作为当代大学生，我们应当在平凡中仰望理想，胸怀热情，执着、坚韧、顽强、宽厚、从容、豁达，在新时代用奋斗成就美好青春。

我们每一个人都面临着这样一个波涛汹涌的社会，大学生正处在蓬勃向上、年轻生命的时候，要有崇高的情怀。希望我们都能向往崇高，努力去做一个崇高的人，构建自己崇高而美丽的人生！

【拓展阅读书目】

1. [英]埃德蒙·伯克：《关于我们崇高与美观念之根源的哲学探讨》，郭飞译，郑州：大象出版社 2010 年版。
2. [法]让-弗·利奥塔等：《后现代主义》，赵一凡译，北京：社会科学文献出版社 1999 年版。
3. [古罗马]朗吉努斯：《论崇高》，见章安祺：《缪灵珠美学译文集》（第一卷），缪灵珠译，北京：中国人民大学出版社 1987 年版。

【思考与练习】

1. 结合中西经典作品，谈谈中国与西方对崇高理解的异同？
2. 结合当代艺术作品，谈谈你对王蒙《躲避崇高》的理解？
3. 如何理解崇高乃“伟大心灵回声”的内涵？在新时代，大学生如何培养崇高的人格？

第十一讲 中华优秀传统文化：美丽人生基因（二）

第一节

何谓中华优秀传统文化

第二节

文化复兴与文化自信

第三节

《论语》关键词解读

第四节

《论语》的后世影响

基于中西美学基因差异，我们能明显觉察到中西绘画、中西建筑、中西音乐等艺术存在的差异性。其实，我们从更广阔的视野即文化视野来审视中西艺术差异时，可发现其中的根由在于文化基因：最深层的心理结构和思维方式。1776年，牛津大学著名的生物学家理查德·道金斯在其著作《自私的基因》中，创造了meme（一般中译为“谜米”或“文化基因”）一词，意为“文化传递单位”。道金斯认为，文化中也有像生物基因那样的复制、遗传。国内学者以此把“**文化基因**”定义为：“那些对民族的文化和历史发展产生过深远影响的心理底层结构和思维方式。”[①]可见，文化基因追寻的是人类文化的本性：我们从哪里来，到哪里去？人的本性是什么？人可以复制人自身吗？国家是什么？民族是什么？中国的民族是什么？文化基因涉及的是处理人与自然、人与人、人与社会的相互关系的思维方式或价值观，它反映的是某种文化的一种本质特征的因素、因子。厘清这些内容，洞察文化基因的密码，我们会以更清醒的文化自觉增强文化自信。但华夏民族的文化基因存放于何种文化之中？我们何以能窥视到中华民族的基因本质？事实上，华夏民族的文化基因就存放于专属于“我们”的文化中——中华优秀传统文化。“中华优秀传统文化已经成为中华民族的基因，植根在中国人内心，潜移默化影响着中国人的思想方式和行为方式。”[②]由此，我们能明晰人类学意义上的人生底色，更有助于自觉建构美丽人生。

第一节　何谓中华优秀传统文化

近几年，民间“国学”和学院派“国学”研究热持续高涨。尽管争议不断，但我们依然能从中发现，如今的我们正越来越以敬畏之心向“轴心时代”的原典智慧致敬。那么，传统文化为什么会热，传统文化为什么会引起如此广泛的关注，优秀传统文化与“轴心时代”的原典智慧有什么必然的关联呢？

党的十八大以来，以习近平同志为核心的党中央高度重视中华优秀传统文化的传承发展，并从国家战略资源的高度继承中华优秀传统文化，从推动中华民族现代化进

① 刘长林：《宇宙基因·社会基因·文化基因》，《哲学动态》1988年第11期。

② 习近平：《青年要自觉践行社会主义核心价值观》，《人民日报》2014年5月5日。

程的角度创新发展中华优秀传统文化，使之成为实现“两个一百年”奋斗目标和中华民族伟大复兴“中国梦”的根本性力量。2017 年 1 月，中共中央办公厅、国务院办公厅印发《关于实施中华优秀传统文化传承发展工程的意见》。《意见》中明确指出了传承中华优秀传统文化的重大意义：改革开放以来，随着中国经济的发展，随着中国与国际社会交往的日益频繁，中国人越来越迫切需要了解自己民族一些具有独特价值的东西，增强我们的民族自豪感和自信心。那么，深化中华优秀传统文化的重要性、深入挖掘传统文化中有价值、有意义的思想资源，自然成为国人所关注的重点。

我们深知文化是一个国家、一个民族的灵魂，文化兴则国运兴，文化强则民族强。这里所言的中华传统文化，自然是指中国历史长河中滋生的有价值、有意义的思想资源，即我们常言的“优秀传统文化”。因此，深入挖掘中华优秀传统文化的价值内涵是十分关键且必要的。

我们当下的传统文化热潮得益于各大传媒的推介作用。在电影、电视、书籍、音乐等媒介的推动之下，掀起了层出不穷的文化热。除此之外，当下中国人的精神需求也是促使文化热的一大原因。当今的中国社会，是一个急速变化的时代，是一个多元价值观碰撞的时代。中国社会与改革开放以前相比，社会财富极大增加，人们生活水平大幅度提高，但在国家富裕、人民生活水平普遍突飞猛进的背后，人们的精神世界和心灵家园却出现了问题。

人们的伦理、道德，甚至情感出现了问题，迷失了自我的人们出现了精神危机。需要拿什么来改变这种现状，拯救陷入精神危机中的国民呢？这就需要我们回归到中华优秀传统文化的原点上来，即“轴心时代”的文化当中。中华优秀传统文化中的重社会和谐、重道德修养、重礼义廉耻、重道德自律等思想，恰恰成为当下国人最需要了解、最需要获得的东西。我们要勇敢、积极地传承中华优秀传统文化，保护和守护我们整个中华民族的精神家园。

那么，**何谓中华优秀传统文化？**中华优秀传统文化要从“中国固有之学术”当中去进行深入挖掘。所谓“中国固有之学术”，即指以儒学为主体的中华传统文化与学术；同时也包括了医学、戏剧、书画、星相等。“中国固有之学术”，一般来说，以学科分，应分为哲学、史学、宗教学、文学、礼俗学、考据学、伦理学、版本学等，其中以儒家哲学为主流；以思想分，应分为先秦诸子、儒道释三家等；按照《四库全书》分类的体系，应分为经、史、子、集四部，其中又以经、子部为重，尤其倾向于经部。

总而言之，中华优秀传统文化是中国“传承道统”的优秀文化，也就是那些传自轴心时代，并体现人类文明方向的核心价值，是“载道”的优秀文化，[①]是强调

① 方铭：《中国传统文化的内涵及其特点的再认识——中国传统文化是传承道统的中国文化》，《中国文化研究》2017 年第 3 期。

要具有天下情怀、要以人为本、还要一心向善的文化。中华优秀传统文化是历史积淀而流传下来的，由思想家们选取提炼出来的理论性和习俗性的，对整个社会具有正面、积极、稳定、现实影响的精神成果的总称。它以其价值取向和思维方式为基础与核心，构筑中华民族的根，并在中华民族的国民品性、伦理观念、理想人格以及审美情趣方面表现出来。正基于此，**中华优秀传统文化精神**主要体现在：一是优秀的民族精神——报国情怀、浩然正气、献身精神；二是积极的人生价值观——独立人格、建功立业、修身养性；三是创新的思维方式——哲学思想、社会制度、文教活动等。中华优秀传统文化不仅是中华民族的财富，也是全人类的财富，可作为人类文明对话不可或缺的基本原则，能引领普世价值，为当今世界发展提供中国智慧和中国方案，进而为人类文明和世界和平作出积极贡献。

第二节　文化复兴与文化自信

教学视频

今天，我们史无前例地重视“文化”的分量，以更高的视野审视文化价值，显得极为紧迫和必要。文化侵略、文化危机、文化安全、文化复兴、文化自信，这是一个自成逻辑的认知系统。**确保“四个自信”，坚守“文化自信”**，就务必回归中华优秀传统文化，这里安放着我们华夏民族共同的文化基因和集体记忆。全球化的滚滚浪潮对我们的民族文化提出了严峻的挑战。在此背景下，学习与传承传统文化是保持民族文化认同感和归属感的重要途径。我们一定要树立起文化自信心，也就是说千万不要认为老祖宗留下的优秀的东西很难提，不要不敢提、不愿意提。我们不但要提，还要勇敢地、积极地提倡和弘扬，要彰显出我们中国文化的自信。

几千年的文明发展中孕育的中华优秀传统文化，积淀着中华民族最深层的精神追求，彰显着中华民族独特的精神标识，是中华民族生生不息、发展壮大的丰厚滋养，是中国特色社会主义植根的文化沃土，是当代中国发展的突出优势，对延续和发展中华文明、促进人类文明进步都发挥着重要作用。

文化自信本质上就是对文化生命力的信念、信心，正确地对待自己的文化，也就是对自己国家和民族优秀文化传统有应有的礼敬和自豪，对自身文化生命力量和文化发展前景有坚定执着的信念。这便要求我们要有对历史传统文化、红色革命文化、民族民间文化、当代中国文化的理性审视。在认真梳理的基础之上，我们需要摒弃糟粕、葆有精华，不断开掘出文化新义，创造出文化新品。

文化自信不仅体现在对中华优秀传统文化的传承，还要有对世界历史文化、异域民族文化、各国文明成果的包容借鉴。对外来先进文化采取包容、借鉴、吸收的态度，是对自身文化充满自信的表达。中华文化生生不息、绵延不衰，固然是其内在本质和生命力决定的，但一个重要方面也在于它有海纳百川的胸襟，有兼收并蓄的传统，这实质上就是其特有的自信气度。

在推进文化开放过程中，应当始终坚守中华民族文化立场，按照以我为主、为我所用的要求，吸纳世界各国文明之优长，采撷异域民族文化之精华。在此基础之上，形成中国特色、中国风格、中国气派，具备中华文化特有的品格和气质。

《关于实施中华优秀传统文化传承发展工程的意见》中还明确指出中华优秀传统文化的价值："文化是民族的血脉，是人们的精神家园。文化自信是更基本、更深层、更持久的力量。中华文化独一无二的理念、智慧、气度、神韵，增添了中国人民和中华民族内心深处的自信和自豪。为建设社会主义文化强国，增强国家文化软实力，实现中华民族伟大复兴的中国梦具有重要意义。"

大学生作为国家的栋梁，应该努力自觉地提升文化自信。在大学阶段，也有必要去了解并深刻领会中国传统文化的要旨。对大学生来说，去了解中华传统文化，把握中华文化的内在精神就是保持文化自觉的第一步，要学会独立思考，作出理性判断。我们要对不同文化现象进行比较，在比较中发现各种文化的优缺点，吸取各种文化精华，从而为我所用。我们的自信会在独立思考、理性判断后提升，对文化上的自信，同样如此。

我们以后不管在面对哪一种新文化的时候，都应该能去了解其文化背后的深层含义，能做到"取其精华，去其糟粕"，这就需要我们在文化多元化的今天能根据自己的阅历，学习到更多的优秀文化知识，不断地在探索和学习中树立起具有我们自己民族文化特色的文化自信。接下来我们以《论语》《道德经》《庄子》等经典文本为例，同样从几个关键词入手，来阐释其中博大精深的思想文化，探寻优秀的文化基因。

第三节 《论语》关键词解读

孔子是我国古代伟大的思想家、教育家。孔门师生在社会上产生很大影响，一时成为显学，开创了中国古代一大学派，即"儒家"。汉武帝时，董仲舒提出"罢黜百家，独尊儒术"，确立孔子学说在中华文化中的主轴地位，孔子也成为中华文化的代表人物。近代国学大师钱穆认为："孔子为中国历史上第一圣人。在孔子以前，中国历史文化当已有两千五百年以上之积累，而孔子集其大成。在孔子以后，中国历史文化又复有两千五百年以上之演进，而孔子开其新统。在此五千多年，中国历史进程之指示，中国文化理想之建立，具有最深影响最大贡献者，殆无人堪与孔子相比伦。”[①]作为孔子及其弟子言行的语录《论语》，内容博大精深，在此我们从以下几个关键词入手来挖掘其中的宝藏。

第一个是“乐”。我们为什么讲这个“乐”字？因为孔子告诉我们：**“智者不惑，仁者不忧，勇者不惧。”**（《论语·子罕》）我们不快乐的原因是因为内心装满了忧愁。而如果我们内心装满了仁爱、宽容、包容、温暖，那么就始终不会忧愁，自然也就是快乐的。

举个例子，如果一个人心胸狭隘、嫉妒自私，有一天看到一样东西好看，趁人不备，装起来了。那这个人把不属于他的东西装走之后，会有一种什么感觉？他天天在紧张：到底有没有人发现了他呢？天天紧张而忧愁，即“长戚戚”。而如果不想做“长戚戚”的人，不想整天一副忧愁的样子，就必须做一个“坦荡荡”的君子，正所谓“君子坦荡荡”。只有这样，才能做一个快乐的人。所以，古人所谓的“勇者不惧”，不是说人四肢发达、武器先进，就无所畏惧了。而是你要内心强大，从容包容，胸襟开阔，这样你才能是无所畏惧的。

那如何做到“快乐”呢，孔子讲**“三忘”**。**“发愤忘食，乐以忘忧，不知老之将至云尔。”**（《论语·述而》）。简单说，第一个是“忘食”，并不仅仅是忘记吃了，而是忘记了物质；第二个叫“忘忧”，就是不让自己天天处于焦虑的心态，不要想着这些让人忧愁、不开心的那些事情；第三是“不知老之将至云尔”，不仅仅是要忘老，而且要忘了时间。

在生活当中，当一个人问另一个人快乐不快乐的时候，越是说他快乐，实际上越是强调他多不快乐！那么一个人什么时候快乐呢？当你没有感觉到任何快乐的时候，你实际上是快乐的。换句话说，就是一个人没有感觉到快乐，自由、轻松、沉醉，其实他往往是真正快乐的，因为他心情宁静、安静祥和。这就是庄子所指的“至乐无乐”（《庄子·至乐》）。最高的快乐是什么？就是无乐。

第二个字是“恕”。《论语·卫灵公》中记载，孔子的一个学生子贡曾经对孔子说，“有一言而可以终生行之者乎？”子曰：**“其恕乎。己所不欲，勿施于人。”**

这段对话，用现代汉语翻译过来就是，子贡问孔子：“人生修养的道理能不能用一句话来概括？”孔子说：“那就是恕啊。自己不想要的东西，切勿强加给别人。”孔子所说的“己所不欲，勿施于人”，就是自己做不到，不要强加给别人。“恕”所强调的，处理人际关系时，要善于推己及人，富有胸襟和包容精神。孔子所谓“恕”，即把一切人都看作平等的主体，甚至相对于自己的“他人”要优先于自己，所谓**“己欲立而立人，己欲达而达人”**（《论语·雍也》），接纳别人，成就别人，就是成就了自己。这种尽己之道即是“忠”，而推己之道，有尽我所能的责任，有推己及人的立场即是“恕”，“忠恕”就成为孔子及儒家处理人际关系的个体行为

① 钱穆：《孔子传·序言》，北京：生活·读书·新知三联书店2002年版。

准则。可见，“恕”与孔子强调“仁”的重要性并不矛盾，而“恕”才是孔子终身奉行的基本价值。仁即是恕，恕即是仁，做到“己欲立而立人，己欲达而达人”，“己所不欲，勿施于人”，才能实现真正的“恕”。

第三个字是“和”。礼的最高价值便是“和”，“和为贵”就是以和谐为贵，“和”是儒家所特别倡导的伦理、政治和社会原则。**“君子和而不同，小人同而不和”**（《论语·子路》），表达了孔子提倡的“和”并不是无原则的调和与苟同，不是盲从附和、不分是非，而是“和而不同”——不同事物之间的协调、统一或者承认事物有差别的前提下的统一与和谐。儒家所提到的“和”的处世哲学、人生理念和社会交往原则，对于我们构建和谐社会有着积极的意义和作用。如构建诚实、守信的商业信用环境，倡导“和衷共济”的社会公德，对外交往上要“和平共处”等。可见，儒家文化的和谐意识和协调思想对人类社会发展的特殊意义，在当今社会时局中表现得愈加明显，它对于中国乃至全人类延续生存和文明的进程起着重大作用。

第四个字是“仁”。梳理《论语》思想就不能不提“仁”字。从字面看，仁，“二人成仁”，强调的是人与人相处的关系。孔子《论语》20篇，“仁”贯穿始终，也统摄始终。“仁”是孔子哲学最高范畴，也是基础所在。“人而不仁，如礼何！人而不仁，如乐何”（《论语·八佾》），“仁者安仁，知者利仁”（《论语·里仁》），“仁者不忧”（《论语·子罕》）。“仁”的精神从人身心出发，超越狭隘的血缘关系，强调尊重他人权利并普遍性地爱他人，注重“克己”和“虚我”，认为“仁莫大于爱人”。仁学，突出个体精神和利他社会的群体精神的统一。

孔子强调，一个内心装满了博大的仁爱思想的人，是最利于健康、最利于生命成长的。相反，如果一个人心里过于狭窄自私，没有任何的温暖、包容，生长不出来一个健康的生命，正所谓**“智者乐，仁者寿”**（《论语·雍也》）。后语“仁爱乃生生之本”，也引申强调“仁”对“生命”健康成长的意义。作为群经之首的《周易》，将万事万物的变化叫作易，一个人“穷则变，变则通，通则久”，“易”就是变化，变通。而这种变化反映在人身上，人就呈现为一个有鲜活力的生命，即**“生生之谓易”**。由此，我们理解，中国文化、中国哲学或中国美学始终在围绕着“生”字展开，开创了一种独具民族特色的**“生生美学”**。

第四节 《论语》的后世影响

孔子被联合国教科文组织列为“世界十大文化名人”，以孔子思想为代表的儒家文化历经时代演变，也对中国人的价值观、人生观产生了极为深远的影响，并深深地浸染着包括日本、韩国、越南等在内的东亚国家乃至全世界。

“仁”是孔子思想的核心内容，它彰显了对士在修身养性、道德规范和治国理念等方面的要求。其仁学思想植根于宗法血缘关系基础之上，提出“亲亲有术”“爱有差等”的原则，着眼于伦理本位，以求整体的和谐稳定。此外，“礼”，即“周礼”，孔子通过“礼”的形式来试图实现其所推崇的理想和重建理想的社会。不仅如此，“中庸之道”也是孔子思想的重要内容，体现了作为人应不断完善人格和品格，强调进退有节，伸展有度。

孟子继承孔子的思想，进一步推动儒家文化的发展。孟子继承了孔子“以政为德”的思想，在孔子“仁”思想的基础上，提出了“仁政”说。他主张提王道，薄赋税，贵王贱霸，主张重农，制民之产等，以德王天下。他还学习孔子从事教育的做法，是战国中期儒家学派的主要代表人物。为实现“王道”和“仁政”的理想，孟子也在各国诸侯间奔走呼号，提出“民为贵，社稷次之，君为轻”（《孟子·尽心下》）的主张，发出“民贵君轻”的呐喊。另外，孟子还认为每一个人的本性都是善良的，提出“性善论”的主张：“恻隐之心，人皆有之；羞恶之心，人皆有之；恭敬之心，人皆有之；是非之心，人皆有之。恻隐之心，仁也；羞恶之心，义也；恭敬之心，礼也；是非之心，智也。仁、义、礼、智，非由外铄我也，我固有之也。”（《孟子·告子上》）他以“性善论”作为人们修养品德和行王道仁政的理论根据，认为仁、义、礼、智等伦理道德的要求源于人的本性本心，有伦理学意义；通过学习，人人可以成为尧舜那样的君子，因此，他这一理念以及自身所从事的教育实践，对后世影响深远。

荀子非常推崇孔子的思想，认为孔子的主张是最好的治国理念。在人性问题上，荀子提倡性恶论，主张人性有恶，否认天赋的道德观念，强调后天环境和教育对人的影响。此外，他还总结、吸收了其他诸子的理论主张，形成了富有特色的“明于天人之分”的自然观、“化性起伪”的道德观和“礼仪之治”的社会历史观。荀子把儒家的“礼”和法家的“法”结合起来，调和“王道”与“霸道”，使之更适合时代发展的趋势，因此，也更具现实意义。可见，荀子进一步完善了礼义道德的教育和规范，更强调法制的作用，用礼义教育去教化人的自然本性，从而达到人人适应、人人遵守的公共原则。

董仲舒以传统的儒家思想为基本价值，以《春秋》公羊学为核心，兼收阴阳五行和黄老之说，建立了一个以天道为本原，以自然宇宙论为依据，以天人感应为逻辑的新儒学体系。而汉代新儒学的社会政治层面功能形成并加强，同时也削弱了传统儒学伦理道德修养和政治思想层面的功能，这一转变深远地影响了后世儒学和人们的社会政治生活。如经学地位的提升，让通过读经进入仕途、步往上流社会成为可能，所以儒家经典在整个社会得到了极大普及和传播。读书人耳濡目染儒家经典，经年累月诵读儒家经典，久而久之，儒家思想中的价值观念、行为准则，就成为整个民族共同的精神文化遗产。同时，人们按照儒家圣人的言论来评判是非，臧否人物，为人处世，待人接物，甚至婚丧嫁娶等，都自觉或不自觉地参照经典中的准则，使之成为国人交往、安身立命的根本。

然而到了汉末，世事动荡，政治衰颓，社会陷入严重危机，东汉土崩瓦解。魏晋六朝，统治阶级内部斗争激烈，纲常名教成为掩盖权力斗争的旗号。汉代崇尚的儒家经学本为维护社会稳定而存在，但到了这一时期却呈现出混乱难支的特点，因此，以两汉儒家经学为代表的儒家思想也陷入了困境。与之相应的是玄学乘此流弊而起，调和名教与自然性情的矛盾应运而生，并迅速成为魏晋士人思想修养层面的中流砥柱。尽管如此，儒学也依然为华夏政治制度建设等方面发挥着不可替代的作用。

北宋时期，理学兴起。它以儒家思想为主体，吸收佛学、玄学、道教的思想，是一种更加哲学化的儒学。传统儒学长于伦理而疏于哲理，详于人道而疏于天道，由于其哲理不足，缺乏完整的思想体系，无法与玄学、佛学等思辨严谨的宇宙本体论相抗衡。因而理学家们在坚守伦理本位、道德中心原则的同时，吸收佛、道哲理思辨方法，丰富思维内容，提高理论水平，建构起以理、气、心为最高范畴的宇宙本体论。因此，它是古典儒学在宋代以后发展的新形式，是古典儒学在宋代的复兴。

理学开山祖师周敦颐（1017—1073），字茂叔，世称“濂溪先生”。他在儒家《易传》和《中庸》的基础上，将道教的道、无极、阴阳家的阴阳、五行以及佛教的“佛性”等思想融为一体，并参考道教学者陈抟的《无极图》，构建了一个系统完整的宇宙生成和万物化生的理论，同时提出以“诚”为核心的性命道德论。他认为“诚”是道德的最高境界，是性命根本，将宇宙本体与道德伦理统一了起来。

邵雍（1011—1077），字尧夫，祖籍河北范阳，少时随父迁居洛阳，著有《皇极经世书》《观物内外篇》《先天图》《渔樵问对》等。他以象数学的独特形式构筑出一个宇宙本体论。其编制的宇宙年谱以及对道的概念的理解都超越了以往历代儒家，对于宋代理学的形成与发展起到了至关重要的作用。

张载（1020—1077），字子厚，陕西眉县人，世称“横渠先生”，著有《正蒙》《西铭》等，有《张载集》传世。他长年在关中地区讲学，是“关学”的领袖。他认为天地万物包括人，都是由气聚合形成，气聚合为有形的事物，气散则为无形的空虚；天下万物统一于气，因此万物遵循同样的“理”，这个“理”即包含“阴阳”“刚柔”“仁义”“道德”等。

程颢（1032—1085），字伯淳，号明道，人称“明道先生”，河南洛阳人。北宋理学家、教育家，是“洛学”代表人物。程颐（1033—1107），字正叔，世称“伊川先生”，是程颢的弟弟，世人将其二人合称“二程”。他二人均以“理”或“道”作为学说的基础，认为“理”是先于万物的“天理”，“万物皆只是一个天理”，“万事皆出于理”，“有理则有气”。现行社会秩序为天理所定，遵循它便合天理，否则是逆天理。强调“性即理也”，由于气禀不同，因而人性有善有恶。所以浊气和恶性，其实都是人欲。人欲蒙蔽了本心，便会损害天理。“无人欲即皆天理”，主张通过用敬存养恶道德修养功夫达到“存天理、灭人欲”的圣人境界。二程的理欲观对后世影响深远。

张载、程颢、程颐各自提出“气”“理”本体论，使本体论与儒家伦理学相结合，奠定了理学的基础。周敦颐、张载、邵雍、程颢、程颐以“性理学”而并称北宋五子，性理学所发扬的是伦理道德、身心修养层面的儒学，更好地体现了儒学社会功能。性理学家们在原有儒学的基础上进行的深化，则进一步强化了儒学在社会、政教两方面的功能。南宋时期，理学发展到鼎盛时期，形成闽学、陆学、吕学、永康、永嘉等重要学派。闽学的代表人物朱熹，其思想也逐步上升到统治地位。

朱熹（1130—1200）（图 11—1），字元晦，号晦庵，世称朱文公。他是宋朝著名的理学家、思想家、哲学家、教育家、诗人，闽学派的代表人物，儒学集大成者，世尊称其为朱子。朱熹是唯一非孔子亲传弟子而享祀孔庙，受儒教祭祀。朱熹是“二程”的三传弟子李侗的学生，与二程合称“程朱学派”。朱熹的理学思想对元、明、清三朝影响很大，成为三朝的官方哲学，是中国教育史上继孔子后的又一圣贤。他以程颢兄弟的理本论为基础，并吸收周敦颐太极说、张载的气本论以及佛教、道教的思想，认为理是事物的规律；理是伦理道德的基本准则；理在人身上就是人性；理依气而生，并从气展开了一分为二、动静不息的生物运动；提出格物致知论，“格物致知”出于《大学》“致知在格物”一语，朱熹认为只有达到“物格知至”，方可进入圣贤之域，其内容包括“穷天理，明人伦，讲圣言，通事故”。这里的“天理”主要是指仁、义、礼、智等封建道德，“人伦”“圣言”“事故”则是天理的阐发应用。此外，朱熹还进一步提出个人道德修养与实践的思想，即居敬涵养、格物致知、穷理去欲、知先行后等。

图 11-1　朱熹

儒学经由朱熹的改造，使之系统更趋完备，更具思辨性，也更丰富了中国的哲学思想体系。至此，儒学已形成完备的哲学体系、礼仪程序，进一步规范着人的行为准则、心理结构和是非观念。

程朱理学，在明代经由王守仁等人之手进行了变革，将“理”内置于“心”，把向外的格物穷理转向向内的自我良知的觉察，强化个体的道德自觉和责任，突出个体的主观能动性，也使整个社会上都高扬着“内圣外王”的经世学风。

王守仁（1472—1529），字伯安，别号阳明，浙江余姚人，世称阳明先生。而由王阳明所创立的学派，人称“阳明学”，又称王学、心学。王阳明继承陆九渊的“心即是理”之思想，反对程颐、朱熹通过事事物物追求“至理”的“格物致知”方法，提倡“致良知”，从自己内心中去寻找“理”，“理”全在人“心”，“理”化生宇宙天地万物，人秉其秀气，故人心自秉其精要。在知与行的关系上，强调要知，更要行，知中有行，行中有知，“知行合一”，二者互为表里，不可分离。正如杜维明先生所言：“王阳明继承和发扬光大了中国儒学特有的人文精神。他提出‘仁者要以天地万物为一体’，就是要创造人与自然的和谐；他提出‘知行合一’，就是要创造人与社会的和谐；他提出致良知，就是要创造人与自身的和谐。”

随着明清社会的变革，儒家思想中的家国天下情怀更是深深地影响着国人。如黄宗羲面对清代社会流弊，发出“天下兴亡，匹夫有责”的呼声；清代中后期中体西用派、民主革命派等纷纷登上历史舞台，他们伴随着亡国灭种的危机，在儒家思想的感召下，一代代人展开的救亡图存运动，无不鼓舞着当代每一位国人。

儒家学说不仅在中国占有重要地位，它还和汉字、佛教、道教以及中国古典文化一样，很早就传播到周边国家，并对那里的思想和文化产生了重要影响，尤其是韩国和日本等东亚诸国，其伦理、礼仪、道德规范、价值标准等都受到了儒家仁、义、礼、智、信、孝等观念的影响。而今，随着中国国力的发展，全世界都可见孔子学院的身影，作为传播、弘扬儒家文化的重要基地，孔子学院发挥着重要的作用。

经由以上探讨，我们可知儒家思想是我国思想文化体系中的璀璨明珠，它经受了历史长河的考验与洗礼，依旧在世界文化之林中熠熠生辉。即便是在当下，儒家思想依然蕴含着不可估量的现代价值，我们应该重视儒家以人为本的思想。对个体价值的肯定与重视让我们珍视生命，勇于发掘自身的能量，自尊、自重、自爱，不断完善自身的道德修养，同时，也尊重他人，理解关心他人；学习儒家以国家为重、民族为重的思想。贾谊的名句“国而忘家，公而忘私”之所以为世人广为传颂，便是因为其对“国家为重，民族为重”这一民族精神的深刻解读。正是在儒家轻小我、重大我、顾全大局，将国家与民族的利益放在首位的影响下，中国历史上涌现出一大批仁人志士，他们乐于奉献，舍弃小我，而将生命意义体现在国家富强的建设之中，正是因为他们的存在，才使得国家与民族在经受无数次的内忧外患后不断获得新生。我们要学习儒家重义贵和、重义轻利的思想，儒家对谦忍恭敬、道义的强调，在人际关系、社会治理、国际和平等方面都有一定的价值。

因此，作为当代大学生，我们更要弘扬儒家的仁爱思想，以及立己立人、修己安人的道德观念，将仁义礼智信等儒家核心价值观念内化于心，“讷于言，敏于行”，做一位自爱、爱他、爱家、爱国，“内圣外王”的新时代青年！

【拓展阅读书目】

1. 张岱年、方克立:《中国文化概论》，北京：北京师范大学出版社 1994 年版。
2. 楼宇烈:《中国文化的根本精神》，北京：中华书局 2016 年版。
3. 程树德:《论语集释》，北京：中华书局 1990 年版。
4. 杨伯峻:《论语译注》，北京：中华书局 2017 年版。

【思考与练习】

1. 结合经典章句，分析《论语》“仁”“恕”“乐”的思想，并简述对你人生成长的启发意义。
2. 结合经典原句，谈谈你对中华优秀传统文化内涵的理解；并结合现实，说明今天为什么要依此增强文化自信？

第十二讲 中华优秀传统文化：美丽人生基因（二）

积淀着华夏民族文化基因的中华优秀传统文化，指涉的不仅仅是儒家文化，还有同样来自轴心时代的道家文化。儒家的入世与理性，道家的出世与飘逸，基本构成了华夏民族互为补充的精神特质。诗人的浪漫、文人的洒脱、山水的宁静、田园的质朴、山水画的空灵、花鸟画的灵动，等等，我们几乎都能从中发现道家的精神气质。在儒道两种精神世界里，中国人能巧妙地找到生存的平衡之道：中和、平静与幸福。中国文化、中国精神、中国气派，给予我们更多的是文化自信的底气。本讲我们就从《道德经》和《庄子》的关键词入手，解读道家思想，并最终从宏观上来把握中华优秀传统文化的精髓及其育人价值。

第一节 《道德经》关键词解读

孔子赞誉老子为“乘风云而上天”的“龙”，可见老子形象与思想的深邃与神秘。老子《道德经》不到五千字，但蕴含极其丰富，古往今来，无数人在解读其中深奥的秘密，但《道德经》就像无尽的大海，人们始终无法穷尽其中的宝藏，反而赋予了《道德经》无穷的生命力。在这里，我们也只能从关键词——“道”“自然”“无为”“静”“抱朴”入手，尝试着进行解读和对话，经典的魅力恰恰就在这种对话中得以绽放。

一、第一个关键词是“道”字

老子说：**“道可道，非常道”**（第一章）。什么是道？道就是世界万物的整体规律。“道可道，非常道。”这是老子对诸子百家说的话。意思是说，你们讲得都很有道理，但都仅仅是道的一部分，没有人能完整地讲清楚道的全部。这不是你们的错，这是语言文字的限制。任何人也都永远不可能把道全部说清楚。我们只能说出自己所看到的、所体会到的。在北宋以前，人们对于这句话有不同的理解：如战国末期的韩非，西汉严遵、东汉河上公、曹魏王弼、唐代成玄英、陆希声等人，都主张“道若可以言说，就不是永恒常在之道”，他们认为道不可言说，体现出其形式上的美感；唐代李荣、宋代司马光认为“道可以言说，但不是人间常俗之道”；唐玄宗则将其解释为“道可以言说，但道非恒常不变之道”，认为老子之道是变化无常的。后人对这句话的不同解释，恰恰反映出这句话的多义性和延展性。

另外，老子还说道：**“道生一，一生二，二生三，三生万物。”**（第四十二章）在他看来，道是万物之宗，先天地而生，是孕生万物之源，所以他眼中的道又是产生天地万物的本原；而“人法地，地法天，天法道，道法自然”（第二十五章），“道法自然”即是说人类和天地万物都应该遵循自然规律。

二、第二个关键词是“自然”

老子说：**“道法自然。”**（第二十五章）这里的“自然”不是大自然，是“自然而然”。所谓“道法自然”，即“遵循自然”，意思是说，“道”以其自身为原则，自由不受约束，所反映出来的规律是“自然而然”的。道化育万物是让万物自然而成，而不是强加于万物。

三、第三个关键词是“无为”

在《道德经》中，老子简明扼要地揭示了依次递进的四种管理境界，即：“太上，不知有之；其次，亲而誉之；其次，畏之；其次，侮之。”（第十七章）其中，“太上，不知有之”就是“无为而治”。从字面上看，“无为”就是什么都不做。真的是这样吗？当然不是，“无为”并不是什么都不做，而是只做最关键的事情。老子在《道德经》中提出“无为而治”的政治主张，主要是针对当时统治者而言的，“无为而治”也不是无所作为，而是不过分地干预，充分发挥广大人民的积极能动性，让每个人都能够为社会作出最大的贡献。归根结底，还是通过不过分干预，而达到“治”的目的。即便是在今天，“无为”思想也有着广泛的运用价值，它被应用于管理、教育、军事等方面，甚至一度成为人类孜孜以求的最高管理境界。

四、第四个关键词是“静”

老子说：“归根曰静。”（第十六章）意思是说，世间的一切原本都是虚静的，万物就在其中生长。万物的生长虽然蓬勃而复杂，但都是从无到有，再从有到无，最后总会回复到根源。因此，要追寻万物的本质，必须恢复其最原始的虚静状态。万物的发展演变，无非是成与败，祸与福，生与死，古与今。所有的这些变化都不是生命的本真状态。生命的本真状态是虚静。人在虚静的状态中，心中空无一物，不受成败、祸福、生死、古今的干扰，内心非常宁静祥和。

五、第五个关键词是“抱朴”

“见素抱朴，少私寡欲。”《第十九章》“朴”，也有版本写作“璞”，即未经人类加工的“璞玉”，这里二者均有未经雕琢加工成器的原材料的含义，我们可以理解为本真、本性、质朴；“抱”则是持守；“抱朴”就是要求学道者要坚守本真，保持质朴的状态，少一些私欲。老子视“朴”为最高价值，他在《第二十八章》言：“为天下谷，常德乃足，复归于朴。”在《第三十二章》言：“道常无名，朴。”如若一个人能坚守本我，做一个知足常乐、大智若愚、虚怀若谷之人，那便是如同圣人一般拥有了超凡脱俗的生命情操。历史上许多伟大的人物都持有和老子相同的观点，如诸葛亮在《诫子书》中说道：“静以修身，俭以养德。非淡泊无以明志，非宁静无以致远。”将淡泊和宁静作为修身养性、淬炼性情的主要方式。李世民在《帝范》中说：“夫圣世之君，存乎节俭。”他们纷纷将节俭守约、宁静致远作为自己的行事准则，并终身践行，在成就了自己身后名的同时，也开创了一个政治清明的时代。可见，“抱朴”不仅是一种无私无欲的思想追求，更是一种内心的坦率和洒脱，一种对大道的洞察明晰，一种超越了现象的根本认知。

刚才我们通过对几个关键词的解读，领略了老子的智慧。这对于我们当今的大学生有什么启示呢？通过学习“道”，我们要明白，任何道理都是相对的，我们的认识都是片面的，因此我们要对道保持敬畏，要通过学习不断地完善自己的认知体系。通过学习“自然”，我们要明白，面对不可避免的失去、挫败时，我们要顺其自然，不要背“道”而驰。通过学习“无为”，我们要明白，人生要有所选择，要优先处理最关键的事情。通过学习“静”，我们要明白，生命的本质不是喧嚣，而是虚静，保持虚静的本真状态对于我们的身心健康、家庭和谐和事业成功有着重要作用。通过学习抱朴，我们要明白，做人要淳厚，行事要遵守公德，生活要俭朴，使本性漫漫返复到淳朴的状态，与天道自然相合。

第二节　老子思维方式及影响

老子是中国古代极有智慧的思想家之一。他的《道德经》一书，是对中国人影响最深远的三部思想巨著之一。下面我们就以《道德经》中的关键语句为脉络，来探求老子的朴素辩证法思维。

老子说：**“大白若辱。”**（第四十一章）意思是说最清白的好像是不干净的，往往喻指真正高洁廉明的人，往往是被忽视、甚至嫌弃的。比如宋代的岳飞，冤案发生之际，以“莫须有”的罪名被处死了。他虽然生前蒙受不白之冤，但是千秋万代以后，他却清清白白地以忠臣身份名垂青史。

老子说：“**大方无隅。**”（第四十一章）意思是说最方正的没有棱角，往往喻指真正宽宏大度的人心中没有阴暗的角落。真正的大其实是虚空，虚空根本没有方隅，也没有转角，自然也就没有阴暗。真正大方的人，端方正直，光明磊落，诚挚坦然，中正平和，无棱无角，不伤害他人。这样的人走到哪里，哪里就会温暖明亮。

老子说：“**大器晚成。**”（第四十一章）意思是说铸造越大的器皿，成型越晚，往往喻指越是有大才能的人通常成功越晚。在人生旅途中，少年得志固然是一件让人高兴的事情，但是人生不是百米短跑，而是一场漫长的马拉松。能够经受住长期的磨炼，艰苦奋斗笑到最后的人，才是真正的人生赢家。

老子说：“**大音希声。**”（第四十一章）意思是说，最大的声音是听不见的。这是一种无声胜有声的境界。无限美妙的声音一定不能有声音，如果有声音，就抹杀了想象的空间，没有余味了。晋代的大诗人陶渊明喜欢抚弄无弦琴，就是这个意思。他知道琴中的乐趣，也就不必弹出声音来，因为他完全可以在头脑中想象出无比美妙的琴声来。

老子说：“**大巧若拙。**”（第四十五章）意思是说真正聪明灵巧的人往往看起来愚钝笨拙。中国有句成语叫作“笨鸟先飞”，说的就是真正聪明灵巧的人。笨鸟清楚自己先天资质不如别人，因此加倍努力，凡事比人赶先一步。这难道不是真正的聪明灵巧吗？

老子说：“**大盈若冲，其用不穷。**”（第四十五章）意思是说最充盈的东西，好似空虚一样，但是它的作用却是不会穷尽的。比如先人流传下来的家训等精神遗产，看似不如房产、金银等物质遗产充盈。实际上，真正让后代受益无穷的往往不是物质遗产，而是精神遗产。

“大白若辱，大方无隅，大器晚成，大音希声，大象无形”，“大直若屈，大巧若拙，大辩若讷”和“信言不美，美言不信”等警句，正是所谓“**正言若反**”“**反者道之动，弱者道之用**”，强调思维的“否定性”维度，彰显出难得的朴素辩证法思想。不难看出，老子倾向于对现实世界作否定性的评价。这是一种通过否定来达到肯定的思维方法，我们把它叫作否定式思维方法。这是中国思想史上第一次提出否定原理，深含着一种怀疑和批判精神。老子始终对事物及思维的现存性、肯定性、绝对性与特殊性，保有一种怀疑的目光，继而予以批判地理解，着重揭示其中否定的因素，强调发展的否定趋势。这种独特的思维方式是老子学说最为特异之处。否定式思维是老子哲学深层结构图式，是贯穿与支配老子思想全过程的一条主线。这种精神特质被庄子所继承和发扬，成为道家思想的一个重要特点，至今仍然影响着中国人的思维方式。

在中国的哲学史上，还从来没有谁像他那样深刻和系统地揭示出事物对立统一的规律。老子认为，事物的发展和变化，都是在矛盾对立的状态中产生的。对立着的双方互相依存，互相联结，并能向其相反的方向转化。老子的辩证法又是基于对自然和社会综合的概括而提出的，这一系列的对立面，在人类社会生活中随处可见，如善恶、美丑、是非、强弱、成败、祸福等，都蕴含着丰富的辩证法原理。譬如说，如果人们没有对美好事物的认定和追求，也就不会产生对丑恶现象的唾弃；当人们还沉浸在幸福或成功的喜悦中时，或许一场灾祸正悄悄临近。

有个哲学家说过：人们讲得最多的，却往往是他最不了解的，人们对部分事物和表面现象的关注，常常会忽视整体的隐藏在深层次的、最本质的东西。宋人苏轼在《题西林壁》一诗中写道："不识庐山真面目，只缘身在此山中。"这富于哲理的诗句表述了对事物全体与部分、宏观与微观、现象与本质等诸种关系的领悟，这富于启迪性的人生哲理，与老子的辩证法有异曲同工之妙。如果我们站在历史的高度上，会发现人类文明的进步是在真理与谬误、美与丑、进步与落后等的矛盾斗争中前进的，而辩证法的丰富内涵就包含在全部人类文明史中。

那么，老子的思维方式给我们哪些启示呢？在生活中，我们用辩证的眼光看待周围的一切，要宽宏大度，与他人和谐相处，做一个清白大方的人。在学业上，我们要谦逊好学，勤奋刻苦，相信坚持不懈终有所成，做一个真正聪明的人。在事业上，我们不要总是关注金钱和荣誉，我们更要关注存于内心深处的宁静与踏实。

此外，"致虚极，守静笃。万物并作，吾以观复"，是老子特别强调的探寻生存智慧的方法，使内心保持虚空、宁静的笃定状态而不受外界影响，以求万物并行时，我们能用这种状态去观察事物循环往复运行的规律。尤其是在当下这样一个急功近利的时代，一个人保持内心的宁静，不为名利所动，不被世俗牵绊，能静下心去感知世间万物，能给自己心灵留一方净土，能安心从事所钟爱的事，着实令人歆羡。

第三节 《庄子》关键词解读

庄子是道家学派的主要代表人物之一，我们透过几个关键词，一同来看《庄子》的思想。

一、第一个是“忘”字

“忘”在《说文解字》中的含义是“不识也，从心，从亡，亡亦声”，这里主要是遗忘的意思，遗忘、忘记。“忘”在《庄子》这本书中出现多达 83 次，我们应该明确忘的对象是什么，即忘的内容和形式。

先看一下忘的对象。《庄子》中说“得鱼忘筌”，捕到鱼后可以把捕鱼的工具鱼篓给忘记了；说“养志者忘形，养形者忘利，致道者忘心也”，是说君子、贤人们为了养志，需要忘记他们的形象；为了养身，需要忘却利禄；为了志道，要忘却心机。由于目的不同，他们需要忘的对象也就不同，这也体现了庄子辩证法的思想，就是说忘不是你想忘什么就忘什么，是因为你有什么目的就要忘记什么，为了达到这些目的要忘记一些东西，这就是忘的对象。

再看一下忘的表现形态。它可以是坐忘，庄子对于坐忘的解释是“堕肢体，黜聪明，离形去知，同于大通”，他是希望人们去掉干扰心灵的情欲之类的东西，从而让我们的心灵从世间万物烦琐的事务中得到净化，最后达到大同的境界。

它也可以是相忘，相忘探讨的是人与人、人与物之间的关系，如果“坐忘”探讨的是个体内部的精神世界，那么相忘探讨的则是个体之间的群体社会状态。“泉涸，鱼相与处于陆，相呴以湿，相濡以沫，不如相忘于江湖。”这句很有名的话，如今常启发我们机智地处理爱情或人际交往中的困惑。庄子这是在以鱼喻人，使人们忘却他们之间妨碍自由的那种关系，从这种现实中超脱出来，达到能够自由翱翔的逍遥境界。

它也可以是两忘，这个“两”更多时候是指一种矛盾的对立面，它就相当于阴阳鱼，一阳一阴的关系。“与其誉尧而非桀也，不如两忘而化其道”，庄子认为不论你是赞美尧，还是贬抑桀，都是不对的，不如把他们两个都忘了，因为当你在纠结谁对谁错时，就会丧失自己的主体意识，从而盲从于他人的判断，与其这样，不如忘却是非，顺其自然。

庄子用“得鱼忘筌”“得意忘言”“相濡以沫，不如相忘于江湖”等脍炙人口的语句，辩证的思维，人们易于理解的方式，向世人阐述了客观事物与“我”之间的关系。而达到“物我两忘”，主客体之间混融一体的境界，也成了中国古典美学的概念和追求之一。

二、第二个是“游”字

“游”在《庄子》中出现了 109 次，它可以是外游游于物、可以是内游游于心、也可以是至游游于道。

先看一下“外游”，对“外游”字面上的意思理解就是去哪儿游玩了，你看有“从之游者与夫子中分鲁”“庄周游于雕陵之樊”“庄子与惠子游于濠梁之上”，这里的游除了是游玩的含义，还应包含在游玩的过程中，你内心的活动表现，即精神活动。“游心乎德之和”“乘物以游心”，这里的游就是内游于心，你可以使自己陶醉在高尚的品德中，也可以通过驾驭自然规律，最大限度地使精神获得解放和自由，最后一个是至游游道，它是游的最高境界，是人与道的和谐统一。

《逍遥游》中也提到了“游”，从中我们可以看出庄子的格局和情怀。庄子是非常具备宇宙情怀的一个人。他永远不局限在大地之上的狭小世界，他在哪儿？在整个宇宙。当你因为一点小成就而志得意满时，庄子会提醒你别放肆，山外有山，人外有人；当你因失败而气馁时，庄子也会给你打气，仿佛在说“别灰心，也许以后会更惨，所以现在一定不是最坏的时候”。庄子的《逍遥游》里其实就蕴含着这样的人生智慧，以一颗平常心去看待得失成败，只有这样，人才能无为而无不为，实现精神世界的绝对自由、超脱和逍遥境界。

《庄子》中有“宜游于物穷”“游艺于游骸之外”这些话，当人在宇宙天地之间游乎四海之外的时候会达到什么状态？游到宇宙之外又是什么状态？于是乎飘飘然而神游物外，高度自由状态下滋生出一种飘逸的气质来，那么庄子的这种“逍遥”观念和飘逸的气质又对我们的文化、人生产生哪些影响呢？

从魏晋六朝的风流之士对神仙之姿的追捧，再到李白神来之笔的浪漫创作，再到曹雪芹笔下《红楼梦》中的“神瑛侍者”贾宝玉、“绛珠仙子”林黛玉等人，他们身上无不具备仙人的飘逸风采。这归根结底，是庄子思想的精髓，孕育着中国士人，以至于在我们的文化基因里存留了飘逸的一脉，并对中国的绘画、书法、文学创作等产生了深远的影响。同时，庄子所追求的人生境界，也恰恰让我们从儒家入世的大地方飞了出去，变得飘逸而潇洒；而飘逸而潇洒的人生就是充满诗意的人生，这就提醒我们千万不要被尘世烦躁的事情所桎梏，一定要有寻找飘逸的、诗意的人生的勇气和实践，这也是为什么我们会被高晓松的“生活不止眼前的苟且，还有诗和远方的田野”这句话所感动。

《庄子》中运用了大量的成语来阐明观念，然而大约有 35 个成语的意思和我们今天所理解的出入很大，其中有一个叫“鼓盆而歌”（图 12-1）。所谓“鼓盆而歌”，就是庄子的老婆死后，庄子不是像其他人那样哭天抢地，反而是在打着节拍唱歌，他的好友惠施去慰问他时，看到这样一种场景，大失所望，便问庄子这是何意。庄子说：“气变而有形，形变而有声。”这是什么意思呢？庄子进而解释到很久很久之前，我妻子是荒郊野外的一团气，爸爸妈妈把她变成一个人，来到这个世界上，又嫁给了我，受尽了一生的苦难，今天她又变成了气，死了，由气到气，难道不是生命的回归吗？他不应该替妻子感到高兴吗？庄子说：“气变而有

扫码观看彩图

图 12-1 《鼓盆而歌》

形，形变而有声。”他认为人是由气组成的，气是一个人生命的本原，死亡只是气的回归，既然死亡是回归到他原始的最初的生命形态，那一定是最大的快乐，为什么还要痛苦呢？

当下，我们很难理解庄子的这种思想，但如果我们回归到春秋战国那个诸侯争霸、战乱频仍、人们朝不虑夕的时代，也许会对庄子的这种思想多一份认同。人们生活在那个时代，生命饱受摧残，神经异常紧张，即使活着，内心也充满了对死亡的焦虑。而生死问题本就是人类永恒的话题，尤其是死，它犹如恶灵一般，与生纠缠不休，仿佛人类从出生的那天起，就是在一步步走向死亡，这种枷锁时刻压抑着人们，令人惶惶不可终日。鉴于此，古今中外的一些哲学家，用尽各种学说理论，企图化解或超脱死亡带给人们的潜在威胁，使生命能够逍遥自恃。

就庄子而言，生死如同四季之轮转，《大宗师》有言：“死生，命也，其有夜旦之常，天也。人之有所不得与，皆物之情也。”这种自然之事，顺势而为即可。可见庄子这种“贵生轻死”的态度，以及“鼓盆而歌”的举动，其目的都是为了消减人们对于死亡的畏惧，以便更好地去把握当下，活在当下，快乐在当下。

三、第三个是“鱼之乐”

“鱼之乐”中所蕴含的庄子对人生的审美观照。当庄子和惠子在濠河的桥上信步游玩时，庄子曰：“儵鱼出游从容，是鱼之乐也。”惠子曰：“子非鱼，安知鱼之乐？”庄子曰：“子非我，安知我不知鱼之乐？”惠子曰：“我非子，固不知子矣；子固非鱼也，子之不知鱼之乐，全矣。”庄子曰：“请循其本。子曰‘汝安知鱼之乐’云者，既已知吾知之而问我，我知之濠上也。”庄子认为鲦鱼从容游弋，真是乐在其中啊，并且他能从鱼身上感知到这份快乐，所谓感同身受是也。这种通过感知自然物，从而将之内化成自己对于生命的体验的做法，无论是对人类自身的生命关怀而言，还是对文艺的审美批评而言，都有重要的参考价值。

庄子说："天地与我并生，万物与我为一。"中国古典哲学体系中的"天人合一"思想与它有异曲同工之妙。我与天地万物同生的思维，将我与世间万物放置在同一时空内看待，所以，我能从鱼身上真切地体会到鱼的快乐，这种打通了我与物之间的界限，使之混融一体的做法，影响到后人关于自然与社会、人类等关系的思考。庄子由自然审美过渡到生存状态，由自然界中的"鱼之乐"，引发自己对"鱼之乐"的察觉，从而也体会到"人之乐"，这无不是在告诉我们自然万物皆可触类旁通；自然审美可以激发人们的愉悦感受；保护自然生态，就是保护人类自身等道理。

庄子会通物我、物我一体的审美思维和审美境界，进一步影响到人们对"物化"的认知。庄子做梦梦到自己化为蝴蝶，在梦中，"不知周之梦为胡蝶与，胡蝶之梦为周与？周与胡蝶，则必有分矣。此之谓物化"（《庄子·齐物论》）。"庄生晓梦迷蝴蝶"也随之成为一个颇具浪漫色调和神奇想象的哲学和美学命题（图 12-2）。人与物之间可以感通，可以相互转化的理念，形成人优游于世界的境界。

同样是面对山水，李白言："相看两不厌，只有敬亭山。""黄河之水天上来，奔流到海不复回。"杜甫则叹息："国破山河在，城春草木深。""无边落木萧萧下，不尽长江滚滚来。"李清照则说："水光山色与人亲。"世界上的一草一木都成了人的朋友。这种与万物相融相即的心理状态，是一种诗意的情怀。辛弃疾言"我见青山多妩媚，料青山见我应如是"的观点与王国维所说"以我观物，故物皆著我之色彩"等理念均与庄子的"物化"思想一脉相承。这种物我混融、寄情于景，虽未着

扫码观看彩图

图 12-2 《庄周梦蝶》

一字写人，却处处写人的创作手法，将中国美学推向一个“与物相宜”“独与天地精神相往来的”大世界。

闻一多说：“中国人的文化上永远留着庄子的烙印。”那么学习老庄思想，又对我们当代大学生有什么启示呢？纵观庄子这一生及其《庄子》一书，无不是在向我们阐释一个理想的生存境遇：复归自然，游于无穷的乐趣；物我两忘，混融一体的高度自由；飘逸灵动，贵生轻死的生命体验。时刻提醒我们年轻一代，珍惜现在，让自己内心感到愉悦，演绎出精彩的人生华章！

老庄以“道”为万物根本的理念，《道德经》《庄子》等作品展示出来的虚静、空灵的美学观念，对中国文化和中国人的人格修养方面都产生了极其深远的影响。闻一多先生认为中国人的文化上永远留着庄子的烙印，中国人将对山水自然的钟情，对花鸟虫鱼的审视，对人与万物的混融，都一一画进了画里，写进了诗里，唱进了歌里，走进了心里，以至于中国人在以儒家为伦理规范所构建的现实世界里也能怀有一份真诚，在葆有生命本真状态的前提下，虚怀若谷，去追求至美至乐的灵魂自由。

所以，“遇见”庄子，遇见的是一个高远潇洒、超凡脱俗、纯真质朴的哲人。学习庄子的智慧思想，就是学习如何把我们的生活变得富有诗意，学习他开阔的生存境界，学习他对善死善生的清晰认识，从而活得潇洒脱俗。

第四节　中华优秀传统文化的美育价值

中华优秀传统文化是经过历史积淀而流传下来的，其中优秀的民族精神、积极的人生价值观与创新的思维方式，以及仁爱精神、民本思想、诚信意识、正义价值、和合观念、大同情怀，蕴含着历代中国人丰富的人生经验和高超的道德智慧，形塑着国民品性、伦理观念、理想人格以及审美情趣，是中华民族最为宝贵的精神财富和文化遗产。中华优秀传统文化渗透于社会的各个方面，也融入人的情感之中，影响人的道德情感的生成与发展，因此“以文化人”“以美育人”，是激活中华优秀传统文化当代价值的关键所在。王国维早已论及“孔子的美育思想”，那么今天我们立足于时代所需，以更大深度和广度来认识和激活中华优秀传统文化的美育价值，促进青年大学生的健康成长，则是对新时代诸多问题的及时回应。

立德树人是大学的根本使命，当今大学应该培养担当民族复兴大任的时代新人。中华优秀传统文化既是“中华民族的精神命脉”，也是培养“时代新人”的丰厚滋养。2017 年 1 月中共中央办公厅、国务院办公厅印发的《关于实施中华优秀传统文化传承发展工程的意见》指出：要大力弘扬讲仁爱、重民本、守诚信、崇正义、尚和合、求大同等核心思想理念，大力弘扬自强不息、敬业乐群、扶危济困、见义勇为、孝老爱亲等中华传统美德，大力弘扬有利于促进社会和谐、鼓励人们向上向善的思想文化内容。党的十九报告指出："深入挖掘中华优秀传统文化蕴含的思想观念、人文精神、道德规范，结合时代要求继承创新，让中华文化展现出永久魅力和时代风采。"中华优秀传统文化本身负载的这些思想理念、传统美德等文化意蕴，能涵育当代大学生的社会责任感、人际关爱感、自尊自爱感、自然敬畏感等道德情感，培育其正确的价值观念和思维方式，引导其树立高尚的伦理道德和审美追求，在激发深厚的爱国情怀、塑造积极的人生态度、增强民族文化认同感等方面产生深远影响，它自然也是大学生滋养思想道德情感源源不断的文化资源。诸如儒家思想的报国情怀和奉献精神，对他人的"亲仁善邻"，完善的品德修养，个人顽强的意志品质等，在青年人学以成人的过程中，发挥着巨大作用。

党的十九大报告指出，教育要"培养担当民族复兴大任的时代新人"，从而对大学"培养什么人、如何培养人"这一根本问题提出了新任务和新要求。"培养什么样的人"必须与担当民族复兴大任、实现"中国梦"的时代要求紧密结合起来，培养的人必须是具有社会主义核心价值观、当代中国精神和多种优秀品质的人。而中华优秀传统文化既是"中华民族的精神命脉"，也是培养"时代新人"的丰厚滋养。以优秀的中国传统文化为基础夯实社会主义核心价值观，正是新时代大学的时代担当，更是我们当代大学生秉承"有理想、有本领、有担当"要求做时代新人的历史使命。以此经营美丽人生，构建美丽大学，才更有精神底气和时代气质。

第五节　美丽人生

教学视频

在探寻到我们的文化基因之后，现在我们要回到"何谓美丽人生"这个重要问题上。"美丽人生"，正是我们"大学美育"课程的灵魂和贯穿始终的红线。

你也许会说，体育运动、环境保护、社会实践、团结协作、创业创新是美丽人生；你也许会说，读书、学研深造、向大师致敬，是美丽人生；你也许会说，献身国防、保家卫国、维护世界和平，是美丽人生，等等。可以说，一切求真向上的人之本质力量，都是美的。

在这里，我们一提及“美丽人生”这四个字，就应该想起中共十八大报告里提及的“美丽中国”这四个令人振奋的字。美丽中国，美丽河南，美丽郑州，美丽山河，美丽家园，美丽大学，一切都要落脚到“美丽人生”上。美丽人生才是实现以上一切“美丽”的逻辑起点。所以，深究“大学美育”课程体系设计的内容，我们认为“美丽人生”应包括以下几个内容：

一、爱人与爱智慧

儒家强调仁者爱人，由此推及，爱人更应该有博大宽容的胸襟，爱人利他，大同祥和。这里的“爱”更强调自己首先是一个有情感、高境界和有尊严的人。如此，爱生活、爱社会、爱自己，也爱智慧。爱智慧，即是西方“哲学”——philosophy 的意思，一个爱智慧的人，绝对是一个爱读书的“悦读”者。我们始终认为，读书能成就更高的人生尊严。

真正富有智慧的人，一定是一位思想积极、努力上进的人，他能很好地调节自我情绪，即便是面对困难，也拥有无所畏惧的信念；一定是一位具有包容心的人，他甚至能很好地面对、包容与他产生冲突的人，以德报怨；一定是一位能准确察觉他人变化的人，他观察细致，能迅速感知他人需求或情绪变化，并作出合理的判断；一定是一位善于倾听的人，他喜欢从倾听中赋予他人温暖，带给他人前行的力量；一定是一位低调从容的人，他富有学识却虚怀若谷，内心充盈还拥有一颗平常心，时刻保持头脑的冷静；一定是一位有审美能力的人，他拥有强烈的美感，独特的审美能力，以及独一无二的个人魅力。这样富有高智商和高情商的人，也一定会是一位拥有美丽人生的人，幸福的人。

二、情趣与诗意

对生活充满情感，追求生活趣味，把人生经营得有品味，这正是一个闪放着美丽“光晕”的人生，一个有诗意的人生。“充满劳绩地，诗意地栖居在大地上”，德国诗人荷尔德林告诉我们：再艰难，我们都应打造或呵护，属于自己的一片充满情趣而诗意的空间。

诗意地生活，是诸葛亮“非淡泊无以明志，非宁静无以致远”的旷达心境，是李白“仰天大笑出门去，我辈岂是蓬蒿人”的飘逸洒脱，是陶渊明“采菊东篱下，悠然见南山”的悠然自得，是易安居士“知否，知否，应是绿肥红瘦”的温婉简约，是屈原“路漫漫其修远兮，吾将上下而求索”的执着追求……诗意不只是古人的专利，我们也可以用诗意的心态去感知世界，用诗意的眼光体察万物，用诗意的语言记录生活，用诗意的人生去拥抱未来！

三、小谋事与大格局

经营诗意的人生，未必就是虚无缥缈，同样需要生活的细节，有时也需要精致的生活；但同时更需要一个大格局，大眼光，大胸襟，高境界，无论何时，都能做到前瞻性地审视问题，有舍有得，最终作出自己正确判断。目光短浅，格局狭窄，注定成就不了有分量而有价值的人生。

西汉时的儿宽在张汤府上当差时，别人下班后都是吃酒打牌，唯独他埋头苦读，有人甚至还嘲笑他说："小家雀还能成大尾巴鹰不成？"儿宽答道："大丈夫当以天下为己任，真英雄欲为万世开太平。"终成一番大成就。拥有"以天下为己任""为万世开太平"的格局，脚踏实地，层层累土终成堤坝的务实态度，"坐拥云起处，心容大江流"的胸怀，终能造就有价值有意义的事业和人生。

四、"美人"与幸福人

爱、诗意、格局、境界，一切归属到要做一个"美人"。这里的"美人"，不是当今社会惯常所说的"美女"，那是狭隘而浅薄的思维。"美人"更应追溯到屈原"香草美人"说，即忠贞而灵修境界很高的、富有君子风范的人。美人，是健康的人，阳光的人，和谐的人，情感丰富的人，更是幸福而快乐的人。

其实，美丽人生的自觉追求，可直接追寻到近现代大思想家们的人生智慧。如梁启超、王国维、陈寅恪、朱光潜、宗白华、丰子恺等，他们在独特的现实困境中，依然或强调或实践一种人生美学，即艺术化的人生。朱光潜更是直接说："人生本来就是一种较广义的艺术。每个人的生命史就是他自己的作品。""知道生活的人就是艺术家。"①

我们因此也可以说，自觉建构美丽人生的人，就是一名生活艺术家。所以，对于我们新时代大学生来说，在构建自己美丽人生时，打造属于自己的美丽大学，是新时代赋予我们的历史使命和责任担当。

【拓展阅读书目】

1. 葛荣晋：《道学二十讲：老子的人生智慧》，北京：中国人民大学出版社2015年版。

① 朱光潜：《谈美》，杭州：浙江文艺出版社2017年版，第152页。

2. 李天道:《老子美学思想的当代意义》，北京：中国社会科学出版社 2008 年版。
3. [唐]郭象注，成玄英疏:《庄子注疏》，北京：中华书局 2011 年版。
4. 王凯:《道与道术——庄子的生命美学》，北京：人民出版社 2013 年版。
5. 朱光潜:《谈美》，杭州：浙江文艺出版社 2017 年版。

【思考与练习】

1. 如何理解《道德经》中“无为而治”“静”的思想？结合老子的思维方式，简述老子的思想对你人生的启发。
2. “老庄”对中国后来艺术发展的重要影响体现在哪些方面？
3. 联系中国古典美学特征，谈谈中国文化的传播以及与国家形象的建构之间的关系？

第十三讲 经济精神与美育

第一节
为什么要开设特色美育

第二节
经济精神

第三节
经济伦理

第四节
文化产业内涵及属性

第五节
河南特色文化产业

当我们依托诸多丰富的案例，学习了以上有关美学或美育基本理论，以及进行了艺术欣赏后，现在我们进入特色美育阶段即课程美育学习。大家或许会有疑惑：难道在经济学、管理学和法学等专业领域里也有美育话题？下面先请大家思考几个案例。

《两个小孩》是毕加索 1950 年（69 岁时）为其三岁的儿子克劳德和一岁的女儿帕洛玛创作的一幅油画（图 13-1），也是其风格成熟期的经典代表作，与那幅闻名世界的《毕加索的和平鸽》是同一时期创作的。2013 年，该名画被万达集团在纽约以 1.72 亿元买下，轰动了全球。同样，梵高的《农鞋》如今也是无价之宝。我们是否想过，一个画家的画作为什么会产生如此大的经济价值？

美丽的哈萨克斯坦咸海，曾经是绿色的生态系统完好的内陆湖，但历经 20 世纪近五十年的苏联农业开垦后，如今渐渐消失，变得漫天飞沙，居民被迫弃家离乡。这个灾难说明了什么问题？

当下，国内企业家对高校、高科技研究院投资很多。我们思考一下，为什么企业家纷纷向高校或高科技研究院投资？

福建龙岩一名死刑犯郑江（化名），请求狱警帮其寻亲的消息引发广泛关注。最后通过 DNA 比对，证实这名死刑犯就是三十年前在贵州黔西县被拐卖的周老太太之子。我们姑且不谈郑江犯了什么样的重罪，值得人思考的是，监狱管理局在帮教犯人的方式上，会给犯人带来什么样的积极影响？

扫码观看彩图

图 13-1　毕加索《两个小孩》

近几年来，我们常在各大书店里看到，诸多企业高管出了很多书，谈的大多是管理心得、管理智慧、管理哲学等话题，更让人惊讶的是，他们常关注的是文史哲乃至美学方面的书籍。这一发现说明，如今的管理学内涵发生了很大变化。

第一节　为什么要开设特色美育

对以上案例，我们可以分别用一句话来概括其所涉及的题旨：文化经济化，生态危机的肆虐，企业家的责任担当，法学的人性回归，管理的美学化转向。很显然，这里无不关涉到经济伦理、法美学和管理美学等重要问题，美融入社会生活的各个领域，美学渗透在诸多专业学科之间，美育也伴随其中，这已是不争的事实。所以进行特色课程美育学习，能让我们能看到专业背后更多的人性问题，会激发我们进一步思考：未来相关专业大学生，需要成为一个什么样的人，才能更全面，更适合社会发展的需求？这里首先要解决的问题是，如今的“美”为什么会鲜明地渗透到社会生活的每个细节，进而，美学能否与其他学科进行跨界整合？我们认为，要解决这些问题，就要从本体论即“以人为本”的角度进行阐释，才能让我们找到美学与其他学科的交集所在。

通过学习中西美学思想，我们发现，无论是西方美学的形而上思辨色彩，还是中国古代美学的诗化特征，关于“美”都离不开对“情感”的关注，离不开形象而富感染性的符号载体，“美”的形象性、新颖性、感染性和社会性特征得到学界的普遍认同。“美”凸显人对现实（自然、社会、自我）的审美把握，而研究这种人与现实审美关系的学问就是“美学”。可见，美学是一门哲学性、抽象性较强的现代人文学科，美学与人之生存论维度密切相关，它关注的是人情人性深处的本体诉求：对诗意幸福生活的向往，对本真自由和人性尊严的维护，对生命存在和超越的坚守，更是对生命沉沦或异化的批判与救赎。美学自始至终与人生、与生命、与存在、与自由、与尊严密切相关，人文关怀是美学主题，而人的需要最高层次正体现于“自我实现”的层面上。由此，**生命美学或生存美学就成为人思虑诸多问题或学科领域的哲学逻辑起点，当代哲学抑或美学正发生着存在论变革或生存论转向，对人和人类真实处境的思考和关切已成为时代的主题**。但问题是当代人类正遭受着生存意义上的总体性危机，这集中体现在科技理性所带来的人类生存环境和个人生活世界的严重危机——人的异化及奴役，人失去了自己的精神家园，人类处于无“家”可归的状态。而事实上，人之生命活动只有通过审美活动才能得到显现和敞开，我们只有以科学发展观为引领，围绕现代人文理性这块基石，以人为本，才能构建和谐社会。生命美学，对人性自由和尊严的极力维护，以空前的觉醒品质，正体现社会对人本体的这种终极追求。

生命美学以极具张力的生存论特质，深度影响当今社会的各个领域：经济发展、社会管理、消费自由、司法正义等。说到底，经济学、管理学最初都是从哲学中分离出来的学科，本体论是哲学的核心和精髓，经济学和管理学天生与哲学、美学，也更与生存本体密切相关。经济学彰显出社会的实践性品格，但经济发展的实质是人的全面发展，基本指向是以人为本，经济的发展过程始终离不开人的参与；经济发展的根本出发点和最终目标是人类自身的发展，经济发展的真正含义在于，通过不断的技术经济组织结构和社会经济制度安排的调整及变革，使人之个性得到自由全面的发展。关注人类自身的发展，促进人的全面发展是人类社会经济发展的永恒主题和大趋势。况且，21 世纪初以来“**审美的动因成为当代经济增长的动力**”[①]。所以，经济学原理内在思路有着人的精神存在，有着关于“美学”问题的存在，对经济发展中出现的人之精神特征或“美学”问题的关注和研究，诸如“经济精神”“经济美学”“经济伦理”或“美学经济”等是当今经济学研究不可绕开的话题，经济中的美育问题同样值得重视。

同理，具有鲜明“人本”因素的管理学和法学自然与美学密切关联。就“管理”而言，“谁来管理”“管理谁”“如何管理”“管理达到什么样目的”等，都关涉人的角色、人的位置、人的情感、人的心理等。在管理学领域，自然发展到当今时代，无疑体现出生存论维度，体现后现代主义美学的人性诉求。于是，产生于人本化的管理实践，“管理美学”或“文化管理”成为当今管理学领域中的热点话题。如今我们可以看到，几乎所有大的企业家都投资艺术，政治家和企业家都读有关美学的书，都从艺术中获得他们企业创新的灵感。可以说，审美的很多原则直接成为社会改革和经济管理的指导思想和操作原则。就法学而言，对法学进行本体思考，即立足于生存美学来考量，法治作为人的一种秩序性追求和制度安排，是人的一种生存样式或生存方式，记载了人的自我意识。建构人与法的审美关系，探寻法的审美维度[②]，彰显法的人文关怀，法美学就具有存在合法性。由此，法美学更凸显出人性、正义性与和谐性。可见，法与人的情感、道德等密切相关，法体现的人文精神，也是一种美的精神，负载着美育功能。

美融入生活的每一个细节之中，美学与诸多学科得以交叉，与经济学、管理学和法学存在着诸多交集，这也是“日常生活审美化”的一种体现。费瑟斯通的“日常生活审美化”理论在国内影响巨大。按照费瑟斯通的看法，“日常生活审美化”可以包含三种含义，一是艺术的亚文化，即达达主义、先锋派等艺术运动；二是将

① [法] 奥利维耶·阿苏利：《审美资本主义：品味的工业化·序言》，黄琰译，上海：华东师范大学出版社 2013 年版，第 1 页。

② 李庚香：《法美学》，郑州：大象出版社 2007 年版，第 1 页。

生活转化为艺术，“花花公子，把自己的身体，把他的行为，把他的感觉与激情，他的不折不扣的存在，都变成艺术的作品”①；当然，还有第三方面，即充斥于当代社会的符号与影像，这让当代社会成为一个符号化社会，真实与影像混淆了，而“美”就这样充斥于各处。对此，德国哲学家韦尔施也有他的看法，韦尔施将日常生活审美化划分为“浅表审美化”与“深层审美化”两个层次。浅表审美化指日常生活被艺术或审美的方式“包装”，成为一种生活方式和社会时尚，它与商业经济深度融合，审美需求与消费欲望互相渗入，最终成为消费社会的重要表征。“深层审美化”则是指“技术与传媒对我们物质和社会现实的审美化”，“生活实践态度和道德方向的审美化”以及最为重要的“认识论的审美化”②。

当然，我们这里不去区分二人理论的差异，而更多关注的是，如今的艺术或美与日常生活紧密相连，生活在转换成艺术，艺术也在转换成生活。如城市规划、景观设计、居室装饰，甚至商场购物等，需要美学哲学内容的支撑，休闲产业、旅游产业、大众媒体产业或创意产业等体验经济，正迅猛发展。这些无不印证着，人们对高品质生活的追求。同时说明，精神产品与产业发展，正产生密切的互动效应。经济精神、管理美学、法治文化等这些热点，在催逼着我们大学美育要进行特色化美育学习，这也是新时代大学教育的历史使命。

中国特色社会主义进入了新时代，新时代中国社会的主要矛盾，变为了人民日益增长的美好生活需要和不平衡不充分的发展之间的矛盾。党的十九大报告强调，为把我国建设成为富强民主文明和谐美丽的社会主义现代化强国而奋斗！“美”成为今天空前关注的一个关键词。“一校一品”“一校多品”，“开发具有民族、地域特色的地方和校本美育课程”，这些都是国家有关特色美育的顶层设计，开展特色美育势在必行。下面，我们就从经济精神、管理美学及法治文化等几个方面入手，进行专业特色美育学习，以求明白：未来我们要成为一个什么样的大学生，才无愧于这个时代。

第二节　经济精神

教学视频

我们来解析以下这几个案例。青海省极力建设三江源国家公园，企业家大力投资高校、高科技研究院。

① [英] 迈克·费瑟斯通：《消费文化与后现代主义》，刘精明译，南京：译林出版社 2000 年版，第 97 页。

② [德] 沃尔夫冈·韦尔施：《重构美学》，陆扬、张岩冰译，上海：上海译文出版社 2002 年版，第 40 页。

我们为青海省的生态意识和著名企业家的社会责任、担当精神而心生钦佩。我们就此思考，企业家捐款或投资的背景以及所指向的领域是什么？稍微了解情况的，都会知道，这里有一个大背景即世界贸易间的激烈争端，贸易争端中的焦点是关于知识产权的争论，“中兴事件”就是涉及核心的“芯片”问题。当我们处在非常被动的境地，甚至几乎“无法生存”，我们反思：中国创造何时才能让我们更主动？于是，科技的战略高地被提到空前的地位。很多企业家的投资都集中在人工智能、生命科学、量子计算、新能源等高科技领域。加上前段时间，马云进入电子科技产品领域，关注最核心的 CPU 核心处理器，芯片行业。不难看出，企业家们意识到，经济体量再大，没有自己独创的知识智慧产品，也会受制于人，企业的生命力不会长久，国家民族的尊严就会受到挑战和影响。

所以，企业家们是以强烈的担当精神，履行其社会责任，进行产业战略转移，我们为他们的担当和危机意识点赞！制度创新需要一种精神，尤其是作为“经济领袖”的企业家更要有一种国家主义精神、公平公正精神和经济人道精神。但请注意，上面提及的“知识”“产权”和“智慧”，正是经济发展背后重要的精神要素，新兴产业的蓬勃发展更能说明，由“知识”“智慧”“情感”为推动力所生产出来的精神产品，越来越成为当今经济发展的朝阳产业，并深度地影响人们的生活方式和价值理念。如今，人们对“经济”又有了新的思考，关于经济的人文维度更是引起学界和顶层决策者的高度重视和关切。

就词源而言，“经济”一词，在西方源于希腊文，原意是家计管理，古希腊哲学家色诺芬著作《经济论》论述了以家庭为单位的奴隶制经济的管理。在中国古汉语中，“经济”一词是经邦和济民、经邦和济世、经世济民等词的综合或简化，有“治国平天下”意思。其内容不仅包括国家如何理财、如何管理其他各种经济活动，而且包括国家如何处理政治、法律、教育、军事等方面问题。很显然，在中国语境中，“经济”的内涵更为宽广，也具有更广泛的文化意义上的内涵。

事实上，人类社会发展的根本动因在于生产方式的矛盾运动，在此基础上，促进经济变革，物质生产力得到大大提高，这其中会逐步带来物质资本和人力资本的积累。物质财富的渐趋丰富，人自身需要不同层次的期待，人们不会仅仅满足于物质生活的需求，还有更为丰满的精神生活需求，实现了由“求利”的功利性到人文的超越性需求层次的提升。但问题的另一方面，随着以“无形之手”操纵的具有很强功利性的市场经济的快速发展，市场经济如何健康运行、社会如何可持续科学发展、负面的灾难性问题如何规避等问题值得关注和深思。尤其是从全球发展来看，那种“唯 GDP”的传统发展思维早已显现出诸多缺陷，也越来越引起人们的怀疑和批评，因为它代表的经济增长背后是少数人可以获得经济增长带来的大部分好处，而环境破坏带来的恶果却要由其他大多数人来承担。并且作为为全社会指引方向的经济统计指标，“GDP 的误导，掩盖了人类在追求经济增长过程中的不公平性……发达国家仍旧坚持自己的价值观和特殊的生活方式，他们所谓的环境保护，只不过是把污染向发展中国家转移。”[①]问题的关键在于，随着经济理性的片面发展，人们过于追求物质功利，经济活动中人的存在价值被忽略和抽空了，人被物化，从而变得没有思想和情感。

实质上，经济的发展是人的全面发展，是人与社会诸方面的协调发展，经济发展的目的是让人过得更幸福，更富有尊严。很显然“经济”内涵具有鲜明的“以人为本”的维度。经济增长的条件除了有物质资本和人力资本的积累外，还有人文性质的，诸如文化认同、道德信仰、知识智慧等精神资本，这也是现代社会经济增长的重要条件。就我国而言，建立和完善社会主义市场经济，不仅仅是制度和体制层面的东西，也是一种精神和气质上的适应与追求。社会主义市场经济客观上追求的是竞争、求利、计算等精神，但还追求一种“道德市场”[②]。所以，如今我们应以新的思维来对传统“经济学”进行思考和审视。尤其重要的是，人们越来越认识到经济学影响到人们的情趣、信仰和道德规范。正如有学者所说：“在最高境界中，经济学不是一堆结论，不是一组数学公式，也不是一种逻辑，甚至不是一种分析方法，而是一种信仰，一种文化，一种精神。”[③]“经济”内涵更凸显了“以人为本”的维度，人的思维方式、价值观念、情感心理以及人之生存意义的追寻，都是在经济发展过程中，越来越引起人们关切的精神要素。这是一种新的发展观，即科学发展观。“经济”与“精神”产生了密切关联，“经济精神”也日益受到学界和顶层决策者的普遍重视。**所谓“经济精神”，就是指“经济平稳健康运行中经济主体所呈现出的各种心智，包括智力支援、人文支撑和信心驱策”**[④]。人文性是经济精神的重要特征，基于人生存觉醒意义上的人文关怀则是经济精神所体现的最高精神：获得感、幸福感、经济公正、人与自然的和谐、人的全面发展、伦理认同、国家意识等。从这个意义上更可明确地说，中国的社会主义市场经济本质上就是一种人本经济，如今人们空前关注生态伦理、美好生活、生存质量、经济文化化等正是这种人本经济的体现。中国特色社会主义进入了新时代，新时代的中国，就相应会出现以关注社会全面发展为目标的“新经济”。人对美好生活向往的精神生产相较于物质生产，越来越具有突出地位，智慧、知识、情感将对经济重构起到关键

① 杨帆：《从生态经济学角度解读中国经济增长率》，《改革与理论》2002 年第 9 期。

② 程文晋：《经济精神论：中国经济改革实践的理性思考》，北京：中国经济出版社 2004 年版，第 11 页。

③ 盛洪：《经济学精神》，广州：广东经济出版社 1999 年版，第 273 页。

④ 程文晋：《经济精神论：中国经济改革实践的理性思考》，北京：中国经济出版社 2004 年版，第 10 页。

的作用，说“这个新的时代就是精神经济时代”[①]，这种说法也不为过。美学经济、体验经济、文创产业、经济伦理、企业家的社会责任等就成为一个个新的热点话题，经济中的“精神”要素正成为人们不可绕过的关键维度，这是社会发展进步的表现，也是经济精神的凸显。

“经济精神”这一范畴，充分体现了人本经济学理念。在物质财富几乎过剩、人们越来越注重精神消费的今天，经济精神更值得我们去关注和研究，相应的领域主要有经济伦理、经济美学、文化产业等方面。对于经济相关专业的大学生来说，我们更应以宽广的视野，对经济投入精神、理念视角的审视，从中我们会发现背后的责任、价值追求等，这其中就必然会涉及美育话题。

第三节　经济伦理

山西某企业污染事件被曝光后引起舆论热议。这家市值45亿资产的国有大型化工企业、上市公司，拥有“全国五一劳动奖状”“山西省优秀企业”等多项光环，并在2004年通过ISO14001环境管理体系认证，可以说是一家“名副其实”的环保企业。但光鲜表面的背后，工业废渣污染，工业废水排放，环保监管推诿，当地环境与村民健康受到破坏等问题触目惊心。近几年与生态危机相关的报道屡见不鲜，从一个侧面说明在经济巨幅增长的背后，生态环境的严重破坏，人类生存与发展受到威胁等问题正在浮现。

特斯拉品牌在近年曾多次宣布汽车召回，并且其中很多都是在用户没有反馈，但公司自查认为存在安全隐患而主动召回的行为。这样的主动召回既维护了公司未来的产品信誉和形象，也是企业社会责任的体现。这表明在追求利益最大化经济目标的今天，遵循道德伦理规范和行为准则才是企业实现经济效益和社会责任的“双赢”，在市场竞争中站稳脚跟的关键。

这两个案例中，我们提及的生态危机与企业家的社会责任等，都属于经济伦理范畴。那么何谓经济伦理？经济伦理是存在于经济运行和活动中的价值目标、伦理关系、道德原则和道德规范的总和，是对人们在生产、分配、交换和消费等经济生活中所产生的道德观念、道德规范，以及对社会经济行为的价值判断和道德评价。经济活动也由此体现出鲜明的经世济民的思想以及道德血液。市场经济是竞争激烈的经济，具有很强的求利性。长期以来，人们对经济主体如何处理赢利欲望与道德规范之间的关系存在着争论。随着市场经济本身的成

① 李向民：《精神经济》，北京：新华出版社1999年版，第2页。

图 13-2　亚当·斯密

熟与发展，随着人们从人文关怀的角度逐步深化对市场经济本质的认识，如今我们都具有这样的共识：企业家应当拥有一种对道德境界的向往与追求，不能仅仅唯利是图；企业家良好的道德形象及社会责任意识本身也是一种宝贵的战略投资。

事实上，“经济学”是从哲学分离出来的学科，基因之中与哲学与人性之中的道德密切相关，这一点的提出，现代经济学之父亚当·斯密（图 13-2）功不可没。亚当·斯密在《道德情操论》中告诫我们：“如果一个社会的经济发展成果不能真正分流到大众手中，那么它在道义上将是不得人心的，而且是有风险的，因为它注定要威胁社会稳定。”①可见，经济的发展让大多数人有满足感是在义理之中，这涉及经济主体的责任问题，也与人道主义密切相关。但亚当·斯密在探究经济运行的内在隐秘逻辑时，指出有一只“看不见的手”即市场在支配着经济的发展，而这其中的动力则是这只“看不见的手”驱动着每一个个体对私利的追求，每个人更为关心的是他自己的利益，而不是社会利益。很显然，亚当·斯密把“道德”从经济学里剔除了，似乎“道德”与“经济”水火不容。亚当·斯密这种看似矛盾的论点，也代表着当今诸多利益至上的经济人的观点。但我们认为，亚当·斯密恰恰从不同视角指出了社会发展不是单向度的，而是多维度的、全面的，忽略任何一个维度都可能带来意想不到的后果。

如今，我们不能不正视经济发展中因伦理缺失而出现的责任失范等重要问题。目前我国的改革已步入深水区，由利益矛盾所引发的社会结构重组、价值观念冲突处于一个剧烈变动的时期，企业所应担负而尚未真正履行起来的社会责任外在表现为道德行为失范、价值判断多元化以及社会秩序的不断调整。一些企业

① [英] 亚当·斯密：《道德情操论》，谢宗林译，北京：中央编译出版社 2008 年版，第 97 页。

片面地追求产值和利润，把蚕食土地、榨取资源视为获取财富的捷径。森林、矿产、动物、荒地、草原等成为掠夺或捕获的对象，有毒气体和污染物质无节制地排放，这些导致严重的资源浪费和生态损害。于是，“生态伦理”的提出就成为伴随着社会进步和科学技术发展必然出现的问题。而从经济伦理的视域来看，作为企业“灵魂”的社会责任与社会发展的脚步渐行渐远，诸如人本关怀乏力、生态学危机加剧以及社会担当严重不足则是当代中国企业社会责任缺失的主要表现。实质上，经济发展强调道德的约束与规范，这里就涉及可持续发展的思想。联合国环境与发展委员会将其定义为：既满足当代人需要，又不损害后代人满足需要的能力发展。可持续更为强调的是，人们应走出人类中心主义，张扬协调发展的社会正义精神，以道德的态度对待大自然生存环境，维护环境生态的健康状态。如今，“绿水青山”就是“金山银山”，构建“美丽中国”等理念已深入人心。这是一种可持续的科学发展观，也是经济伦理思想的体现，更是作为世界第二大经济体国家担当精神的体现。

经济伦理侧重从伦理道德角度，在理论层面上去考察、规范经济活动，关注人作为主体在经济运行过程中的利益关系与伦理问题。其实，中国古代的商人较早地就意识到了这一问题。例如以徽商、晋商、潮商为代表的中国“三大商帮”，在他们的训言中，“诚、义、和、信、利”的儒家文化思想成为指导经商的准则，而他们追求的更是“儒商”人格典范与道德修养。实际在今天，古代商帮的文脉和社会责任感也影响着当代企业家。比如联想控股董事长柳传志，在出席“2017创响中国北京站启动仪式暨全球创新峰会之产业双创高峰论坛”上，就做了关于“新常态下企业家的历史机遇和时代责任”的主题演讲，提到“先富帮后富是企业家应尽的社会责任”；马云也曾建议企业家群体要“对昨天充满感恩、对未来充满敬畏、对今天充满珍惜”，他认为：“经济问题的第一担当者、第一个责任人是企业家群体，所以企业家必须有担当，必须学习，由内而外，为自己成长创造价值，为社会进步创造价值。”这些意见与建议，无不是强调着企业必须超越把利润作为唯一目标的传统理念，强调生产过程中对人的价值的关注，强调对环境、消费者、社会的贡献。

可以说对古代商帮的文脉和社会责任感的传承是当代企业家必备的文化素养。随着经济和社会的进步，企业不仅要对赢利负责，而且要对环境负责，并承担相应的社会责任。经济伦理也要求我们重新审视经济发展和人类存在的关系，比如对自然生态，它要求我们与自然的关系不是功利的关系，不是利用的关系，而是和谐共生的关系，如何达到和谐共生呢？德国诗人荷尔德林说：“人，诗意地栖居。”这启示我们，让人在自然中处于一种诗意状态，让人对待自然的态度由功利变为非功利的态度，即一种欣赏的审美态度，就会让我们重新看到自然的魅力，让我们与自然共在。作为一名当代大学生，这些经济伦理事例也引导、启迪着我们，应做一名锐意进取、敢于担当、勇于承责的人，只有这样，才能把企业做大、做强、做久，才能为社会慈善事业、环境保护、社区福利投资等贡献更多力量。

第四节　文化产业内涵及属性

现代的山水实景演出项目，给我们呈现的是声光电及文化完美结合的视觉盛宴。它们有一个很响亮的文旅品牌：实景演艺。这是一个极具创意的新兴文化产业，此类产业鲜明地体现了经济精神的特征。人们往往对经济精神关注更多的是价值观念和思维方式，对其中的情感心理因素重视不足，而文化产业恰恰凸显的是人们情感心理维度。文化、情感或美学与经济发生着密切的关联。可以说，当今社会的主题词就是“文化”，经济文化化、文化经济化是经济结构转型和经济高质量发展的重要体现。一个不懂文化的人，不明晓当今中国发展进入新经济发展的新时代的人，那他必是落伍了。

所以，文化产业是这几年的热门话题，成为真正的朝阳产业，成为各国各地经济发展的引擎，国内外都在极力打造自己的文化品牌。之前可能很多部门都单纯地追求 GDP，低估了文化的力量。这些年，各行业都意识到了文化对经济其实具有巨大的推动作用，同时，经济的发展又能为文化发展提供资金支持。一旦文化形成特色的品牌，就能够引领和带动相关领域的经济发展。可以说，文化产业目前已经成为发达国家和地区发展势头最强劲的产业，被认为是二十一世纪全球最有前途的产业之一。

一、何谓文化产业及文化产业发展的新阶段

文化产业这个概念，起源于法兰克福学派对“大众文化”借助于资本和复制传播工具兴起的文化经济形态进行的批判。国际上对文化产业的行业界定以及分类标准没有形成统一的意见。欧盟、日本称之为“内容产业”，英国、澳大利亚、新西兰、新加坡等原英联邦国家称之为“创意产业”，美国称之为“娱乐产业”或者“版权产业”，韩国称之为“文化产业”。联合国教科文组织对文化产业的界定是：“文化产业是按照工业标准生产、再生产、存储以及分配文化产品和服务的一系列活动，采取经济战略，其目标是追求经济利益而不是单纯为了促进文化发展。”国家统计局《文化及相关产业分类（2012）》把文化产业定义为：文化及相

关产业是指为社会公众提供文化产品和文化相关产品的生产活动的集合。我国学界一般将文化产业界定为：**从事文化产品生产和提供文化服务的经营性行业。**“文化产品”和“文化服务”构成文化产业内涵两个重要内容。我们到旅游景点去旅游的时候，一般会购买纪念品，纪念品就是文化产品。当我们带回某个纪念品的时候，带回来的实质上是那一段文化历程，深藏在内心的文化情怀。对于一个国家来说，也叫文化记忆、文化传承。所以，文化产品只是载体，精神文化才是关键内容。一般而言，文化产业根据时间、空间和技术相关性，分为特色文化产业、传统文化产业和新兴文化产业。

中国特色社会主义进入新时代，我国社会主要矛盾已经转化为人民日益增长的美好生活需要和不平衡不充分的发展之间的矛盾，文化产业蓬勃发展正印证着人们对“美好生活”的热情期待。人们的生活品位和生活质量正在逐步提高，更为重要的是人们的情感结构在新时代发生着很大的变化：追求祥和、休闲体验、审美消费。“美”融入生活的方方面面，这也是经济发展、人文关怀的体现，人们生存的维度更加凸显了美学的元素，其中“文化”就负载着这种“美”的活力。经济的文化化，经济以独特的新质满足着人们情感的需求，于是“美学经济”正越来越受到人们关注。“美学经济”，也被称为“体验经济”，注重的是向消费者提供具有一定情境体验与极富美感的文化产品及文化服务，创意和美感为其核心创新元素，最终促进消费者舒心地进行审美消费，获得丰厚的经济利润①。可见，由“美感”指涉的“情感”是美学经济内在重要驱动力，美学经济满足的正是消费者的情感需求，正如约翰·奈斯比特在《大趋势》一书中写道：“每当一种新技术被引进社会，人类必然要产生一种需要加以平衡的反应，也就是产生一种高情感，否则，新技术就会遭到排斥。技术越高，情感的需求也越大。新技术的应用是社会生活改变的范围，也是高情感需求产生的范围，甚至会延伸到社会生活的各个领域。”约翰·奈斯比特意在说明，经济由低级向高级发展，技术只是外在地起作用，而非决定性因素，真正起决定作用的是人的情感需求，经济的发展由此彰显出鲜明的人文关怀，经济由此与美学产生密切的关联。

如今的经济发展要能充分地满足消费者的情感需求，就要在“如何满足”即“创意”上下工夫。放眼全球新兴经济的发展，我们会发现，推动发达国家经济增长要素的是知识，而不再仅仅是资本和土地等。这种知识落实在代表产出的产品或服务上，就是创意——一种感性、欢愉、体验的生活态度和美学。于是在文化产业，文化正以“美”的形式和内涵，打破疆域界限从小众专享向大众消费传递，并通过移动互联等技术迅速蔓延，点燃了以创意为核心要素的全新的文化产

① 李君：《文创 3.0 与艺术品产业创新》，北京：世界知识出版社 2016 年版，第 2 页。

业时代，即“文创 3.0 时代”[①]。文化产业渐进到文化创意产业，其中更突出文化创意、体验价值和规模生产三个有机构成要素。创意产业（creative industry）最早由英国提出，涉及设计、建筑、广告、公关、会展、软件和动漫等诸多领域，其所指涉最重要的是用感性的大脑，去创造让人愉快而希望拥有的某种价值。“创意”是这个时代的主旋律，是当下经济转型和结构调整所需要的“创新”与“创业”的动力之源。文化创意产业凭借独特的产业价值链、快速的成长方式及广泛的渗透力、影响力和辐射力，不仅成为全球经济和现代产业发展的新亮点，也构成中国经济新常态。即用发展代替增长，用社会全面发展代替 GDP 增长，用价值机制取代价格机制作为市场的核心机制，这必然对我国经济社会发展产生深远的影响。

二、审美消费与文化产业发展

在“文创 3.0 时代”，在“美学经济”时代，大众消费也出现了新的特征。首先，消费者具有很高的“审美能力”，把消费当成一种自由的实现。我们一般会认为高智商 IQ 和高情商 EQ 很重要，殊不知这些都比不上有吸引人的审美指数 AQ 重要[②]。拥有高审美指数的消费者才能深度体验到产品的品位，获得舒心的精神愉悦和情感价值。消费本身就是一种自由，这种“自由”就是消费者美学体验的生活态度。于是，产品品位的不同，消费者需要层次不同，造就了消费的鲜明个性化特征，专注于审美品位的时尚消费就是其中代表。从某种意义来说，消费者的审美品位即鉴赏与享受的能力就是经济发展的重要动力。正如法国学者奥利维耶·阿苏利所说：“资本主义已经逐渐发展成审美品位的资本经济。审美资本主义决定了消费者的审美品位将成为推动工业发展的动力。”[③]其次，营销手段的美学化。产品本身的美学化，消费者审美能力较高，那么在营销这个环节就要有与之匹配的高质量的策略即审美营销，审美营销手段一方面要求促销者本身具备很高的美学素养，另一方面要训练消费传播工作者们不再专注于理性与功能的领域，而是大规模地投资于情感与享受的领域，于是情感沟通、真情体验和广告等大众媒体的唯美化参与，就成为重要的营销策略。另外，消费的“符号化”倾向，即消费需求重在美感符号的象征价值。在“文创 3.0”的大众消费时代，商品由使用功能的优劣转向象征符号的高下竞争，开发商品的重心就由对制造流程和成本管

① 李君：《文创 3.0 与艺术品产业创新》，北京：世界知识出版社 2016 年版，第 1 页。

② 詹伟雄：《美学的经济：台湾社会变迁的 60 个微型观察》，北京：中信出版社 2012 年版，第 37 页。

③［法］奥利维耶·阿苏利：《审美资本主义：品味的工业化》，黄琰译，上海：华东师范大学出版社 2013 年版，第 7 页。

理合理性的专注，转向了由工业设计、产品包装和广告营销主宰的美学领域。那些具有较高“美学能力”和“审美品味”的消费者，其消费的目标不再是商品的使用功能，而是附着在商品上的品牌“象征符号功能”。消费者对商品符号的永恒迷恋和沉醉，就会出现超量和过量消费，或者持续的稳固的消费。高素养的促销者迎合具有一定“审美品位”的消费者，产业链或系列衍生产品就会相继出现，《哈利·波特》产业就是一个代表。

传统的模式是作家写书，然后出版社出版，观众买来看。但是《哈利·波特》不是这样，当罗琳写出了小说之后，马上就被拍成了电影，电影上映前会有大量的商业推广活动，随着电影的热播，涌现出不少哈利·波特的“粉丝”。然后，商家会推出一系列哈利·波特的文化产品，如书、影碟、剧中服装、道具等。这些文化衍生品的畅销，一方面为商家赚了钱，另一方面也是一种宣传广告。紧接着，罗琳又写出了《哈利·波特》第二部作品，马上又被拍成了电影，然后又是文化衍生产品的推出。然后是第三部、第四部……在这一次次的循环之中，“哈粉”越来越多，影响力也越来越大，“哈利·波特”逐渐成为一个品牌，围绕“哈利·波特”品牌形成了一个产业链。在这个产业链条里，有作家、出版商、电影人、媒体人、产品设计师、企业家……这些人为着一个共同的目的走到了一起。有人曾经估算过，《哈利·波特》带来的经济价值超过60亿美元，这是任何一个传统作家都无法想象的。《哈利·波特》的成功不是罗琳一个人的成功，而是艺术家、媒体、商家共同作用的结果。这就是文化产业。现在人们越来越发现文化与经济的相互促进作用。文化的发展可以带动经济发展，刺激消费；同时经济的发展也可以推动文化繁荣，打造文化品牌，扩大文化影响力。当然，文化消费，审美消费，文化诱惑，文化陷阱，文化批判，这也是很多文化学者不断提醒的辩证消费观，值得我们思考。

三、文化产业属性

我们来看这样几个文化产品。

一个是河南镇平玉，大师雕刻的“白菜”（图13-3），鲜活逼真；一个是天津的“泥人张”彩塑（图13-4），惟妙惟肖；一个是开封的汴绣，大气磅礴。这些产品不能吃，也不具有实用价值，只能“把玩”。但却有很多人痴迷陶醉，为什么？或者说这些文化产品存在哪些价值属性？

我们可以将其概括为以下五个方面：

第一，精神性。这一点比较容易理解，作为文化产品，其产品只是载体，精神文化才是关键内容。如前所述，在文化里面有很多精神价值追求。

第二，意识形态性。这主要是由文化的特性决定的，任何文化产品都不可避

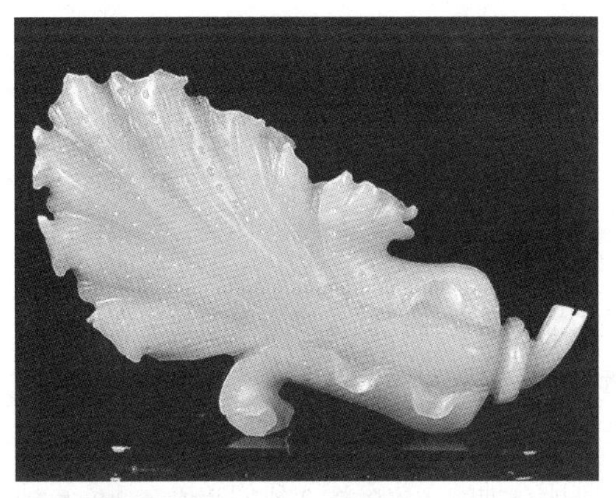

图 13-3　玉白菜

图 13-4　天津“泥人张”彩塑

扫码观看彩图

扫码观看彩图

免地带有意识形态的特征。大家是否发现，每当一种外来文化进入中国之后，就会不知不觉地将该国的价值观、人生观也一并带进来了，这是不可避免的。当你长时间地沉浸在这种文化中时，你原有的价值观和人生观就会逐渐被改变。这也是我们国家这些年越来越重视自己的文化产业的主要原因，如果年轻人消费的文化产品都是外来文化的话，势必会对中华优秀传统文化的传承造成冲击。

第三，创意性。一个文化产品要实现经济价值，要畅销，就必须能够吸引消费者的眼球，必须与众不同，这就需要创意。再有文化底蕴，如果没有点子，没有创意出来，产品也卖不出去，人们也不会去买。

第四，价值延伸性。延伸性是什么？就是价值不但不会减弱，而且不断有延伸空间。文化产品与别的产品不同，它不会随着时间的流逝而损耗，比如一件艺术作品，年代越久远，其价格越高。它刚开始可能只有艺术价值，但是后来有可能产生收藏价值。

第五，真实性。文化产品是有载体的，它不是抽象的、纯精神的，而是实实在在有实物存在的。这也是文化产品与纯精神的文化之间的区别，文化产品有助于将精神文化物质化，对于文化的传承是有积极作用的。

正是因为以上属性的存在，那些文化产品才具有更多的附加值，能满足人们多种需求。文化产业对于一个国家的经济和文化的发展起着不可忽视的作用。我国的文化产业正蓬勃发展，近年来，国家出台多个涉及文化产业的政策，扶持和推进文化产业发展。2009 年《文化产业振兴规划》公布，指出要大力发展作为国家战略性产业的文化产业。文化部发布的《关于加快文化产业发展的指导意见》确定了演艺业、动漫业、文化会展业、艺术品与工艺美术等 10 个重点领域，并明确了各个领域的发展方向。2014 年《国务院关于推进文化创意和设计服务与相关产业融合发展的若干意见》颁布，文件确定了推进文化创意和设计服务与相关产业融合发展的具体政策措施。这些都很好地促进了文化产业的现实发展，更促进了优秀传统文化的传播，提升了文化影响力和国家软实力。

第五节　河南特色文化产业

在我们了解文化产业内涵及其相关属性后，现在我们把目光投向河南省的特色文化产业，以探讨其中特征及发展等诸多问题。

禹州钧瓷、南阳独山玉、开封三宝之汴绣、朱仙镇木版年画和官瓷、浚县泥咕咕等，每个都独具地域文化特色，都是其所在地的文化名片。我们知道，河南省地处中原腹地，历史悠久，有着丰富的历史文化资源，基于此极具特色的文化产业如今发展得方兴未艾，彰显传统文化底蕴特色的文化产品也颇具影响力。首先我们来梳理河南文化产业发展的三个阶段。

一是摸索与探讨期（1978—1994）。1978 年，党的十一届三中全会通过并确立了“解放思想、实事求是”的思想路线，为文化产业的起飞和发展提供了前提保障。这一时期河南省的文化产业，是在原有的文化体制框架下发展的，确切地讲是在文化事业的主导下，主要在流通领域进行的；二是奠基与扩展期（1995—2004）。1992 年，党的“十四大”把我国经济体制改革的目标模式定位于建立社会主义市场经济体制，1992 年被看作我国文化产业发展第二个时期的起始点。1995 年，河南省政府出台了《河南省文化市场管理条例》，在针对文化市场进行政策管制的同时，确定了文化市场在河南的地位；三是全面加速发展期（2005 至今）。省委、省政府在 2005 年出台了《中共河南省委、河南省人民政府关于大力发展文化产业的意见》，明确提出了发展河南文化产业的总体思路。至此，河南文化产业得到快速发展，特色文化产业就是其中的亮点。

那么何谓特色文化产业？一般情况下，特色文化产业具有三个核心要素：区域、民族和特色文化资源。但最终要依托高新技术、创意和市场，才能形成一定产业经济。例如河南开封旅游文化业主打宋朝文化，这是源于开封曾是北宋的首都，具有鲜明的历史和地域文化特色。特色文化产业，与传统文化产业和新兴文化产业这两个概念密切相关。传统文化产业主要是以本民族的传统文化资源为依托，所以从某种意义上来说，某个地域的传统文化也是其特色文化，传统文化产业也是一种特色文化产业。而新兴文化产业是在网络信息化时代背景下崛起的以网络技术和数字技术为主的高新技术为依托，以创意为基础，集群化发展的文化产业为新兴文化产业，其引领着文化产业的发展与变革。很明显，特色文化产业传承着传统文化，是特定区域或民族的精神依托标签，特色文化产品往往就是特定集体记忆的载体符号，负载着特有的文化情怀，因而具有很高的精神价值。所以，钧瓷、开封三宝、唐三彩、汴绣、安绣、剪纸、玉雕、漆雕、泥雕等特色文化工艺产品的文化价值往往显得更突出。但是要想在产业经济上有较大的发展，凸显新经济的魅力，还必须融入技术与创意，经过市场的运作，如此就涉及产业结构升级转型。这也正是河南特色文化产业发展的必由之路。

目前，河南特色文化产业发展势头良好，文化品牌内涵建设初见成效，特色产品历史悠久，地域特色鲜明，产业园区集聚作用初步显现，政府对特色文化产业发展的扶持力度在不断加大，但也存在诸多问题：品牌建设滞后，营销环境不良，家庭式发展观念落后，未能形成集聚规模发展模式，技术融入不足等。这些也许是各省各地诸多特色产业发展存在的共性问题，解决这些问题，可以在精心打造优势品牌、创新产业模式、加快文化旅游融合、加大创意技术投入等方面，多下工夫。

但有一点要强调，河南特色文化产业存在的土壤是所在地的特色文化，这是其文化产品的底色，也是彰显差异性的关键所在。因为特色文化是人们在长期的生产、生活实践中所形成的共同价值观念，是人们得以存在繁衍和发展的内在根基和精神动力。这些都显示出了文化产业的诸多属性。问题的关键是，不能让这特色文化土壤成为束缚发展的绊脚石，要融入新技术新创意，激活产业活力，必要时走出省外，走向世界，让特色文化产业更好地承担传承民族文化的历史使命。文化产业是国民经济中具有战略性、支柱性的产业，是推动经济结构调整的重要着力点，是满足人民美好生活需求的重要途径，是推动中华文化走出去的主导力量。所以，如今在新经济发展的大背景下，发展河南文化产业，包括特色文化产业，对于实现中原崛起、河南振兴、富民强省具有重要的推动作用。

因此，对于学习经济专业或未来从事与经济发展相关的学生来说，学习文化产业的相关知识，要自觉意识到自身肩负着传承文化、发展民族经济等使命，要努力做一个有情怀的推动经济发展的个体。

【拓展阅读书目】

1. 李向民：《精神经济》，北京：新华出版社 1999 年版。
2. 王小锡：《道德资本与经济伦理：王小锡自选集》，北京：人民出版社 2009 年版。
3. [法]奥利维耶·阿苏利：《审美资本主义：品味的工业化》，黄琰译，上海：华东师范大学出版社 2013 年版。
4. [英]亚当·斯密：《道德情操论》，谢宗林译，北京：中央编译出版社 2008 年版。

【思考与练习】

1. 当今人们向往美好生活，这对经济发展提出了什么样的要求？以此阐释你对“经济精神”的理解。
2. 以你熟悉的文化产业为例，论述文化产业的价值属性包括哪几个方面？
3. 请从美学视野分析为什么当今对自然伦理或生态伦理空前重视？
4. 假如你从事的是经济学专业的学习或经济发展方面的工作，你认为自己要具备哪些人文素养？

第十四讲 管理美学与美育

第一节

管理学的发展及管理的内涵

第二节

何谓管理美学

第三节

管理美学的基本原理及应用

第四节

企业文化管理

经济发展的实质是人的全面发展，经济发展的目的是让人生存得更有尊严，满足人们对美好生活的向往，所以经济发展蕴含着鲜明的人文关怀（尤其是情感要素）。自然地，如今在追求高质量经济发展过程中，其中的美学元素得到空前重视，并被激活。同样地，从哲学分离出来、彰显人文关怀的管理实践，随着管理学自身的发展及人之精神需求层次的提升，越发负载着丰富的文化元素及美学元素。如日本松下电器是日本第一家有公司歌曲和价值准则的公司，并始终强化企业命运共同体建设；华为的“狼性文化”突出学习、创新、获益和团结精神，追求远大，以产业报国、振兴民族通信工业为目标；江苏省 2008 年前后全省公务员招聘考试，申论写作部分，一改生硬的模式化政论文写作，让考生写演讲稿或散文，目的是考察和训练公务员的情感判断力，等等。管理美学作为新兴的交叉学科，正焕发出崭新的生命力。以美育的视野，审视管理中的美育问题，既是课程美育本身所需，也是对管理学发展新阶段的及时回应。

第一节　管理学的发展及管理的内涵

一、管理学发展的阶段

中西文明史上管理思想久远而丰厚，西方的古罗马帝国政府及基督教的管理思想原则、东方的封建王朝统治思想以及儒家思想，正是西方、东方管理思想形成的历史性依据。但作为一种学问的管理学其实才一个多世纪，即 20 世纪初形成于西方世界，且集中于企业管理领域。学界一般将西方管理科学分为四个阶段：**古典管理理论阶段、行为科学管理阶段、管理丛林阶段和企业文化阶段。**

（一）古典管理理论阶段（1900—1930）

古典管理理论主要包括“科学管理”“行政组织理论”及管理职能理论。科学管理的代表人物是被称为“管理之父”的费雷德里克·泰勒（1856-1915），其《科学管理原理》一书的出版也标志着管理作为一门科学已经形成。泰勒排斥从人性和感情因素来研究劳动与机器的关系，他认为科学管理的根本目的是谋求提高效率，而达到较高的工作效率的重要手段是用科学化的、标准化的管理方法代替旧的经验管理；行政组织理论由德国的马克斯·韦伯（1864—1920）创立，他著有《社会组织与经济组织理论》，提出了非人格化的管理组织的专业理论；管理职能理论由德因享利·法约尔创立，他在管理职能、管理因素和管理原则方面作了较为详尽的分析。可见，古典管理理论较系统地提出了管理原理和原则，目的在于排斥人性和感情、降低生产成本、提高劳动生产率、获取最大的经济效益。

（二）行为科学管理阶段（1930—1960）

行为科学管理把行为心理学引入到管理科学研究中，这些心理学理论资源主要有弗洛伊德的性心理潜意识学说、华生的行为心理学和马斯洛（图 14-1）的心理学等，其中马斯洛的需求层次论为重点引入理论。以此，管理科学重点考虑的是劳动者心理生理承受能力，为劳动者提供较为良好的劳动环境，最终来实现最大的劳动生产率，而著名的“霍桑实验”给这些研究提供了科学意义上的实证依据。可见，行为管理科学与心理学密切相关，主要从人的心理角度来解释人的行为，实现了企业管理从“物”到“人”的转移，“人”成为中心，但最终目的与泰勒的科学管理一样，侧重提高生产率，获得最大效益。

（三）管理丛林阶段（1960—1980）

所谓“丛林”，即指此阶段管理理论学派繁多，诸如管理程序学派、人际行为学派、经验学派、数学学派等。管理丛林阶段管理思想呈现管理组织系统化、管理方法定量化、管理手段自动化、管理思想多元化等诸多特征。

（四）企业文化阶段（1980—）

企业文化管理阶段出现的大背景是西方资本之间，尤其是美日之间对国际市场激烈的争夺。日本的经济成就震惊了美国，日本的管理模式也独具民族特色：以人为中心把企业建成一种人人都关注的命运共同体，而这“共同体”的核心精神则在于企业哲学及企业价值观念体系。日本企业文化由此成为极具凝聚力的文化，诸多美国学者纷纷研究日本企业管理成功的秘诀，诞生了多部有价值的学术成果：沃格尔《独占鳌头的日本——美国的教训》、帕斯卡尔和阿索斯《日本的管理艺术》、威廉·大内《Z 理论》、迪尔·肯尼迪《企业文化——现代企业的精神支柱》。在企业

图 14-1　马斯洛

文化管理阶段，更突出人的中心地位，人的亲密感、归宿感、安全感、幸福感或责任感得到空前凸显，这也明证了管理科学向人本主义管理趋势发展的必然性。

二、何谓管理

通过以上对管理学发展阶段的梳理，我们基本能概括出“管理”是一个为了实现一定目标的动态的系统的实践过程。但对管理内涵的界定，理论界众说纷纭，重心不同，意见不一，为了便于学习交流，我们认同这样的概念界定：**“管理就是在一定的内外部环境条件下，由管理者根据管理的原理对管理对象行使计划、组织、领导、控制等一系列职能与方法，优化配置各种资源，从而高效地实现组织目标的活动。”**[①]这里涉及管理的主体、管理的客体、管理的环境和管理的任务等内容，但贯穿于始终的是人的作用，在管理活动系统中，处于不同位置的人之间的协作和利益的获得，通过“管理”得以调整，实现协调。

由此，管理呈现的一般特征有：一是管理的目的性，管理是人类一种有意识、有目的的活动，管理的目标成为管理组织的出发点和归宿点，也是动力之源；二是管理的组织性，管理不是空穴来风，要依托于一定组织载体，方能实现有序及最终的效果；三是管理的人本性，管理过程以人为中心，把调动人的积极性放在首位。管理的核心是处理各种人际关系。所以，在管理过程中，只有把人的要素作为根本，才能协调好其他要素，实现高水平的管理；四是管理的创新性，管理不是一成不变的，而是在不断变革和创新中，推动社会的发展。所以，在管理活动中，对管理者的素质要求很高，如责任心、学识及诸多能力素养等，为此才能有效地实现计划、组织、领导和控制等管理职能。

依托于一定组织的管理活动，显现出管理活动本身外在于现实的客观自然属性一面，也有离不开一定社会制度社会语境的社会属性一面，这就是管理的二重性。但我们认为，**管理的属性更在于管理的科学性与艺术性的统一**。科学性强调的是要遵循管理内在的规律，艺术性更注重的是作为管理主体“人”之要素的存在。作为管理主体的人的能动性、心理需求及感情变化，对管理效果影响巨大。人是富有感情能动自觉的主体，如何在不同环境下，调整好人之情感的变化，在当今管理活动中显得越来越重要，这就是管理的人本化趋势。做到管理的科学性与艺术性完美统一，是一种挑战，但管理的艺术化却是我们不得不重视的管理技巧与水准，也是时代所需[②]。

管理学发展到今天，不能不高度关切人的存在和人的需求，管理的人文关怀、

① 郭爱民：《管理学》，郑州：河南科学技术出版社 2010 年版，第 2-3 页。

② 管理特征、管理属性等相关内容参考，郭爱民：《管理学》，郑州：河南科学技术出版社 2010 年版，第 12—16 页。

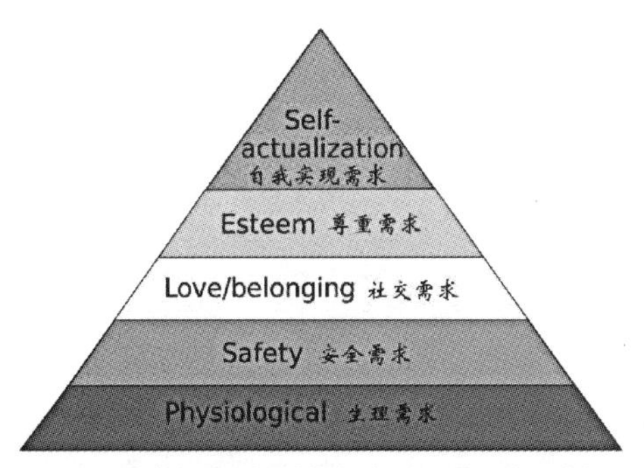

图 14-2　马斯洛需要层次理论 1

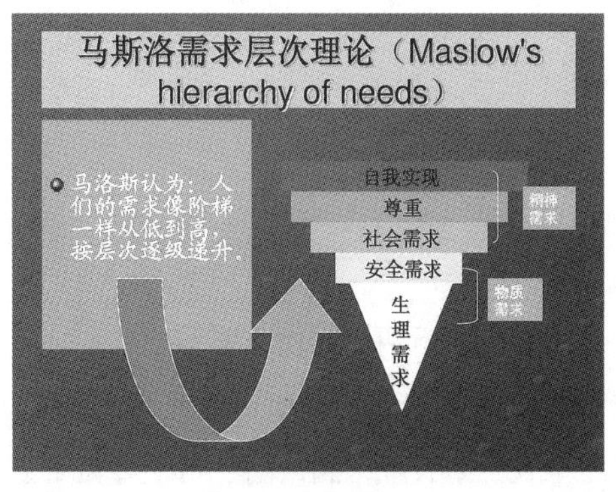

图 14-3　马斯洛需要层次理论 2

扫码观看彩图

扫码观看彩图

管理的艺术化是管理境界提升的重要标志。这里就涉及**马斯洛的需要层次论**，按马斯洛的解释，人的需求就是不断从低级的生理需求向归属、尊重的中级需求和自我实现的高级需求发展。马斯洛的需要层次图是什么形状？是金字塔形还是倒金字塔形？这需要看你从哪个角度来理解。人最高需要层 self-fulfilling，即自我实现，这时是金字塔形（图 14-2）；但是大家发现没有，越是到最高层次，人的生理本能需求就越小，而自我实现、被尊重的需求越大，这就出现倒金字塔形（图 14-3）。这时，马斯洛需要层次论为什么出现一个倒金字塔形？因为自我实现，恰恰他的内心需求渴望是很大的。所以人在成长到一定过程的时候，往往被尊重、被自我实现，价值得到所谓的发扬，这种需求量越来越大。这两个图蕴含着一个道理，即管理的高境界，不仅是满足我们吃喝，关键的更高境界是精神层面。当然人本化管理意义的凸显也与后现代主义美学相关，后现代强调的是个人的独立性，个人的精神自由，尊重自我，追求独立，实现自由。而后现代管理是尊重自我的个人管理，也就是更广泛意义上的文化管理，而文学与美学密切相关，可以说进一步就是美学意义上的管理，这就是马斯洛需要层次论上最高层次的管理，即管理美学。

美学管理学科的出现印证了当代美学发展的一个重要趋势是从思辨、哲理走向实验和实用。美学的泛化，让美学不再是一门“经院哲学”式的象牙塔学问，而是走向一种跨学科研究。显然，在这样的美学学科新进程中，作为应用美学的管理美学应运而生。**管理美学是美学自身发展的需要，也是管理学发展的产物，尤其是产生于人本化管理实践的结果。**在如今，管理者本身需要有很高的素养，要注意，你是不是一个有情感的人，你是不是一个拥有美丽人生的人，你是不是爱读美学、哲学、文学、史学等方面书籍的人，是不是在空间上、身体上、品牌上，都自觉地从美学文化的角度提高管理水平的人，等等。当前，管理已提高到美学的水平上，这是不争的事实。很多企业家都在学习哲学、美学、文学方面的书，这不足为奇，也是现实所需。那么，何谓管理美学？管理美学的基本原理和应用价值，以及与美育有何关联？这一系列问题，值得我们认真探讨。

第二节　何谓管理美学

教学视频

我们来看两个案例。

2016年春节，从事电子生意的浙江人林先生，没有在家里休息过春节，而是驱车五千余公里，到云南、贵州等偏僻乡村，看望他的员工及家人，这让员工及家人很受感动，他们之间彼此了解更多，感情越发深厚。春节后，员工及时上班，更没有离岗现象。这里有个关键的信息是，老板看望员工，传去了温暖和关爱，用真情与员工进行沟通，收到了很好的效果。

马云时常随身携带《道德经》，并非常喜欢艺术。他认为阿里巴巴不是一个企业，而是一件艺术品。在杭州看了吴冠中的画展后，马云说："我现在认为，画家玩的是定格在纸上的艺术，导演的艺术则固化在了胶片里，而我们做的是行为艺术。"其实，马云把艺术融入了公司管理之中，重在强调创新，注重企业的长远发展。另外，很多行业，现都根据各自情况，自觉地把中华优秀传统文化融入企业管理中，这种创造性转化与创新，会给企业文化注入新的活力。

由此，我们可以找到一个共性的要素：管理与文化或艺术，即管理与美学具有天然的联系。因管理人本化、管理艺术化，管理美学进而成为当今颇受关注的热点。管理活动中一定会有人的精神存在，管理是管理者的管理，必然涉及人。只要有人的地方，诸多学科都可以交叉。经济学和哲学能交叉，科技与艺术也能交叉，使其更有艺术哲学的底蕴。管理是一个创造性的精神活动。管理者在管理过程当中，要有情感投入。如果没有情感，所在的团队会像一盘散沙，没有凝聚力，若全靠金钱来维持，绝对不会长久。

任何一个范畴都有核心的要素，在这里，要想深刻理解管理美学的内涵，就要对这里"美"的内涵，即对管理美学的逻辑起点要有清晰确定。

目前，国内有关管理美学的研究侧重点各有不同，关于"美"的本质内涵更是有诸多学说。近几年，我们通过一些课题研究、实践调研或学术交流，对管理美学的体系进行尝试建构。首先，我们认为，**"美是一种看得见的竞争力"**，这是管理美学的内在逻辑起点。"看得见"重在感性的符号、形式，作用于视觉；"竞争力"指的是强"**审美力**"，叫审美情感判断力。"审美力"在美学家朱光潜的著作中多次提及，简单地说就是"感受力"或欣赏力。一个人有没有竞争力，不是看你有多少金钱财富，多高地位，而是看你有没有较强的审美判断力，这才是你走向未来社会得以立足于世的核心要素。

在招聘中，招聘单位会考察应聘者的综合素养，比如敏锐力、观察力、自我判断能力等，这就是人的竞争力。而其中敏感的情感判断力，则是具备差异性竞争力的关键所在。现实生活中，我们也许会感觉到，人们更多地关注生产力、凝聚力（向心力）、团队力、执行力（行动力）、形象力、领导力、影响力等方面的提升，但对审美力的提升却关注不足。如今美学复兴，美深入到生活每个细节，审美力的提升和关注越来越具有现实意义了。何况，随着人们生活质量和消费水平的提高，工业品生产和销售的整个过程，都与美的管理和创造有关，与人的审美有关，这些企业重视审美与生产、销售、经营之间的关系，注意生产环境美、产品美、管理美。为了不断增加企业的竞争力，为取得产品在市场销售中的优势，都十分注意产品的更新换代，注意审美因素的加强。“美”与“竞争力”的提升关联密切是经济发展的必然要求。

“美是一种看得见的竞争力”，这个观点，参照了中国台湾著名美学家蒋勋一篇文章，他认为“美是一种看不见的竞争力”。很显然，蒋勋强调的是美之内在的理念深度，而我们在这里强调的则不仅仅是内在意蕴，还在于外在视觉符号显现。这运用到管理活动中，会有很多内涵维度的扩展。再回到管理美学范畴上，有着一定情感判断力的管理者，其情商，往往自然就高。今天，高情商的人才更能适应激烈的社会竞争。所以，管理美学是美学自身发展的需要，是产生于人本化管理实践的结果，其中以情感融入的审美力，会转换管理的思维方式，更能提高管理的最终效果。

所谓管理美学，“它不是研究企业管理的一般方法、原则，而是研究企业在生产、经营中如何运用美学原理进行美学管理的一门管理学科。管理美学是研究如何把现代美学原理运用到企业管理过程中的一门管理学科”①，是一门应用交叉学科。虽然人们对管理美学存在诸多争议，但管理美学正参与管理水平的提升以及经济发展进程，并发挥着巨大作用，这是个我们不能忽视的时代命题。管理活动中人（劳动者主体）的心理需求与审美修养、生产环境、劳动过程、产品审美功能的设计与包装、空间环境的设计等，都是管理美学研究的对象，也是美学在管理活动中的价值显现。

第三节　管理美学的基本原理及应用

乡村旅游产业如今蓬勃发展，很多山水田园景区给我们提供了绝佳的精神休憩胜地。这些景区的管理，需要我们明白今天的都市居民到底渴望什么样的生活环

① 田蕴获：《管理美学谈》，北京：作家出版社 2003 年版，第 2 页。

境，以及为什么会有这种生活诉求？另外，看这些特色产品，瓷、玉、绣、画，不能实用，为什么会有那么多人收藏？这些都说明人之生存的精神取向要求越来越高，但管理美学不是一个简单的内涵模糊的时尚范畴，它有其基本原理体系和现实应用价值。

一、基本原理体系

（一）生存美学的自觉建构乃管理审美意识生成的哲学根基

人之生存从基本的生理需求，到更高层次的被尊重，马斯洛的需要层次论，提示了其中的心理诉求。但更深层次的原因在于，人在物质基础实现后，有着对美好生活更高的期待，柏拉图的“理式世界”、陶渊明的“桃花源”，或许就是我们的终极所求。诗意地栖居，人生美学，人艺术化的生存，都在说明人之审美意识的自觉。朱光潜说，没有离开艺术的人生，也没有离开人生的艺术，艺术与人生的交融，正是人之审美的高境界。但这一切人生美丽图景的实现，都离不开实践活动，一种向往美好生活的自由自觉的劳动，正是这种劳动创造了美。在此过程中，人类都是具有审美倾向的并遵循着按照美的规律来构造美好世界的原则，由此人们实现了以情感来追寻美、发现美、创造美和传递美。

美是人类社会实践的产物，是劳动创造了美。美是人的本质力量对象化，而管理，作为人类社会实践活动之一，从一开始就和人的本质力量密切相连。从广义来说，管理也是一种美。管理本身理应是人们按照“美的规律”来协调、指挥、监督劳动的过程，管理过程始终洋溢着人性光辉。所以，管理是人之创造性的精神活动，有人的智慧，更有情感等美之元素的融入，管理中审美意识的渗透，催生了管理美学的诞生。一句话，现代管理的审美意识正基于生存的诗意关怀以及情感的激发，基于人性化的情感沟通和相互尊重，基于对生命美学洞察意义上的超越境界，也基于按美的规律创造世界的实践原则。

（二）管理美以诸多符号为载体存在于现实世界

美是一种感性符号形式的存在，具有鲜明的生动的形象性。符号学家们的人文符号论启发我们，我们终究生活在语言、艺术、神话和宗教等符号世界中。“管理”作为人之创造性的精神活动，其审美表现形式也以诸多符号形象客观存在于外界。诸如语言、景观、建筑、声音、文化、身体、品牌等。那些特色产品，其实是一种符号存在，并有丰富的文化内涵，据此，人们会获得一种生活品位的满足。管理活动同样离不开符号，管理者在把握人之诗意生存的精神诉求后，会力求以诸多的合适的符号，呈现独特的美学空间，诉诸人之视觉，就会收到更高的管理效果。

（三）管理的美学特征呈现出自身的特色

管理活动中人的智慧或精神的融入，肯定涉及人与人关系的建构，这其中有关系的相互调整、平衡和竞争等。“美是一种看得见的竞争力”，一个人审美判断力的强弱，决定了其生存空间的开阔或狭窄，也影响着最终的管理效果，以及人最终的幸福感、尊严感、获得感等是否实现。当获得符合人性的管理效果后，就实现了人类追求的与周围环境的和谐状态，这种和谐也是企业与社会间和谐关系的建构，是企业内部和企业外部组织间最佳关系的契合，而这种促成“和谐”的形式美正是管理中审美文化的体现。所以，管理具有自身的美学特征，在管理实践动态中彰显着人的智慧和精神。简单地说，管理美学的特征主要体现在人情向善、人际和谐、绩效最优、社会竞争力趋强等方面。

例如，松下公司较早实行“终身雇佣制”“年功序列制”和“企业内工会”三大制度，这被称为“日本式经营”的三大法宝，分别是指不解雇员工，按职工年龄和工龄确定职工的基本工资，企业本身是大的工会组织，这使职工有了“安全感”，也对企业产生了“忠诚心”“爱社（公司）心”和“归属意识”，自觉地把自己的命运同企业的命运联结在一起。很显然，日本这种经营方式来自中国的“和为贵”等儒家思想。这样的管理智慧，其实就是一种美学精神的实践，彰显出人情向善、人际和谐、绩效最优等管理美学特征。

二、具体应用

日本经营之圣稻盛和夫的经典著作《活法》，告诉我们最高境界的“为人之道”以及企业的真正发展之路；苹果手机的标识缺口的“苹果”，旨在诠释由不完善向完美进取的哲学理念；禹州钧瓷，这个“孔家钧窑”标识，就是孔家钧瓷的代言。还有现在越来越讲究现代化写字楼的办公环境，不仅可用于办公做事，还要让工作人员感觉到在这里工作就是一种享受。由此，我们会发现管理美学思维的运用具有诸多的现实价值。

（一）管理者审美修养的自觉提升

这里，提升的核心内容就是审美力，让人生艺术化。其中，读书是重要的途径。从**文学中汲取管理智慧，从中外古典哲学中汲取管理滋养**，以生态意识平等尊重管理对象，以美丽人生导引健康生活，以审美力提升文化领导力与领导艺术①，关键还是促成人生美学化。

日本十分重视研究我国的古代管理思想，把《孙子兵法》《三国演义》和《西游记》列为日本企业家的必读书目。中国是一个有几千年文化历史的文明古国，有着灿烂的历史文化，在长期的生产实践中，积累了丰富的儒家、道家、法家、兵家

① 有关“文化领导力”参考陈春花，乐国林，曹洲涛等：《中国领先企业管理思想研究》，北京：机械工业出版社 2016 年版，第 248 页。

等管理思想。儒家以“仁”为核心，提出了以仁政、德治为主要内容的管理模式，其逻辑结构在于仁政是其价值观，德治是其管理原则，礼治是其管理方法。这其中贯穿着“和谐”的精神实质，以此突出人与人和人与自然间的和谐，以“和谐”的秩序诉求，服务于治国安邦；法家用“法”规范和衡量人们的行为，主张依法治国，提出以法制刑治为主要内容的管理思想体系；道家的管理思想主要体现在《道德经》中：遵循自然随性的无为而治，彰显逆向思维的以弱胜强，秉持不争居下的后敌而动，渴望理想王国的小国寡民等。

同样，作为记录社会、教育民众的重要工具的文学作品，也蕴藏着丰富的管理智慧。从“文”“道”关系来说，文学作品多以载“道”的形式维护社会秩序，中国古代文学家创作动机多是为国家管理出谋划策，服务于国家管理。一方面真实而客观地反映国家管理的状况，彰显“兴观群怨”价值功能的诗或文学本身就是一部历史；另一方面文学作品为统治者进行管理提供参考或借鉴，从而促进管理的优化[①]。曹丕强调“盖文章经国之大业，不朽之盛事”[②]，刘勰认为“故知道沿圣以垂文，圣因文而明道”[③]，周敦颐提出“文所以载道也”[④]，白居易主张“文章合为时而著，歌诗合为事而作”[⑤]等诸多理论观点，都说明文学与社会与国家管理关系密切，凸显了中国古代文学的政治、社会功能，加上作品本身会帮助管理者提升审美文化修养，这都启发当今管理者应习惯于阅读经典文学作品，自觉从中汲取管理智慧，真正提升领导艺术。正所谓：“文学是一种思维，文学是一种简单美学，协助我们面对企业经营的复杂面向：‘用简单方法，做复杂的事。’”[⑥]

（二）管理者情商的培育

美国心理学博士丹尼尔·戈尔曼凭借《情商：它为什么比智商更重要》一书而成名，“情商”至今成为流行的词。戈尔曼通过科学论证得出结论：情商是人类最重要的生存能力，人一生的成就20%归于智商，80%则归之于情商的影响。戈尔曼还认为，情商是由五种特征构成的：自我意识、控制情绪、自我激励、认知他人情绪和处理相互关系。另外，戈尔曼特别强调，影响组织领导成败的关键因素在于领导能力的情商技巧。戈尔曼的情商理论实质上就涉及情绪、情感的处理，这些正是管理美学的核心要素。要培育高指数的情商，做一个高情商的管理者，就要控制好自己的情绪，让情感投入拿捏适度。培育高指数的情商，具体来讲，关键在于管理者要换位思考、知己知彼、沟通尊重、怀揣梦想等。

① 周国林：《文学与管理》，长沙：岳麓书社2002年版，第6页。

② 曹丕：《典论·论文》。

③ 刘勰：《文心雕龙》。

④ 周敦颐：《通书·文辞》。

⑤ 白居易：《与元九书》。

⑥ 陈超明，谢剑平：《用简单方法做复杂的事：文学与管理的对话》，台北：联经出版事业股份有限公司2015年版，第10页。

（三）职员自身主体的美化

我们都会注意到，很多企业单位都有自己颜色或标记的工作服，工作服其实就是企业的一种形象标志，而作为符号存在的身体，本身也负载着某个单位的气质形象等，这一点很多人忽视了。从某种意义来说，一个人的身体不仅仅是自己的，还代表家族，也代表学校，甚至代表城市和省份。所以，我们要重视身体美，即作为肉体符号的形体美和作为精神主体的气蕴美；树立身体本身就是部门或企业的符号载体这种强烈的责任意识。

（四）空间环境美的营造

如今我们常会发现，很多单位里面的环境景观设施一般都很讲究，办公室里面有花草搭配，显要位置悬挂文化标语，有时还有音乐播放。所以，要做到环境美，就要注重建筑布局、办公空间装饰、色彩搭配、背景音乐、景观创意、工作服装设计、制度修订、企业审美文化浸润、自然社会环境协调等。现代商业、服务业对经营环境的要求，已经提到了审美的层次。商店的门面，橱窗的布置，室内空间的规划，无一不直接影响到经营的效果，谁能体现出更高层次的追求，谁就将赢得更多消费者的青睐。

工作环境的考究，审美化的布局，能让人产生积极的心理效应，从而提高劳动效率。厂区的绿化、花园式建设、色彩的搭配等生产环境同管理者或被管理者的生理一心理效应紧密相连。比如，色彩是造就审美生产环境的重要因素，它对生产者的神经系统和心理的刺激作用尤为明显，它能使人产生复杂的情绪，从而影响工作状态。红色，鲜艳，耀目，富于刺激性。它能创造愉快的环境，也是危险标志，能让人产生紧张情绪；黄色，鲜明，令人舒愉快活，也是警告的标志；蓝色，冷峻，严肃，也是“强制”“不得违反”的标志等。生产环境中颜色过分鲜艳，会使人紧张起来，加快工作的速度，但有时也会损伤神经系统，造成早衰。而比较柔和的色彩则能创造正常的生理—心理效应。所以，这种色彩与光的搭配都在一定程度上影响人的心理，环境美的营造影响工作者的情绪之大，这应引起我们的注意。

（五）产品造型美的凸显

美学经济，文化经济，体验经济，时尚消费，随着消费时代的到来和小康生活的实现，我国的消费需求将从物质需求的逐渐满足很快地向注重精神需求的方向发展。而对精神需求的追求，必然导致对于美的追求。只有审美的境界，才是马斯洛所说的人的自我实现的最高境界。如果说吃饱肚子是人最根本的生理需求，那么，审美则是人最根本的精神需求。美国现代著名经济学家加尔布雷斯说：“消费发展到某一限度时，凌驾一切的兴趣也许是在于美感。”①消费者所购买的不仅是商品本身，更希望通过购买商品，从中同时获得一系列联想和心理的满足，亦即心理的

① 黄河涛：《现代市场的美学冲击：企业审美文化论》，北京：人民出版社1996年版，第3页。

愉悦感。可见，如今在市场经济发展中，美学的冲击力正在越来越强烈地表现出来，人们也是为追求审美的感受而去消费。消费呈现审美化趋势，人们由此能照见自我、感受到生命的价值，这便是**审美的消费**①，文化产业尤其是文化创意产业的蓬勃发展就是适应这种消费需求的。在消费的审美化过程中，顾客的审美需求亦即消费心理成为竞争各方所关注的重心，这必然会促进企业不断开发新产品、新服务项目的积极性和创造性，促使企业根据消费心理的变化趋势，审时度势地制定或改变自己的经营战略。

消费的审美化趋势，对产品的造型设计及经营环境的构建提出了很高的要求。以美的服务（即优质的服务）、情感灌注于营销革命化过程，会大大增强经营的魅力。在这里，我们重点谈谈产品的审美造型问题。随着“买方市场”的出现，消费者必然对产品的美学质量提出更高的要求。消费者更在意产品的外观造型，包括产品的形体、色彩、表面质感、装饰等综合整体给人的审美感受。产品不仅在使用性能及费用上满足消费者，更要在外在造型即创意设计上增加文化的美的内涵，突出产品体现个性的功能，营造一种情感上的美好感觉，最终增强产品竞争力。这其中内在机制是，通过产品可感的造型、品牌、包装、颜色等物质形式，消费者的消费活动不会停留在物质的消费和形式的审美上，而是开启想象的闸门，激起深层情感的浪花，获得对产品的偏爱认同感，即伴随着物质产品的“文化含量”的增加，消费者享受般地品味该产品的名称、造型、颜色或图案等，从而达到从物质实体、形式美到审美心理情感的升华。著名物理学家杨振宁教授曾经把附着在产品上的“很高价值的精神结构”，称为日本经济获得成功的秘诀。这种“精神结构”的物质表现形态，便是 20 世纪 70 年代后，日本产品的“轻、薄、短、小”的审美趋势，这类产品更符合现代社会消费心理的审美趋向。所以，产品因艺术精神元素的融入，再加上适当的美学包装，从而具有独特的符号形象和审美价值，最终使设计美和包装美的产品充分满足人们的审美需要，产品本身自然就会成为市场的宠儿。

第四节　企业文化管理

1989 年冬春之交，日本召开了“诺贝尔奖金获得者日本讨论会”。会上，著名物理学家杨振宁教授对日本企业产品进行了高度评价：“日本有一种能在‘质量’

① 黄河涛：《现代市场的美学冲击：企业审美文化论》，北京：人民出版社 1996 年版，第 8 页。

上发现很高价值的精神结构。”[①]杨振宁说，这种“精神结构”就是一种美学鉴赏力，这也正是日本产品质量高、赢得市场高度认可的重要秘密。可见，杨振宁所高度评价的“精神结构”就是凝聚在产品上的审美文化，这是日本企业经营管理追求完美的必然发展，也是企业市场竞争的必然产物。由此，企业在长期的运行中，那些决策方式、经营战略、组织运转的心理、行为凝结成一种极具核心竞争力的文化——长期的、持续性的非经济力量，最终形成具有该企业特色的思想、意识和行为方式，这就是企业文化。企业文化管理是当今管理学发展的最新阶段，企业文化的审美化是企业间日趋激烈的竞争带来的必然结果。企业审美文化作为一种心理意识，影响着经营者制订的经营战略，也深刻地影响着整个团队的精神意识——基于价值观认同的凝聚力显著增强，企业由此成为一个人人都具有社会使命感和责任感的命运共同体。

具体而言，企业文化是一个企业所表现的风格、习惯、行为准则、企业价值观和企业精神，它是企业持续发展的动力源泉。企业文化的显性反映是企业形象，企业形象包括有形要素（产品、装备、环境、广告、包装等）、无形要素（企业精神、管理制度、企业信誉等）和企业员工（文化素质、技术水平、职业道德、精神风貌等）。快乐工作是员工形象的重要体现，员工形象是决定企业形象的能动力量。

先来看第一个例子，我们非常熟悉的华为手机。华为作为一个优秀又成功的企业，它的主要核心价值观是狼性的企业文化。任正非曾说过：“发展中的企业犹如一只饥饿的野狼。”作为企业，要学习狼的三大特性：一是敏锐的嗅觉；二是不屈不挠、奋不顾身、永不疲倦的进攻精神；三是群体奋斗、团队合作的意识。

同样是比较成功的案例还有日本的索尼公司，它的核心价值观是梦，追求完美、打动每个人的心灵、求新创异，它的愿景是带给人们最新、最好的生活方式和娱乐享受。

通过华为手机和索尼产品的例子，我们从中看到了什么话题，或者有什么样的思考呢？

我们再来看另一个餐饮实例——海底捞。“今天天气好冷啊。”无意间说的一句话却被旁边的服务员听到，“先生，感冒药给您准备好了”。到海底捞吃饭，没座位怎么办？叠千纸鹤，等到有座位了，你会发现叠的千纸鹤，可以抵扣一定的餐费。后来大家有一种感受，我们宁愿长时间叠千纸鹤。海底捞成为很多研究者的研究案例，德国著名思想家阿多诺说得最精彩，他认为企业发展到一定的阶段，就是在操纵和欺骗观众，你操纵了他，让他心甘情愿地被操纵，那

① 黄河涛：《冲出困境——走向现代化管理的企业文化》，北京：中国工人出版社1990年版，第117页。

就是本事。通过海底捞的例子，同学们从中又看到了什么，或者有什么样的思考呢？

如今，凡是研究企业管理、文化管理的研究者们，都会不约而同地去采用日本的案例。日本明治维新以后，儒家文化成为他们治理国家、推动创新的一个重要助推器。而它最明显、最典型的方面就在企业管理这一块。稻盛和夫就是企业文化管理方面的佼佼者，他有本著作叫《活法》。其实这本书的核心思想深受从儒家文化衍生出来的阳明心学的启发和影响。王阳明有一个重要的思想就是良知，做什么事情都要凭良心，简言之就是要知行合一。日本企业恰恰深知他的精髓。

其实，企业文化存在三大结构：最外层的物质文化，中间的制度文化，最核心的精神文化。精神文化是内化于心的自觉遵守的共同的价值理念。所以，我们就会理解，是什么东西让这些企业充满了活力和凝聚力？是什么让他们基业常青？就是因为基于企业文化而存在的这样一些价值观：第一，人的价值。在企业发展成长过程当中，一定要尊重人的价值。第二，共有价值观。我们有了共同价值理念后，才能拧成一股绳。第三，社会价值。为社会创造价值。

企业文化管理应落实到我们大学生的日常生活中，比如说学生要做一个社会实践调研报告，我们的价值观是通过这个实践调研，以团队协作精神和学术创新精神去发现新问题，解决现实问题，为社会服务。同时，在未来可能会从事的企业经营活动中，我们首先在主观意识上，要自觉培育共有价值观，增强团队命运、共同体意识，以厚重的家国情怀和现实使命感，积极贡献自己的智慧，服务于国家和社会的发展，成就别人，也成就自己，实现自我的人生价值，助推中国梦的实现。

通过以上对管理美学有关内容的探讨，我们会发现，管理美学在今天越发具有重要的现实价值，这就需要管理者以更高的精神素养和智慧来适应管理学发展的新阶段。很显然，今天从事管理专业学习或未来从事管理的大学生，要明白我们在大学期间应培育哪些素养，具备何种审美胸襟及审美力，才能适应社会竞争。同时，今天的专业学习，从美学角度讲，我们要清楚，提高自身审美力也是责任担当。这也正是管理美学与美育的要义所在。即使是非管理学专业的学生，也应关注管理美学，未来我们都有可能从事管理行业。不过，管理实践很重要，再好的理论，都只有在具体实践中才能更深刻地理解和运用。

【拓展阅读书目】

1. 蒋勋：《美，看不见的竞争力》，北京：中信出版社 2011 年版。
2. 黄河涛：《现代市场的美学冲击：企业审美文化论》，北京：人民出版社 1996 版。

3. 程朝阶：《管理美学》，哈尔滨：北方文艺出版社 2005 年版。
4. 罗长海：《企业文化学》，北京：中国人民大学出版社 1991 年版。
5. [日]稻盛和夫：《活法》，曹岫云译，北京：东方出版社 2012 年版。
6. [美]弗雷德里克·泰勒：《科学管理原理》，马风才译，北京：机械工业出版社 2013 年版。

【思考与练习】

1. 如何理解管理的科学性与艺术性的统一？
2. 如今几乎所有大的企业家都投资艺术，政治家和企业家都读有关美学的书，都从艺术中获得他们企业创新的灵感。可以说，审美的很多原则又直接成了社会改革和经济管理的指导思想和操作的原则。你如何理解这段话的内涵？请举例说明。
3. 以相关管理美学理论，分析如何提高领导力与领导艺术？
4. 结合具体案例或自身实际，分析管理美学与美育的关联性。

第十五讲 法治文化与美育

第一节

中国古代法律文化

第二节

法美学：法的审美之维

第三节

法之美，美在何处

第四节

法治文化的美育维度

经济学、管理学与美学存在密切的关系，很明显，从以人为本的人文关怀，尤其是从情感的视角来看，以保障权利和维护社会秩序为己任的法学与美学也存在很多交集，法美学已成为人们越来越关注的新兴交叉学科。不少学者从文化的角度开始研究法学，法律文化、法治文化引起人们广泛的重视。那么，中西法律文化有何区别？中国古代法律文化有哪些特征？法美学何以能存在？法之美又表现在哪些方面？法治文化中的美育智慧有哪些？法律与人权、公平、正义以及构建和谐社会密切相关，与人之生存权、生命尊严更是息息相关，法与美学存在着天然的交集。当然，一个国家的法律与其传统文化也存在着关联，下面我们就来谈谈中国古代法律文化，进而由法律文化到法治文化，有一个线性时间上的认识，从中可窥见社会的进步及历史的必然性。

第一节　中国古代法律文化

中国是世界著名的文明古国，文化历史悠久，就法律文化而言，源远流长，《颛顼历》《唐律疏议》《明法》及各类“田律”等丰富多彩，特点鲜明，影响深远。中国丰富的法律文化资源，彰显了古代政治和法律等方面的治国理政智慧。同时，具有鲜明特点的中国古代法律文化，必定与古代中国的小农经济结构以及封闭保守的农业文化密切相关。以辩证的眼光来激活和复兴中国传统法律文化，对于当前我国治国理政和文化自信都有积极的参考意义。关于中国古代法律文化的特征及其影响方面的内容，我们重点参考中国政法大学终身教授、新中国法律史学的开拓者和奠基人张晋藩教授的研究成果——《中国传统法律文化十二讲》[①]，以期能从中汲取中国古代法律智慧，进而有助于中西对话，满足时代需要。

一、中国古代法律文化生成的土壤

众所周知，中国是一个地处东北亚大陆、资源丰富的国家，中国古代是典型的农耕社会，由此形成农耕文明。中国古代文人更多是诗意栖居于大自然，天人合一

① 张晋藩：《中国传统法律文化十二讲》，北京：高等教育出版社 2018 年版。

则成为中国古人最为理想的诗意生存方式。所以，中国古代政治及文学等各类艺术的生成都几乎与古人对大自然的依赖与亲近密切相关。这其中，作为大自然的重要资源“土地”，是中国古代社会赖以生存的根基，依此进行的农业生产、畜牧圈养、水利建设等成为古人最为经常的实践活动。依赖和亲近土地，是中国古代农业立国的最鲜明表征。不过，这也决定着中国古代经济结构中小农自然经济始终占统治地位，最终形成了一种单一、封闭和保守的农业文化。任何一种文化的形成都离不开其所在语境的根基——母体文化，中国古代法律文化就是这种农业文化生成的一个子文化，可以说**中国古代法律文化就生成于“土”里**，这是中国古代文化的底色，也是中国古代法律文化的本色。由此，我们不难看出，以农立国的中国古代社会，在法律体系中，农业生产、土地、畜牧、水利等在立法中占有重要比重，以农业之中的“民”为本的“民本”思想也自然形成，对后来历代王朝的治国理政思想影响深远。

重农抑商也是中国古代法律文化形成的重要社会因素。中国古代传统的农业社会，农业文化浓厚，社会倡导“农本商末”。儒家对财利的轻视，对仁义的重视，也强化了重农抑商的观念。商业是流动的，农业因被土地固定束缚则是静态的，所以固定在土地上的农业容易受控制，也更为统治者所看重。土地成为社会资源的根基，几乎是一切社会生产的物质基础，所以在以农为本的古代中国，历法和田律很早便构成了中国古代法律的重要内容，且不断丰富，如秦国沿用轩辕黄帝孙子颛顼帝制的《颛顼历》，汉代的《太初历》、祖冲之的《大明历》、清代的《古今历法通考》等。尤其是历代田律，常被以法律的形式规范下来确保农业生产的进行，商人的社会地位则相应受到大大压制，这很大程度上束缚了商品经济的发展。另外，在中国古代，皇权专制，“皇”既是一国之主，更是某个大家族之主，由家而国，**家国相通**，有国家制度层面上的法，更有家庭层面上的家族法。家族法是国家制定法的重要补充，宗法是社会的纽带。国家成为某个最大家族的国，家族法是维系这个国的内在黏合剂。家事是国事，国事更涉及家事，以武力卫国的“戎”和以祭祖“追远”的“祀”一并成为国家的大事，可谓“国之大事，在祀与戎”(《左传·成公十三年》)。国事与家事相融，国法与家法相通，宗法家长制、宗法精神渗透到社会各个方面，在古代法律文化中烙印很深。可以说，这种宗法制度下的法律文化是融法律、政治、伦理、哲学于一体的，体现了浓厚的宗法精神。

总之，“以农业为立国之本的自然经济结构，以宗法家长制家庭为社会的基本构成单位，以儒家纲常伦理学说为统治思想，以皇权神圣的专制主义为基本政治制度，这些因素构成了中国古代的基本国情，也决定了有特色的中华法律文化的内涵与历史传统”①，形成了独特的中国古代法律文化特征。

① 张晋藩:《中国传统法律文化十二讲》，北京：高等教育出版社 2018 年版，第 1 页。

二、中国古代法律文化特征

首先，中国传统法律文化的核心内容是礼法结合[①]。礼原是氏族社会敬神祈福的一种宗教仪式。进入阶级社会后，礼则成为一种统治手段。礼注重尊卑贵贱的等级秩序，社会关系的维持都在礼的要求下得以进行，礼成为伦理、法律、修身、治国等诸多领域的标准和规范。于是，礼成为古代中国特有的社会文化现象，贯穿于整个中国古代社会，并构成了封建社会国家的一种精神。可以理解，在中国古代礼法同源，礼法结合，礼法互补，礼的等差性与法的特权性实现了一致。当然，公元前 7 世纪，管仲明确提出“以法治国”的主张，这开启了中国历史上法治的崭新一页，使礼法与德法共存。

其次，中国传统法律文化的基本构成是家族伦理法[②]。宗法血缘关系所形成的血缘政治，造就了中国古代家国相通的特有体制，家是国的最小单元，国是家的最大化，国家之主就是某个最大家族之主。国法之外，另一个维持社会秩序的体系是家庭法，二者相互补充。另外，中国传统法律文化的基本精神是追求和谐的天人合一思想[③]。中国古代社会是封闭的小农自然经济农业社会，社会生产基础薄弱，没有力量对抗某种强大的社会力量，亲近与依赖于自然，力求遵循时令耕作，保持与自然和谐，就成为必然。于此，中国古人自然会有一种天人合一的宇宙观，天人合一观念是中国文化的归宿，这种观念也深度影响了社会的方方面面。法律制度也不例外，如遵循“则天立法”原则，来制定和实施诸多政策。

另外，相对于西方法律文化的开放性、自由性、职业性，中国古代法律文化则呈现出封闭性、官府限制、附庸性等特点[④]。

客观地讲，中国古代法律文化内容丰富，民族特色鲜明，法律智慧对于后来立足国情进行治国理政的参考价值很大。但问题的另一方面是，礼法相通、宗法家长制等导致无视个体生命的自由与尊严，破坏了社会的公平与正义。如何以文化自信的大视野，激活其中的积极价值，立足于时代，以美学的眼光来开掘古代法律的价值，维护人的生存尊严，并摒弃其中糟粕，这些是我们秉持的理性思维所应思考的问题。

① 张晋藩：《中国传统法律文化十二讲》，北京：高等教育出版社 2018 年版，第 17 页。
② 张晋藩：《中国传统法律文化十二讲》，北京：高等教育出版社 2018 年版，第 19 页。
③ 张晋藩：《中国传统法律文化十二讲》，北京：高等教育出版社 2018 年版，第 22 页。
④ 张晋藩：《中国传统法律文化十二讲》，北京：高等教育出版社 2018 年版，第 26-28 页。

第二节　法美学：法的审美之维

前文已提及为什么要开设特色课程美育，其中对法学与美学的关联有一个简单的根源性阐释。现在，当我们要详细阐述法律文化或法治文化与美育相关话题时，首先要厘清这样几个问题：如今的时代为什么要挖掘法之中的美学元素，从而建构法美学这样的交叉学科？法美学存在的学理基础及具体内涵是什么？法之美到底体现在哪些方面？对这些问题的阐释，我们重点参考吕世伦教授、舒国滢教授和李庚香研究员的相关研究成果①。

长期以来，人们更多强调法的真和善，而几乎无视法之美，认为法总是与暴力相联系，具有强制性、规范性和高度理性。何谈美？亦即法律怎么能成为美学或艺术的"视之对象"呢？法是僵化的、保守的，艺术或美是灵动的、自由的，二者彼此独立甚至处于敌视状态，它们怎能挂起钩来？应该说这是站在各自封闭的专业立场来看待这个学科交叉现象。事实上，法是人制定的，法是维护人的权利和规范社会秩序的，法学是反映人的经验理性的学问，是人的法律经验、知识、智慧和理性的综合体现，所以法中"以人为本"的属性非常突出。正如维柯在《新科学》中指出，智慧、经济、伦理、政治、宇宙都是充满诗性的，法学也充满诗性，法有时就是一首首严肃认真的诗；柏拉图认为，法律即伟大的诗。法即诗，法也是美。人是美的担当者，人也是法制的担当者。**以美学视野来审视法学，彰显法学的审美维度，是对法哲学研究的深化和突破。**突出法的审美之维，将会使"法哲学更能准确地找到其本体支点和价值基础，看到法哲学的最终奥秘与人的密切关联"②。

法天然地与人之情感、道德等密切相关，只不过当法律的生命性、情感性和精神性被弃置一旁时，其中美的属性就无法彰显了，人们更加在意的是法的僵化与强制性，法的主体性也缺席了。个中原因与社会生产力水平低下有关，人们没有这种审美追求，但在工业化和商品化时代里，更与滥用理性和"计算"规则的缘故有关，最终导致审美能力的逐渐丧失。直至 20 世纪 60 年代世界人文思潮发生了后现代的生存本体论转向后，人们才敏锐地以审美的观点来审视法律，自觉建构法的审美维度，法之美的学科生命力渐趋旺盛。所以说，**"用审美观点来看待法律也是**

① 吕世伦：《法的真善美——法美学初探》，北京：法律出版社 2004 年版。舒国滢：《在法律的边缘》（第 2 版），北京：中国法制出版社 2016 年版。李庚香：《法美学》，郑州：大象出版社 2007 年版。

② 吕世伦：《法的真善美——法美学初探》，北京：法律出版社 2004 年版，第 410 页。

对后现代转型的回应”[①]。后现代理论从本体论、价值论、认识论和审美论等视野反思和批判专制与权威，关注个体生命的自由与尊严以及生命的存在与超越如何可能。自然的，生命美学或生存美学的转向就是这种后现代思潮的一种表征，也成为各个学科得以更加关注生命底色的逻辑起点。**从生命美学立场出发，研究人与法之间的审美关系，可以发现法律就是人的一种存在方式和生存样态**[②]，这也是对法律科学和法律伦理学等法哲学研究的突破。正是立足于后现代思维对法之审美元素的关注，我们发现现代法律出现了总体性危机：从科技理性出发的法律的科学化倾向，从伦理理性出发的法律的伦理化倾向，从非理性出发的非法律化倾向。[③]于是出现了法中主体性缺席、丧失与人的生命存在的关联、遮蔽了人本身、远离了情感等异化现象。

于是，从生存本体论和生命美学角度出发重构人与制度的关系，重建人与法之间的审美关系，构建法美学就显得很有必要。事实上，早在 1932 年德国法学家古斯塔夫·拉德布鲁赫（图 15-1）就第一次提出了建立法美学的思路，他主张通过文学创作和艺术作品来认识法律的本质。这正如有学者所言：“就其本性而言，法学是与一切展现浪漫趣味和别出心裁的思想方式相牾的。”[④]法美学强调的是以人为本，给予人一种生存意义的终极关怀和人文情怀的眷顾，关注人类生存和发展，重视人的身心健康，构建社会和人身心和谐，极力营造人的幸福生活。简而言之，作为美学和法学之间的一门边缘学科，法美学就是人学、正义之学与和谐之学[⑤]。

以美学的观点来审视法学，以美为标准来衡量法律，我们就会对以往传统的法律有一个更中肯的合乎人性的评判。奴隶制国家和封建制国家也有法律，但那时的法律确认君主专制、等级特权和臣民义务，而且君主可以不受法律约束，当时有法律而没有法治，这样的法律很难说是美的。从法律的发展历史来看，从古至今，法

图 15-1　古斯塔夫·拉德布鲁赫

① 吕世伦：《法的真善美——法美学初探》，北京：法律出版社 2004 年版，第 412 页。
② 李庚香：《法美学》，郑州：大象出版社 2007 年版，第 17 页。
③ 李庚香：《法美学》，郑州：大象出版社 2007 年版，第 32 页。
④ 舒国滢：《在法律的边缘》（第 2 版），北京：中国法制出版社 2016 年版，第 43 页。
⑤ 有关详细论述参见李庚香：《法美学》，郑州：大象出版社 2007 年版，第 67-126 页。

律中所包含的美的因素是在不断增加的。比如我国奴隶制法规定的五种刑罚是墨（脸上刺字）、劓（割鼻子）、刵（去膝盖骨）、宫（去生殖器）、大辟，全是残酷的肉刑；封建制法规定的五刑是笞（打竹板）、杖（打棍子）、徒、流、死，这就好点了；今天法律规定的五种主刑是拘役、管制、有期徒刑、无期徒刑和死刑，多为自由刑，这就更文明（美）了。为此，人们更呼唤凸显人性、彰显人文关怀的法治文化的诞生，法治文化是法律文化的一种形态、一个阶段，是一种先进的法律文化，因为它包含了民主、人权、自由、平等、公平、正义等价值要素，因而更多地体现了美的要求。可见，以美学视野构建法学，有助于促进立法质量的提升，有助于提高全民族的法律文化水平，有助于维护人的生存尊严，实现人的幸福生活。

第三节　法之美，美在何处

既然法也是一种美的存在，那么法之美体现在哪些方面呢？

一、正义之美

以美学的视野审视法学，激活法中美之活力，凸显的是其中的人文关怀，这其中第一要义便是对正义的追求和坚守，对公平的呵护。对正义的追求是人的一种本质性存在，法以制度正义和体制正义来正视人性，维护和尊重公民身份的平等，监控权力不得滥用，最终实现对人之生存尊严的保障。法是正义的象征，法代表了正义的形象，法就以正义的感性显现彰显出法之美特征。这其中，法官就是正义的一种感性形象，法官就是正义的代言人。法官不受干扰，客观公正审理案件，这是确认和保障个人基本人权和自由的基础，个人在此过程中会获得对人的生存、发展和完善这一根本价值的满足；另外，法的正义之美也离不开情感的渲染，对其中代表人之本质力量的肯定，彰显其中的内容美，这种法律行为就能打动人心，充满着情感的力量，起着积极的引导作用。当然情感的显现，有时在宣读判词或诵读法典时也有很强的感染性，或震慑或大快人心，正义就在这种氛围中很好地得以凸显和维护。所以，从某种意义上来说，激活法之美元素，重在不主张冷峻而僵化地操作法律，而是要在法律中把正义的原则、人文的关怀和法律的情感表现出来。

反过来，如果法律行为不存在任何情感，法官也不再是正义象征，那么就会带来很大的社会负面效应。正如卢梭在《社会契约论》中所说：“当正直的人对一切人都遵守正义的法则，却没有人对他也遵守时，正义的法则就只不过造成了坏人的幸福和正直的人的不幸罢了。因此，需要有约定和法律来把权利和义务结合在一起，并使正义能符合于它的目的。”①一个社会如果失去正义，没有人性向善的考虑，这个社会的各种秩序就接近崩溃，因此这就需要法律与司法机构来矫正邪恶，因为法律与司法机构维护着社会的公平与正义。电信诈骗案，诈骗学生上大学的费用，激起国人对诈骗犯的愤怒，当公安部门迅速破案并抓获犯罪嫌疑人的时候，很多人切实感受到法律的正义之美。歌德曾说，带来安定的是两种力量，法律和礼貌，法律能够安抚群众比较愤慨的情绪，法律能够还给我们一个美丽、高尚和正义的社会。

二、效益之美

效益，简而言之是既快又好，是法治实践追求的良好效果。所谓效益之美，体现在诸多方面，如任何犯法事情出来之后，一定要及时地纠正，及时地宣判。裁判文书行文一定是非常简洁、简练、准确的，这便是效益之美的体现。效率之美与公正之美是密切联系在一起的。波斯纳曾说过这样的话：“公正在法律中的第二层含义是指效率。”美国大法官休尼特说过：“正义从来不会缺席，只会迟到。”但有时候“迟到的正义”绝非真正的正义。也就是说，正义永存，但需要办案效率。所以当聂树斌冤情得雪的时候，人们虽然感到法律公平正义的崇高，情感的满足，但也确实感到一种遗憾，因为距离聂树斌之死已经过去了三十年。

三、秩序之美

法的正义之美，体现的是法的价值之美。但法对正义维护的实现，离不开对社会关系的合理规范，通过秩序的维护，最终方能谈及社会和谐。公正、和谐的社会，离不开法律的秩序，法以权利、义务的分配使复杂多变的人际关系变得秩序井然，错落有致，呈现出和谐之美。秩序是法律的基本要求，秩序意味着一致、稳定、连续、顺利、均衡、协调与和谐等。在法律信仰者心目中，法律本来就是正义和力量的结合，是合理的社会秩序，如刚与柔、疏与密、宽与严等配置适度。这种适度与均衡就体现秩序的审美成分。法律以有序的形式维持理想社会的现状，增进人的自由，也增强人的幸福感，这就是一种秩序美，这是由法律秩序彰显出来的美，显现出正义的艺术维度。法律秩序作为社会秩序一部分，规范着社会的秩序，法律得到良好的实施，直至达到法治状态，实现主体调控社会的优雅的艺

① [法] 让·雅克·卢梭：《社会契约论》，李平沤译，北京：商务印书馆2003年版，第45页。

术成果：良风美俗，社会和谐，天人之间、人法之间亲密。这是感性与理性统一，这更是美的境界[①]。

实质上，人本能地渴望生活于稳定秩序之中，安稳适足，建构赖以安身立命的精神家园诗意地栖居，以此追寻生命的超越。对于我们大学生来说，要想有自己的自由与安全感，就要遵守特定的秩序，做一个自觉守法的公民。秩序往往有法律作支撑，法律秩序维护着我们社会生活的均衡，做一个追求正义、追求公平的人，前提是首先要做一个遵守秩序的人，只有在“秩序”的保护下，我们才能翩然翱翔。如果破坏了法律秩序，破坏了社会生活的均衡，无论你是什么人，都会受到法律的处罚。没有秩序往往意味着“安全”的缺失，网约车有关乱象就是这样一种例证。

四、崇高之美

古罗马时期著名文艺理论家朗吉弩斯第一次提出“崇高”美学范畴，他在名著《论崇高》中指出“崇高”对象具有壮观的宇宙特征，即“不平凡”“伟大”而“奇特”，给人的美感是令人“肃然起敬”“使人惊心动魄”；“崇高”的两要素是庄严伟大的思想和慷慨激昂的热情，并提出著名的论断：“崇高是伟大心灵的回声。”后来康德从数学的崇高和力学的崇高这样的角度，把崇高上升到哲学高度。席勒则强调威力和激情的崇高。在中国古代，与“崇高”最相近的范畴应该是“大”，儒家突出道德人格的光辉之大，道家强调天地运作的宇宙之大。可见，中西关于“崇高”的美学内涵界定各有特征。在社会的实践斗争、艺术的矛盾冲突等领域中，我们都可以感受到“崇高”独特的震撼效果。一般而言，“崇高”的美学特征主要集中在，代表真的受压抑的主体最终掌握和战胜了客体，给人一种情感紧张而昂扬向上的崇高感。

法的崇高美主要体现在法人格之崇高。正义的最终获胜，宣告曾经处于不利的一方或本来就是代表正义或良知的一方，依据法的庄严，从而获得了胜利，这是对正义的维护，也散发着崇高的魅力。“赵宇见义勇为案”“昆山纹身男反被杀案”等最终及时纠正或判决，就起到了这样作用。其中代表正义的主体人格光辉得以放大，精神境界令人敬仰，崇高的道德风范震撼人心；那些为了维护法律尊严、坚守法律信念、恪守法律义务、维护法律尊严，甚至不惜牺牲自己生命的法律工作者，都散发着崇高的光辉。法官的人格也具有崇高魅力，法官的内在素质，外在气质风度，语言表达上的典雅、坚定、精练、洪亮、简洁利索，法官服饰上的象征寓意，法庭上的礼仪等，组合在一起，构成独特的场域效果，引起人丰富的联想：神圣、超脱、正义。而法庭审判过程的威压感更能体现法之崇高美，法庭是神圣的场

① 吕世伦：《法的真善美——法美学初探》，北京：法律出版社 2004 年版，第 437 页。

所，法庭建筑设施布局、法官使用的工具、法庭周围文字符号的张贴等，都构成一种庄重、威严的氛围，法律审判过程的崇高感自然彰显。在这种体现崇高美的氛围之中，人们会对法律、法庭油然而生一种敬畏感，邪恶就无所遁形。

五、形式之美

“无论哪一种美，都必须有感性自然形式。一个没有形式（形象）的美那不是美。”①毕达哥拉斯的“美在和谐”、亚里士多德的“美在整一”（秩序、匀称和明确）、克莱芙·贝尔的“美在有意味的形式”、黑格尔的“美是理念的感性显现”、马克思的“美是人本质力量的对象化显现”等西方诸多有关“美本质”的学说，强调美的客观性，并且突出首先是看得见的感性形式存在，在这种感性的背后才谈及思想、情感和理念等。所以，“美”的存在方式首要的一个特征就是形象性，一种外在于客观的形式符号。形式美就成为这种形象性相对应的一种客观存在，一般符号有文字、色彩、线条、形状、遗迹、建筑、声音甚至身体等。由各种形式符号构成的对象就组合成一定所指的客观事物，也达成了美的存在。

很显然，诸如正义、秩序、效益、崇高等法之美，也依托于各种符号形式而存在，通过和谐、形式、结构、风格、仪式来表现和表达自己的诗性，彰显独具特色的形式美，并且借这些形式要素的象征寓意，法律实现了自身的合法化、正当化和神圣化。法的形式美，首先体现在语言上。法律语言是冷静的、刚硬的、简洁的，看似排斥情感、甚至抑制自由，但这恰恰是一种刚健质朴的美。这种语言美再加上法律逻辑严谨的体系，以及鲜明的节奏感，有时几乎就构成一部或一篇出色的文学作品。法律文书的措辞方式，裁判词的节奏和风格，以及法官们的判决，也更突出法的语言形式美。其次，法的形式美体现在建筑与服饰上。法庭建筑的高大、庭内设施的布局、色彩的搭配、法官服装的装饰、不同身份人的座位区隔，更有各种具有戏剧表演性的仪式等，都无不在显示法形式上的巍峨与严肃。另外，法的规则属性也体现法的形式之美。作为社会规则体系，法比道德更有次序、条理、整齐。法的规则自身具有严整的逻辑，规则之间相互协调与配合。法治的实行，核心是对法的规则高度尊重、主动认同与自觉遵守。

六、和谐之美

充满着正义之美、效益之美、秩序之美、崇高之美、形式之美的法治社会，最终会形成一个怎样的社会？应是和谐社会。和谐社会体现了人民对美好生活的向

---

① 李泽厚：《美学三书》，合肥：安徽文艺出版社 1999 年版，第 48 页。

往，东西方世界都有对美好生活的想象与描绘。16世纪英国著名的社会学家莫尔的《乌托邦》，为西方人构筑了一个令人神往的世界“乌托邦”。然而中国早在周代著作《礼记》中就有类似于乌托邦的构想——“大同社会”。大同社会，是充满理想色彩的社会。在新时代的大同社会，人民应具有崇高的人格，同时渴望拥有美好的社会生活。但是，在大同社会中崇高的人格和美好的社会生活需要依靠什么来保障呢？良法善治。良法善治的目的，就是通过运用法律的手段维护秩序、维护大众伦理之善，平衡财富，使人民走向共同富裕，拥有生存的尊严、自由和诗意的生活，这体现出法的终极之美：和谐之美。

法之美值得我们认真审视和挖掘，作为社会成员，更不用说未来要从事法学专业工作的学生，除了要了解以上六种美以外，我们认为还应具备浪漫主义情怀。这种浪漫主义情怀不是虚空的不切实际，而是对未来最美好、最稳定、最和谐社会的向往。在这种社会中，一系列公平和正义等都能完美实现，并坚信这个社会最终必定会实现，这就是浪漫主义精神的乌托邦思想。另外一方面，法的作用与范围有时有其界限或局限性，不能按法的规则设计来实现相应的效果。譬如，我们讲求依法治国，完全按照法律来维护我们的公平、维护我们社会的正义，但是某些时候，最美好的法治形态很难落地。这时，我们更要有耐心、有勇气、有担当，以浪漫主义情怀来坚守那个令我们向往的法治社会。如果没有浪漫主义情怀，法学人士和法律人士就会对法治不健全的地方感到无力，将法律暂时的缺陷加以放大，进而对法治文化中所蕴含的崇高品质和美学内涵感到失望。拥有浪漫主义情怀，就是拥有一种美的情怀！

第四节　法治文化的美育维度

教学视频

情与法关系的探讨是法治文化与美育的重要内容。“二十四史”第一部——司马迁所著的《史记》中的《循吏列传》与《酷吏列传》，对两类执“法”人进行了评判。《循吏列传》记叙了春秋战国时期五位贤良官吏的事迹。循吏，简言之，就是奉公守法的官吏，当公私利益发生尖锐冲突时，循吏甚至甘愿以身殉法，维护纲纪的尊严。司马迁对循吏是满怀着崇敬之情的。如今我们的社会既应有奉公守法维护纲纪的人，又应有完善的法律，二者俱全方能相得益彰。《酷吏列传》则记载了汉朝初期十几位酷吏的事迹。这些酷吏以严峻刑法为工具铲除豪强，虽然对维护社会安定有一定贡献，但是使得百姓生活在政治高压中，甚至不惜铤而走险。

中国古代经常有这样的话“杀人可恕，情理难容”，在中国古代甚至在现代社会当中，往往有着人情与法律的冲突。循吏、酷吏执着于法，但在更多的情况下，中国人往往讲求人情，而使法律的公平、公正性有所偏失，“王子犯法与庶民同罪”“大义灭亲”这样的字眼恰恰从反面反映出，在中国某些社会环境下，“法”在“人情”面前的式微。但实际上“人情”并不是普罗大众之情。完善的法应该最大限度地维护人们最朴素的普遍之情，个人的“人情”并不被法所维护。一般法学院系强调“崇法致公”，就是希望法学专业的学生将来能够真正做到维护社会的公平与公正，不为所谓的“人情”所动摇。

在当今社会中，我们应当扮演怎样的角色？我们应做守法的人。守法，才有所谓的自由，才能够有所谓的人的尊严，才能有社会的正义和社会的公平。守法与自由是否存在着矛盾呢？实质上没有矛盾。如果过分追求没有限制的自由，你会发现没有安全感，没有归属感，最终你就会逃避纯粹的自由。我们现在来看两部西方经典法学著作。首先是法国启蒙思想家卢梭的《社会契约论》。该书前面有这样一段话，“人是生而自由的，但却无往不在枷锁之中”，这句话也可以翻译成“人无不生而自由，但是人无不在不自由状态之中”。这句话揭示了人的“不自由”的生存状态。法国思想家孟德斯鸠《论法的精神》，也是一部值得我们认真思考的著作。孟德斯鸠在书中说道：“自由并不意味着人们想干什么就干什么，自由仅仅意味着在法律许可范围内做一切事情的权利。”这就告诉我们身处社会中，自由不是任意的，是有限制的，是有法的必要约束的。所以人的自由和守法密切相关。

真正的自由是在守法的基础上的自由。我们要做一个守法的拥有社会契约精神的公民。有法治才能让社会井然有序，有法治才能够使我们的生活更加公平、正义、和谐而美满。作为当代大学生，只有守法，拥有社会契约精神才能够获得真正意义上的自由。法学专业的学生，既要体会到法治文化的各种美，又要自觉去维护社会的公平、正义与秩序，努力营造和谐社会，并且还应具备浪漫主义的情怀。这对构建我们美丽的人生与美丽的校园都有重要意义。

【拓展阅读书目】

1. 吕世伦：《法的真善美——法美学初探》，北京：法律出版社 2004 年版。
2. 李庚香：《法美学》，郑州：大象出版社 2007 年版。
3. 张晋藩：《中国传统法律文化十二讲》，北京：高等教育出版社 2018 年版。

【思考与练习】

1. 你如何理解中国古代法律文化的当代价值？
2. 如何以生命美学视野来阐释法美学的内涵？试举例说明。
3. 假如你从事的是法学专业的学习或法治方面的工作，你认为该具备哪些人文素养？

第十六讲 中原文化与特色艺术美育专题

第一节
中原及中原文化

第二节
老家河南：全球华人的永恒牵挂

第三节
豫剧艺术

第四节
中原青铜器艺术

第五节
中原陶瓷艺术

当我们较全面、系统地学习了美学、美育基本理论和课程美育等相关内容后，最后我们应从中“抽身”出来，关注一下此时我们生活的这块厚重的大地。这里曾是我们华夏民族起航的地方，也是如今我们应该熟悉和认知的地方，以此来领悟这里的本土文化对我们成长的熏染作用，以及未来我们如何以担当的情怀来回报这块大地——中原。

第一节　中原及中原文化

教学视频

一、中原

“中原”一词最早见于《诗经》。《诗经·小雅》中有云：“漆沮之从，天子之所。瞻彼中原，其祁孔有。”“中原有菽，庶民采之。”此后《尚书》《国语》《史记》中也都有提到“中原”这一概念。1936 年中华书局出版的《辞海》将“中原”解释为：“古称河南及其附近之地为中原，至东晋南宋亦有统指黄河下游为中原者。”2009 年商务印书馆出版的《辞源》中解释为：“狭义的中原，指今河南一带。广义的中原，指黄河中下游地区，主要是河南省。”“中原”“中州”“中土”“中夏”所指地方意义相近，“逐鹿中原”“问鼎中原”“得中原者得天下”，凸显中原区域的战略地位。这里是华夏文化发端的地方，无论是史书记载中的夏代，还是有宫殿遗址和甲骨文传世的商代，其都城都在河南。从夏朝至北宋的三千多年间，先后有二十多个朝代、两百多位帝王建都或迁都于以河南为中心的黄河中下游地区，此区域一度成为古代政治、经济、文化的中心。五千年的华夏文化，三千年在河南，这正是“一部河南史半部中国史”。

二、中原文化

其实，在中国历史上，从上古至唐宋，“中原”都是中国政治、经济、文化的中心。中原文化在某种程度上代表着中国传统文化，是中华文明的摇篮。中原文化以河南、陕西、山西为核心，以广大的黄河中下游地区为腹地，逐层向外辐射，影响延及海外。涵盖内容广，历史厚重，多元且独特。这其中河南是华夏文明与中华民族极为重要的发源地。

史前文化，包括裴李岗文化、仰韶文化、龙山文化等。五十万年前，南召猿人在河南繁衍和生息。3 万—1 万年前，旧石器晚期的河南远古人就已经发现了火，并会使用火和管理火。新石器时代晚期的龙山文化显示在当时的河南，人类已形成了发达的原始农业、畜牧业和制陶业等手工业，其中舞阳张王庄遗址出土了中国最早的笛器、最早的家养猪，发现了最早的水井。

政治和古都文化。中原河南发生了难以数计的重大政治事件和政治活动，积累了大量的政治智慧和政治经验，如禅让制、世袭制等，形成了非常丰富的政治文化。中国八大古都中，河南省占了四个，分别为夏商故都郑州、商都安阳、十三朝古都洛阳和七朝古都开封。

圣贤和思想文化。河南史上文化圣人众多，而且名气很大。比如，谋圣姜太公、道圣老子、墨圣墨子、商圣范蠡、医圣张仲景、科圣张衡、字圣许慎、诗圣杜甫、画圣吴道子、律圣朱载堉等，他们不仅以其伟岸的人格为人们所敬仰，还创制了一大批经典著作。王充在洛阳写成的《论衡》是一部唯物主义思想巨著，洛阳人程颢、程颐开创的宋代理学，又把儒学推向一个新的思想高峰。百家思想及宋代理学，传达着刚健有为、自强不息、中庸尚和的生活哲学。

汉字文化。第一套完善的汉文字系统甲骨文出土在河南，帮助秦始皇“书同文”、制定规范书写“小篆”的李斯，是河南上蔡人，至今我们还在使用的“宋体”字产生于北宋国都开封。

姓氏文化和根亲文化。河南是中华姓氏的摇篮，中华姓氏无论肇始与大量衍生都与中原关系密切。《中华姓氏大典》中的 4 820 个汉族姓氏中，起源于河南的有 1 834 个，占姓氏总数的 38%，其所包含的人口则占到了今天汉族总人口的 84.9% 以上；在当今的 300 大姓中，根在河南的有 171 个，占 57%。

武术文化。“天下功夫出少林”之说，形象地表明了少林武术在中华武术文化中的重要地位，“少林”成为中国武术的品牌，也成为中原文化乃至中华文化的品牌（图 16-1）。温县陈家沟人陈王廷创立的陈氏太极拳，是中国武术文化的又一重要流派，以刚柔并济为特征，以强身健体、修心养性为主旨，已推广到世界各地，成为千万民众生活中的重要组成部分。

医学文化。在此形成了传统文化中的精华与国粹，整体的治疗思想，多角度观察病理的方法，奇特的治疗技术等影响深远。东汉南阳人张仲景在《伤寒杂病论》中提出了六经辨证的理论体系，此专著是我国第一部理、法、方、药兼备的中医经典专著，被誉为“中国医方之祖”。

诗文文化，中国文学的发祥地。中国第一部诗歌总集《诗经》中，属于今河南境内的作品有 100 多篇，占总篇目的三分之一以上。汉魏时期，有“汉魏文章半洛阳”之说。洛阳贾谊开骚体赋之先河，张衡《二京赋》则为汉大赋之极品，左思的

扫码观看彩图

图 16-1 2008 年奥运会开幕式节目《自然》中的少林功夫

《三都赋》名动天下。东晋以后，河南士族大举南迁，推动了江南文学的繁荣。“诗圣”杜甫是河南巩义人，他的诗歌被赞为“诗史”；白居易是河南新郑人，他留下了《长恨歌》《琵琶行》等千古传诵的佳篇。孟州人韩愈，“文起八代之衰”，位居“唐宋八大家”之首。岑参、刘禹锡、李贺、李商隐等河南人，也因各自卓越的文学成就留名青史。

另外，还有名流文化、英雄文化、农耕文化、宗教文化、民俗文化等。厚重的文化资源，给中原大地后代子孙留下了宝贵的遗产。在物质文化遗产方面，据统计河南全省普查登记不可移动文物 65 519 处，其中世界文化遗产 5 处，全国重点文物保护单位 358 处，省级文物保护单位 1 231 处。

中原厚重的文化积淀，形成了独特的“**中原学**”①，更孕育了辉煌的中华优秀传统文化。中华民族的根，传统文化的魂，世世代代地在这里被传承与弘扬。中华文化生生不息，在人类文化发展史上，具有重要而独特的作用。如今全球化时代，中华文化在解决世界诸多难题方面，提供了很多有价值的参考性方案。实现中华民族伟大文化复兴，是时代赋予的历史使命。中原文化恰逢时代蓬勃发展的机遇，在文化的现代复兴方面，扮演着重要角色。中原文化滋养出宝贵的中原人文精神，这精神不仅是中原文化的核心，而且是中华文化和中华民族精神的核心和主要内容，集中体现了华夏历史文明的精髓所在，具有雄浑深厚的历史积淀和博大精深的文化内涵。同时，中原人文精神在时代进步中不断整合提升。如“亲

① 现任河南省社会科学联合会主席李庚香研究员近几年在倡导和推进“中原学”研究，其中的成果渐丰，影响力较大。

民爱民、艰苦奋斗、科学求实、迎难而上、无私奉献”的“焦裕禄精神”，吃苦耐劳、百折不回的“红旗渠精神”，以及迎难而上、持之以恒的“愚公移山精神”，中原文化复兴，被赋予了更多的时代和地域内涵，彰显了河南大地的厚重与独特魅力。中原人文精神为中原经济区建设提供强大精神动力，为打造“华夏历史文明传承创新区”提供文化支撑。在中国特色社会主义的伟大实践中，当代中原人文精神不论作为内在力量还是作为外化行为，都是在无声地推动着河南省经济社会的发展，彰显着河南人“平凡之中的伟大追求、平静之中的满腔热血、平常之中的强烈责任感”。河南正在将厚重的文化资源与现代复兴有机结合，把中原出彩与中国梦紧密联系，在文化强省的战略道路上一步一个脚印，稳步向全国文化高地这个宏大的目标前进。

第二节　老家河南：全球华人的永恒牵挂

中原文化是中华文明的母体，中原地区又是海内外华人的主要祖根地，祖根地是全球华人的精神寄托之所，这些赋予了河南丰富的根亲文化资源，使其成为海内外华夏儿女魂牵梦绕的寻根谒祖圣地，“老家河南”实至名归。所谓根亲文化就是指以根为缘而发生和发展的一种追索族源、血脉相继的文化现象，核心是以儒、道、释相结合的追求仁爱、统一、和谐为主的文化，有着地缘、情感、开放与和谐等显著特征。这种文化是一种血浓于水的亲情文化，是叶落归根思想在另一种方式上的体现，也与中国人一向重视家庭的伦理观念相符合。多年来，到河南来寻根谒祖的海内外人士络绎不绝，寻根、扎根、育根已成为中原独特的靓丽风景线，华夏儿女正以充满温暖的根“情”守护着中华民族共有的精神家园。中原河南成为全球华人永恒向往的根亲文化圣地，“老家河南”成为人们永远牵挂的心灵故乡。

河南根亲文化资源厚重，使得河南根亲文化具有得天独厚的发展条件。一是文明起源之根。中原地区在距今一万年左右进入了新石器时期，并依照裴李岗文化一仰韶文化一河南龙山文化的完整谱系序列，演绎出辉煌的原始文明。二是炎黄人文始祖之根。炎帝“居陈”，生于河南，根在河南；皇帝“居有熊”“轩辕之丘”，即新郑一带（图 16-2）。炎黄是华夏族的人文始祖，也是华夏族的代表。三是甲骨文乃中华文字之根。殷墟甲骨文的发现更有效地证实了中国早期国家——商王朝的存在；确定了汉字早期的存在形式。四是经学文化之根。自强不息、厚德载物、顺时而化的“易”文化精神，是华夏文明之源。五是万姓同宗的姓氏文化之

扫码观看彩图

图 16-2 河南新郑黄帝故里祭祖大典

根。姓氏文化是中原文化的核心组成部分，河南是中华姓氏的祖根地，在当今依人口数量多少而排列的 300 个大姓中，有 171 个姓氏的源头或部分源头在河南，有 98 个姓氏的郡望地在河南。在最新排列的 100 个大姓中，有 78 个姓的源头或部分源头在河南。河南有三个地点是东南沿海和海外华人魂牵梦萦的寻根圣地：洛阳市的洛阳桥，信阳市固始县，开封市的宋都珠玑巷。六是以少林和太极为代表的中华武术之根。中原以少林、太极为主要舞台，功夫文化驰名全球。七是中医文化之根。中医药文化起源于河南，中医药巨著《伤寒杂病论》《神农本草经》《难经》诞生于河南，中医药科学发达于河南，道地药材盛产河南。另有巨龙文化之根、瓷器文化之根，商业文化之根和中华酿酒之根。

正是依托于如此丰富的根亲文化资源，中原河南省开展了一系列具有重要影响的根亲活动，如高规格创新性地举办黄帝故里拜祖大典，积极承办或参与世界客属恳亲大会，举行姓氏文化节或大型姓氏文化联谊活动，地方积极举办特色鲜明的根亲文化节，等等。河南凭借沉稳大气、内涵丰富、彰显亲情的“老家”系列河南旅游形象宣传片，即《壮美中原，老家河南》《记忆中原，老家河南》《豫见中国，老家河南》，以“老家”为切入口很好地触动了全球华人的心灵。老家时刻召唤着家人的回归。这是深度融入“一带一路”建设的积极行动，吸引了全球华人的关注，让“老家河南”成为最具温情的归属和记忆，很好地推介了河南的形象。

第三节　豫剧艺术

河南历史文化厚重，根亲文化资源丰富，非物质文化遗产也独具特色，成为当代河南一张张响亮的名片，“豫剧”就是其中之一。河南卫视的电视戏曲节目《梨园春》在全国戏曲事业低迷之时逆风高飞，广受大众喜爱，就是其中证明之一。豫剧作为中国戏曲中的一个重要剧种，其源头可追溯至商周时期的傩仪活动，是一种历史久远的综合舞台艺术。不少优秀豫剧都是普通百姓耳熟能详的，走进了千家万户，深受人们喜爱。豫剧由于其早期音乐伴奏是用枣木梆子打拍，故早期得名“河南梆子”。后因河南简称“豫”，故称豫剧。河南豫剧与京剧、越剧被列为中国戏曲三鼎甲。2006 年 5 月，经国务院批准，豫剧被列入第一批国家级非物质文化遗产名录。河南豫剧以唱见长，唱腔铿锵有力，字正腔圆、抑扬有度、委婉动听，具有极强的感染力。此外，豫剧故事情节鲜明强烈、矛盾冲突尖锐、人物性格鲜明，贴近百姓生活，具有独特的艺术魅力。在河北、山东、山西、陕西等十几个省区都深受人们的喜爱。

说起豫剧，我们一定会想起常香玉，想起她的“刘大哥讲话，理太偏”，想起她捐飞机的故事。常香玉是河南巩县人，10 岁即登台演出，15 岁主演六部《西厢》，名满开封。“常派”唱腔字正腔圆，韵味淳厚，表演刚健清新、细腻大方。除了常香玉，大家熟悉的著名豫剧名家还有哪几位呢？马金凤、陈素真、崔兰田、阎立品、桑振君，她们与常香玉一起，被誉为豫剧“六大名旦”。

马金凤嗓音明亮纯净，清脆圆润，唱腔结构严谨，旋律简练朴实，节奏明快舒展，刚健豪爽，技巧娴熟。她出演的《穆桂英挂帅》家喻户晓。1956 年进京演出时，该剧目轰动首都剧坛，被誉为“真国色”的“洛阳牡丹”。其代表性剧目还有《对花枪》《三娘教子》《老征东》等。陈素真 17 岁时被誉为“河南梅兰芳”，18 岁时被誉为“豫剧皇后”，23 岁时在西安荣获“豫剧大王”美誉。其唱腔古朴典雅，含蓄俏丽，表演细腻传神，规范讲究，身段优美、行动如飘，被专家称为“豫剧舞台上的一尊美神”。代表剧目有《春秋配》《三上轿》《梵王宫》等。崔兰田融会秦腔、曲剧、河北梆子等姊妹剧种的音调，音域宽广，旋律丰富，表演形“静”而实动，深受广大群众喜爱。在许多观众中流传有“三天不吃盐，也要看看崔兰田”的顺口溜，表达了群众对崔派艺术的热爱。其代表曲目有《秦香莲》《卖苗郎》等；闫立品以情带声、字正腔圆，表演七分神韵，三分造型，注重传神。代表名剧有《秦雪梅》《西厢记》《蝴蝶杯》等。桑振君继承了豫剧不同地域派别的演唱传统，擅长从各表演流派及多种姊妹艺术中吸取精华，融会贯通，形成了独具一格的“桑派”演唱艺术。慢时如泣如诉，快时如珠落玉盘，声情并茂，与众不同。代表剧目有《打金枝》《白莲花》《对绣鞋》等。

豫剧角色行当由“生旦净丑”组成。各行当都有自己的表演要诀，手势要诀，如“花脸过项，红脸齐眉，小生齐唇，小旦齐胸”。武打戏的短打要诀是“身如蛇形，眼似电，拳如流星，腿似钻；稳如重舟，急似箭，猛、勇、急、快、坐、站稳如山”。青衣中闺门旦的表演要诀是“上场伸手似撵鹅，回手水袖搭手脖；飘飘下拜如抱子，跪下不能露脚脖”，“说话不看人，走路不踢裙，男女不挽手，坐下看衣襟”。小生的表演要诀是“清、净、冲”，“清”是清秀，唱词吐字清，神态秀气；“净”是动作干净利落，恰到好处；“冲”是武打勇猛，精神振奋。因此，欣赏豫剧，不仅要听唱腔曲调，还要观生旦净丑，品唱念做打。通过“听、观、哼、表、品、悟”，体味其中味道。

豫剧特色鲜明，深受戏迷们喜爱。但要做大做强，就要借助合适的平台，使之发扬光大。在全国戏曲事业低迷之时，河南卫视的电视戏曲节目《梨园春》就是让豫剧实现逆风高飞的重要平台。“特色支撑、创新推动、互动出彩”是《梨园春》成功的原因。《梨园春》在随文化交流艺术团赴中国台湾进行演出时，座无虚席、一票难求，在澳大利亚、委内瑞拉、巴西等国演出时，均受到当地热烈欢迎和好评，《梨园春》也成为中原文化、中华文化的使者，向世界展现了出彩中原的软实力，播撒了中华文明的种子。同样，河南的民营戏曲剧团也不遑多让，2018 年 7 月“唱响新时代——河南民营院团公益展演”新闻发布会在北京梅兰芳大剧院举行，河南小皇后豫剧团、开封市素丽豫剧院、河南豫西调豫剧团等 10 家来自河南的民营院团，在首都进行公益展演，为广大观众献上《程婴救孤》《清风亭》《穆桂英挂帅》《铡刀下的红梅》《三娘教子》等豫剧经典剧目，弘扬优秀戏曲文化，促进民族艺术传承，彰显中原文化之精彩。

第四节　中原青铜器艺术

如果有亲朋好友来到河南省会郑州市，大家会带他们去哪里游览参观呢？可能有人会去大玉米（千禧广场），有人会去二七塔，而我建议应首先去河南博物院。这里有远古时期的贾湖骨笛，有商周文明的青铜重器，有盛唐时期的武瞾金简，更有宋代典雅端庄的汝窑天蓝釉刻花鹅颈瓶，这些宝物，有内涵，也有颜值，它承载着中原文明的历史记忆。首先，我们来了解一下瑰丽多姿的中原青铜器艺术。

我们知道，青铜器主要是奴隶社会的产物，所以历史学界也有“青铜时代”的说法，为什么青铜会受到当时人们的重视和广泛使用呢？这是因为，青铜是红铜与

图 16-3　华夏第一爵

扫码观看彩图

锡、铅、镍等金属元素的合金，熔点低，硬度大；可塑性强，铸造性好；耐腐蚀，耐磨损；化学性质稳定。因此，青铜器出现之后立刻盛行起来，由此也形成了中国独特的青铜文化。青铜器使用广泛，但正如古人所云："国之大事，在祀与戎。"中原地区夏、商、周三代青铜器主要以礼器和兵器为主。其中出土的青铜礼器工艺精美，种类繁多，大致有炊器、食器、酒器、水器、乐器、杂器六类，这些青铜器外在的纹饰就极具视觉冲击力，很有特点（图 16-3）。

青铜器纹饰主要有动物纹、几何纹等。几何纹则主要有回纹、涡纹、乳钉纹等（图 16-4）。动物纹可以分为写实动物和想象动物两类，写实类动物表现得真实、生动，想象类动物则有神秘、怪诞，甚至恐怖的风格。古代艺术家把某几种动物的典型特征加以组合，创造出现实不存在的形象。比如饕餮纹，是想象中的神兽头部的正视图案，商代至西周时常作为器物上的主题纹饰，从而显现出一种奇特的美。美学家李泽厚把这种美称为"狞厉的美"，认为商代青铜器皿在美学风格上"沉重神秘"，并作了这样的论述："由于早期奴隶制与原始社会毕竟不可分割，这种种凶狠残暴的形象中，却又仍然保持着某种真实的稚气。从而，又使这种貌不掩饰的神

图 16-4　青铜器纹饰

秘狞厉中反而荡漾出一种不可复现和不可企及的童年气派的美丽。”[①]这是非常精准的评价。不过，饕餮纹在当代也是装饰艺术使用的重要纹样，最常见的例子，就是我们第五套人民币的 20 元纸币上面印的饕餮纹。其他的青铜纹饰，还有夔纹、龙纹、凤鸟纹等。

青铜器纹饰与王权、神权的结合尤为突出，其神秘、独特的艺术特征延续了十多个世纪，并营造了中国早期文明浓厚的神秘氛围，展现了中原先民丰富的审美想象力，对之后的中国文化、艺术产生了深远影响。下面两个就是极具中原文化代表性的青铜器皿。

一件是后母戊鼎（图 16-5）。中原青铜器中最典型的代表莫过于“后母戊鼎”（原称司母戊鼎）。该鼎 1939 年出土于河南安阳，据说是商王祖庚或祖甲为祭祀其母戊所制，现藏于中国国家博物馆。后母戊鼎因鼎腹内壁上铸有“后母戊”三字得名，重达 832.84 公斤，是迄今世界上出土最大、最重的青铜礼器，享有“镇国之宝”的美誉。现为国家一级文物。鼎身四周铸有精巧的盘龙纹和饕餮纹，器耳上饰以浮雕式鱼纹，首尾相接，耳外侧饰浮雕式双虎食人首纹，腹壁四面正中及四隅各有突起的短棱脊，腹部周缘饰饕餮纹，均以云雷纹为地。造型厚重典雅，气势恢宏，纹饰美观，铸造工艺高超，反映了中原地区商代青铜铸造的超高工艺和艺术水平。

另一件是莲鹤方壶（图 16-6）。作为青铜器代表作品莲鹤方壶，于 1923 年在河南新郑李家园出土（通高 117 厘米，口长 30.5 厘米，口宽 24.9 厘米），该壶造型宏伟气派，装饰典雅华美。壶冠呈双层盛开的莲瓣形，中间平盖上立一展翅欲飞之

扫码观看彩图

图 16-5　后母戊鼎

① 李泽厚：《美的历程》，北京：文物出版社 1981 年版，第 39 页。

图 16-6　莲鹤方壶

扫码观看彩图

鹤；壶颈两侧用龙形怪兽为耳；器身满饰蟠螭纹，腹部四角各攀附一立体小兽，圈足下有两个侧首吐舌的卷尾兽，倾其全力承托重器。构思新颖，设计巧妙，融清新活泼和凝重神秘为一体，被誉为时代精神之象征。

实质上，河南出土了大量青铜器。它们各具特点。河南偃师二里头遗址出土的青铜器造型简单，风格朴素，具有青铜器初创时期的特点。安阳殷墟遗址出土青铜器造型多样，纹饰夸张，威严规整，是走向盛期的前奏。西周早期器型凝重结实，纹饰繁缛华丽，甚至有长篇铭文出现在器物上。这些铭文弥补了历史变迁中史实的流逝，真实记录了夏商周时期人们生活的场景和史实，具有极高的历史价值。而在河南东南部和西南部地区，出土了大量楚国青铜器，纹饰则多繁缛的浮雕状花纹和立雕状的附加装饰，展示了楚地青铜器的审美风格，也侧面证明中原大地具有多元地域文化的特征。可以说，青铜器以“构思巧妙的形态、富丽精致的纹饰、风格多样的铭文书体”闻名于世，作为中华文化的瑰宝，几千年来一直深受人们关注与喜爱。

造型多姿的青铜器，也承担着社会功能，古人语“藏礼于器”，一些用于祭祀和宴饮的青铜器，被赋予特殊意义，成为礼制的体现。实质上，古代中国青铜器主要是礼器和兵器，与其他文明使用青铜来制作兵器和饰品明显不同。但是，这并不意味着作为礼器的青铜器没有审美价值，中国美学讲究美善合一，青铜礼器一方面在纹样上具有形式美意蕴，另一方面，当青铜礼器与礼仪结合起来，成为中国传统礼仪必不可少的器具时，也因具备“礼”的价值意涵而具有了精神象征意义，在此基础上，可以说中国古代社会是一个具有泛审美化的礼仪国度。

虽然我们经常说中国是礼仪之邦，但多是从礼节角度去理解。而通过青铜器的介绍，我们发现，古人通过器物这种外在形式展现了礼的精神，这种更接近我们生活的器物，为大家更深刻地理解与认识礼提供了新的视角。作为当代大学生，我们应该重新拾起传统礼仪文化中的精华。在古代青铜器的物质文化世界里，承载的是中国先民对崇高理想的精神寄托，或许，这一件件精美的青铜艺术品，正是先民告示我们后人的“传声筒”。

第五节　中原陶瓷艺术

现在我们再看仰韶文化的代表——彩陶双连壶，盛唐时期的唐三彩，两宋的青釉瓷罐，以及价值连城的元青花，以此来欣赏陶瓷艺术。那么陶和瓷有什么区别呢？有人会说，陶无釉，瓷有釉；也有人会说，陶与瓷使用的材料不同。其实，陶与瓷的区别主要在两方面，一是使用材料不同，陶器使用一般黏土，而瓷器则需要使用特定的高岭土。二是烧成温度不同。陶器烧成温度一般在 800℃～1 100℃，而瓷器的烧成温度一般在 1 200℃～1 400℃。至于釉彩问题，陶器通常不施釉或只施低温釉，而瓷器表面则施有一层高温釉。了解了陶与瓷的区别，现在我们来领略中原陶、瓷之美。

一、中原彩陶

（一）原始彩陶

让我们来到 1921 年的中国河南渑池，一位瑞典地质学家安特生，同中国学者一起，发现了新石器遗址，这个地方叫仰韶村，大家熟悉的“仰韶文化”，即因此得名。仰韶村出土了大量彩陶片，据考证为距今 7 000—5 000 年新石器时代的产物（图 16-7）。所以，大概可以断定，这一时期，中国已经具备了制陶技艺。陶器的发明也是新石器时代的重要标志，它既是社会生活的现实需要，也是古代先民质朴的审美观念的体现。器物上绘有线条流畅、色彩绚丽的几何形、动物形图案。后在河南西部和南部，陕西、山西、甘肃东部等地也陆续发现不少风格相近的彩陶，由此揭开了仰韶彩陶的神秘面纱。

仰韶彩陶多用泥条盘筑法成型，慢轮修整口沿，器表装饰精美纹饰，如人面纹、鱼纹、鹿纹、蛙纹、鸟纹等，形象生动逼真，造型匀称优美。仰韶文化彩陶中的庙底沟型因在河南陕县庙底沟发现而得名，器型有大口鼓腹小平底钵，还有敛口浅腹盆、敛口罐、长颈罐、平底瓶等，上绘以几何纹、植物纹等图案，造型挺秀饱

图 16-7　仰韶文化彩陶双连壶

扫码观看彩图

满，轻盈而稳重。原始彩陶的产生与人们的生活有密切关系，具有物质和精神的双重功能。装饰图案取材于现实生活，写实性与装饰性完美结合。具有粗犷、淳朴、单纯、明朗之风，是中华民族远古文化的瑰宝。

（二）唐代三彩

除原始彩陶外，中原地区的三彩釉陶器也是陶工艺中的精品。三彩釉陶器，就是我们熟悉的唐三彩。虽然唐三彩在现代有很多仿品，大家感觉很常见，但事实上，唐三彩曾经被遗忘了千年。由于历史文献记载甚少，直到 1928 年陇海铁路修筑时，才于洛阳发现了作为随葬品的唐三彩，有大家熟悉的三彩马，还有骆驼、仕女、乐伎俑等，这些异域的风格，让人们遥望盛唐的光芒。

现代研究认为，三彩釉陶器始于南北朝而盛于唐，是一种低温釉陶器，釉彩有黄、绿、白、褐、蓝、黑等色，而以黄、绿、白三色为主，所以人们习惯称之为“唐三彩”，它享誉中外，被称为“东方艺术瑰宝”。唐三彩大马、骆驼等曾作为国礼，赠送给五十多个国家的元首和政府首脑。从艺术角度看，唐三彩造型生动逼真，其中尤以马和骆驼最为典型。唐三彩马（图 16-8）造型肥硕，颈部较宽，眼

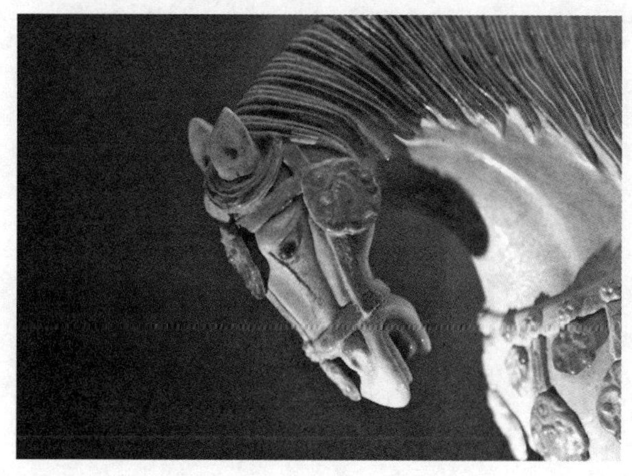

图 16-8　唐三彩马

扫码观看彩图

扫码观看彩图

图 16-9 汝瓷莲花碗

睛圆睁，静中带动，具有内在精神和神韵。色泽艳丽，釉色丰富，和唐代的审美观有一定关系。“唐三彩”所表现出的激扬慷慨、瑰丽多姿、壮阔奇纵、恢宏雄俊的格调也正是唐代辉煌壮丽、热情焕发的时代风貌的生动再现。

二、中原瓷器

中国的英文是 China，china 就是瓷器的意思。可见，西方人对中国的认知，是从瓷器开始的。瓷器在中国很早就有了，原始瓷器从陶器发展而来，最早见于河南郑州二里岗商代遗址，后经西周、春秋、战国和秦、西汉，终于在东汉晚期出现了真正的瓷器。后至隋唐，造型设计和装饰设计都已实现“瓷器化”，具有自身独特的设计语言和艺术表现力，形成“南青北白”格局。至宋代，中国古代瓷器进入黄金时期。“宋瓷”闻名世界，官窑、哥窑、汝窑、钧窑、定窑为五大名窑，形制优美，高雅凝重，不但超越前人成就，即使后人仿制也少能匹敌。而中原瓷器在宋代以汝窑、钧窑为代表。

汝窑是北宋官窑中专门烧造青瓷的窑厂，窑址在河南宝丰清凉寺附近，窑址规模约 25 万平方米以上。从审美角度看，汝窑以青瓷为主（图 16-9），釉色呈天青色，胎体较薄，釉层较厚，有玉石般的质感，釉面有细小天然开片。器形有瓶、碗、盆、碟、洗、盂等。汝窑传世作品不足百件，因此非常珍贵；钧窑广泛分布于当时的钧州（今河南禹县），故名钧窑。钧窑分官钧窑、民钧窑。钧瓷釉色红、蓝、青、白、紫交相融汇，千变万化，灿若云霞，是为一绝。宋代诗人曾以“夕阳紫翠忽成岚”赞美之。

中原地区是人类历史上陶瓷文化的发源地。新石器时代的彩陶文化记录着先民们的生存状态，展现着文明的演化与进展。陶瓷是中国对外文化交流的重要物品，无论是海上丝绸之路还是陆上丝绸之路，陶瓷都是中国出口的重要物品。中国现在讲中国制造、中国创造，陶瓷就是古代中国制造的杰出代表！陶瓷器上带着泥土的芬芳，凝聚着创作者的情感，表现着民族的文化，展现着广阔的社会生活画卷，描述着民族的精神和审美变化。今天，我们应学习古人制作陶瓷的精神，让新时代的中国制造再创辉煌！

【拓展阅读书目】

1. 徐光春:《中原文化与中原崛起》，郑州：河南人民出版社 2007 年版。
2. 马紫晨、关朋、谭静波,《图解豫剧艺术》，北京：清华大学出版社 2015 年版。
3. 杨根、韩玉文:《窑火神工：中国陶瓷文化述略》，北京：中华书局 1989 年版。
4. 尧波:《制陶术的生成》，上海：上海三联书店 2012 年版。

【思考与练习】

1. 中原文化历史悠久，底蕴丰富，你所了解的中原文化有哪些？
2. 如何以全球化视野和文化的角度，介绍河南？你对中原文化与中国文化形成的关系以及“中原学”如何理解？

结束语

结束语（视频）

从“认识美”的理论思辨到自然美、社会美、艺术美、技术美的美丽人生多元维度；从“优雅”与“崇高”的美丽人生形态到立足中国传统文化的美丽人生基因；从立足校本特色的“经济精神与美育”“管理美学与美育”“法治文化与美育”，再到立足中原大地的特色艺术美育；从美学的知识梳理到“美丽人生”与“美丽大学”的美育实践，立足于马克思主义美学，遵循“立德树人”的教育根本任务，由此我们度过了一段“美”的旅程，让我们真正能在生活中做到认识美、发现美、欣赏美、创造美和传递美。

在中国古代，“诗意盎然”“意象建构”“生命体悟”构成中华美学精神的核心特质，彰显出独有的中国气派和中国气质，这是我们得以文化自觉和美学自信的基石。在西方，一句“美是难的”判断，让希腊学院的遥远哲学思辨在当代回响。苏格拉底与希庇阿斯关于美的争论，让美成为人类的不解之谜。西方先哲不遗余力去解决这一问题——美的本质是什么？狄德罗说美在关系，黑格尔说美是理念，休谟专攻审美趣味，康德钟情审美判断，你方唱罢我登场，各执一端，难分高下。

回到我们生活的当下世界，在日常生活审美化大行其道的今天，审美何为？美育何为？这不得不让我们深思。“大学美育”这门课，会让我们重新认识世界，让美灌注我们的生活。所以，我们不仅回顾了美学史，我们更关注当下的现实、我们身边发生的故事。我们欣赏自然环境的美，但我们更关注生态危机之后审美何为；我们体验经典艺术带来的心灵震撼，我们更要批判思考当代艺术的荒诞怪异；我们的美育是放眼世界的，但我们也同样脚踏实地，河南——我们居住、生活、学习和工作的这片热土，这片土地上的厚重文化，也构成了我们大学美育的重要内容。

同样，我们讲经济精神与美育，因为经济的审美维度会潜移默化增强我们的责任意识；我们谈管理美学与美育，因为审美精神中孕育着人与人之间和谐发展之“大道”；我们也谈法治文化与美育，因为没有审美情怀的人，无法真正做到公平正义！

大学美育，就是要培育我们的情感世界，让当代大学生成为一个有温度的人，一个处理好情与义、情与理、情与欲的生命和谐而完整的人。冯友兰先生说，人生境界从低到高有“自然境界、功利境界、道德境界、天地境界”，这天地境界超越了一般的伦理道德，是一种高远的审美人生境界，我们《大学美育》，就是培养大学生的“天地境界”，让我们对世界充满爱的关怀。

古希腊德尔菲的阿波罗神庙入口处，刻着一句名言：“认识你自己。”在一个被海德格尔称为“对象化”的当代世界图景里，希望做到“认识自己”，那就需要审美。席勒说：“只有当人游戏的时候他才是完整的人。”作为当代大学生，我们更应该有一种责任感，主动以审美来构建我们的生活。“大学之道，在明明德，在亲民，在止于至善”，新的时代，我们应自觉以审美塑造完整的人格，构建我们美丽的大学，成就我们美丽的人生！

参考文献

[1] 陶渊明著，逯钦立校注．陶渊明集［M］．北京：中华书局，1979.
[2] 郭象注，成玄英疏．庄子注疏［M］．北京：中华书局，2011.
[3] 袁枚．诗品集解［M］．北京：人民文学出版社，1981.
[4] 王国维．人间词话［M］．北京：中华书局，2013.
[5] 王国维．王国维文选［M］．天津：百花文艺出版社，2006.
[6] 蔡元培．蔡元培文选［M］．天津：百花文艺出版社，2006.
[7] 朱光潜．西方美学史［M］．北京：人民文学出版社，1979.
[8] 朱光潜．谈美书简［M］．上海：华东师范大学出版社，2014.
[9] 朱光潜．谈美［M］．上海：东方出版中心，2016.
[10] 徐复观．中国艺术精神［M］．桂林：广西师范大学出版社，2007.
[11] 钱穆．中国文化史导论［M］．北京：商务印书馆，1994.
[12] 周振甫．周易译注［M］．北京：中华书局，1991.
[13] 张岱年，方克立．中国文化概论［M］．北京：北京师范大学出版社，1994.
[14] 楼宇烈．中国文化的根本精神［M］．北京：中华书局，2016.
[15] 程树德．论语集释［M］．北京：中华书局，1990.
[16] 杨伯峻．论语译注［M］．北京：中华书局，2017.
[17] 王凯．道与道术：庄子的生命美学［M］．北京：人民出版社，2013.
[18] 刘勰著，向长清释．文心雕龙浅释［M］．长春：吉林人民出版社，1984.
[19] 张以文．四书全译［M］．长沙：湖南大学出版社，1989.
[20] 傅佩荣．解读老子［M］．上海：上海三联书店，2007.
[21] 杨柳桥．庄子译注［M］．上海：上海古籍出版社，2006.
[22] 葛荣晋．道学二十讲：老子的人生智慧［M］．北京：中国人民大学出版社，2015.
[23] 李天道．老子美学思想的当代意义［M］．北京：中国社会科学出版社，2008.
[24] 蒋孔阳，朱立元．西方美学通史［M］．上海：上海文艺出版社，1999.
[25] 高尔泰．美是自由的象征［M］．北京：人民文学出版社，1986.
[26] 高尔泰．论美［M］．兰州：甘肃人民出版社，1982.
[27] 李泽厚，刘绪源．该中国哲学登场了？——李泽厚2010谈话录［M］．上海：上海译文出版社，2011.
[28] 李泽厚．美的历程［M］．北京：文物出版社，1981.
[29] 李泽厚．华夏美学·美学四讲［M］．北京：生活·读书·新知三联书店，2008.

[30] 叶朗 . 中国美学史大纲［M］. 上海：上海人民出版社，1985.
[31] 叶朗 . 美学原理［M］. 北京：北京大学出版社，2009.
[32] 北京大学哲学系美学教研室 . 西方美学家论美和美感［M］. 北京：商务印书馆，1980.
[33] “马工程教材”《美学原理》编写组 . 美学原理［M］. 北京：高等教育出版社，2018.
[34] 滕守尧 . 审美心理描述［M］. 北京：中国社会科学出版社，1985.
[35] 杨春时 . 中华美学概论［M］. 北京：人民出版社，2018.
[36] 王岳川，尚水 . 后现代主义文化与美学［M］. 北京：北京大学出版社，1992.
[37] 陈中梅 . 柏拉图诗学和艺术思想研究［M］. 北京：商务印书馆，1999.
[38] 冯俊科 . 西方幸福论［M］. 长春：吉林人民出版社，1992.
[39] 蒋勋 . 美，看不见的竞争力［M］. 北京：中信出版社，2011.
[40] 曾繁仁 . 美育十五讲［M］. 北京：北京大学出版社，2012.
[41] 仇春霖 . 大学美育［M］. 北京：高等教育出版社，2005.
[42] 曹廷华，许自强 . 美学与美育［M］.2 版 . 北京：高等教育出版社，2011.
[43] 张法 . 美育教程［M］. 北京：高等教育出版社，2006.
[44] 朱儒楚 . 美育与艺术欣赏［M］. 北京：中国物资出版社，2009.
[45] 柴天禄 . 美育教程［M］. 太原：山西经济出版社，2016.
[46] 张文光 . 大学美育［M］. 北京：机械工业出版社，2012.
[47] 黄高才，刘会芹 . 大学生美育［M］. 北京：高等教育出版社，2016.
[48] 陈元贵 . 大学美育［M］. 北京：高等教育出版社，2014.
[49] 何静 . 大学美育［M］. 北京：解放军出版社，2015.
[50] 王德岩，王文革 . 大学美育讲义［M］.2 版 . 北京：清华大学出版社，2017.
[51] 朱良志 . 中国美学十五讲［M］. 北京：北京大学出版社，2006.
[52] 王旭晓 . 自然审美基础［M］. 长沙：中南大学出版社，2008.
[53] 俞剑华 . 中国古代画论类编［M］. 北京：人民美术出版社，2014.
[54] 张德宁 . 锦山绣水：中国古代山水画精品珍赏［M］. 上海：上海人民美术出版社，2009.
[55] 朱利安 . 山水之间：生活与理性的未思［M］. 上海：华东师范大学出版社，2017.
[56] 叶秀山 . 书法美学引论［M］. 北京：宝文堂书店，1987.
[57] 启功，秦永龙 . 书法常识［M］. 北京：中华书局，2017.
[58] 庄华峰 . 大学书法［M］. 北京：高等教育出版社，2014.
[59] 汉宝德 . 如何欣赏建筑［M］. 北京：生活 · 读书 · 新知三联书店，2013.
[60] 汉宝德 . 中国建筑文化讲座［M］. 北京：生活 · 读书 · 新知三联书店，2014.

[61] 丰子恺 . 认识建筑：丰子恺建筑六讲 [M] . 北京：北京日报出版社，2017.
[62] 梁思成 . 中国雕塑史：手稿珍藏本 [M] . 北京：中华书局，2014.
[63] 王子云 . 中国雕塑艺术史 [M] . 北京：人民美术出版社，2012.
[64] 周海宏 . 音乐何需“懂”：面对审美困惑的思辨历程 [M] . 北京：中央音乐学院出版社，2011.
[65] 居其宏 . 百年中国音乐史：1900—2000 [M] . 长沙：岳麓书社，湖南美术出版社，2014.
[66] 蔡仲德 . 中国音乐美学史 [M] . 修订版 . 北京：人民音乐出版社 2003.
[67] 李向民 . 精神经济 [M] . 北京：新华出版社，1999.
[68] 王小锡 . 道德资本与经济伦理：王小锡自选集 [M] . 北京：人民出版社，2009.
[69] 程文晋 . 经济精神论：中国经济改革实践的理性思考 [M] . 北京：中国经济出版社，2004.
[70] 詹伟雄 . 美学的经济：台湾社会变迁的 60 个微型观察 [M] . 北京：中信出版社，2012.
[71] 李君 . 文创 3.0 与艺术品产业创新 [M] . 北京：世界知识出版社，2016.
[72] 祁述裕 . 市场经济下的中国文学艺术 [M] . 北京：北京大学出版社，1998.
[73] 黄河涛 . 现代市场的美学冲击：企业审美文化论 [M] . 北京：人民出版社，1996.
[74] 黄河涛 . 冲出困境：走向现代化管理的企业文化 [M] . 北京：中国工人出版社，1990.
[75] 程朝阶 . 管理美学 [M] . 哈尔滨：北方文艺出版社，2005.
[76] 罗长海 . 企业文化学 [M] . 北京：中国人民大学出版社，1991.
[77] 郭爱民 . 管理学 [M] . 郑州：河南科学技术出版社，2010.
[78] 肖民重 . 中国古代管理哲学概论 [M] . 合肥：安徽教育出版社，1992.
[79] 白宗新 . 企业管理美学 [M] . 长春：吉林人民出版社，1995.
[80] 田蕴荻 . 管理美学谈 [M] . 北京：作家出版社，2003.
[81] 葛荣晋 . 中国哲学智慧与现代企业管理 [M] . 北京：中国人民大学出版社，2006.
[82] 周国林 . 文学与管理 [M] . 长沙：岳麓书社，2002.
[83] 陈春花，乐国林，曹洲涛，等 . 中国领先企业管理思想研究 [M] . 北京：机械工业出版社，2016.
[84] 陈超明，谢剑平 . 用简单方法做复杂的事：文学与管理的对话 [M] . 台北：联经出版事业股份有限公司，2015.
[85] 吕世伦 . 法的真善美：法美学初探 [M] . 北京：法律出版社，2004.

[86] 舒国滢 . 在法律的边缘［M］.2 版 . 北京：中国法制出版社，2016.
[87] 李庚香 . 法美学［M］. 郑州：大象出版社，2007.
[88] 张晋藩 . 中国传统法律文化十二讲［M］. 北京：高等教育出版社，2018.
[89] 徐光春 . 中原文化与中原崛起［M］. 郑州：河南人民出版社，2007.
[90] 马紫晨，关朋，谭静波 . 图解豫剧艺术［M］. 北京：清华大学出版社，2015.
[91] 杨根，韩玉文 . 窑火神工：中国陶瓷文化述略［M］. 北京：中华书局，1989.
[92] 尧波 . 制陶术的生成［M］. 上海：上海三联书店，2012.
[93] 柏拉图 . 柏拉图对话集［M］. 王太庆，译 . 北京：商务印书馆，2004.
[94] 马克思，恩格斯 . 马克思恩格斯全集［M］. 中共中央马克思恩格斯列宁斯大林著作编译局，译 . 北京：人民出版社，2002.
[95] 马克思 .1844 年经济学哲学手稿［M］. 中共中央马克思恩格斯列宁斯大林著作编译局，译 . 北京：人民出版社，2000.
[96] 鲍姆嘉通 . 美学［M］. 简明，王旭晓，译 . 北京：文化艺术出版社，1987.
[97] 康德 . 判断力批判［M］. 邓晓芒，译 . 北京：人民出版社，2002.
[98] 黑格尔 . 美学：第 1 卷［M］. 朱光潜，译 . 北京：商务印书馆，1979.
[99] 黑格尔 . 精神现象学［M］. 贺麟，王玖兴，译 . 北京：商务印书馆，1981.
[100] 席勒 . 美育书简［M］. 徐恒醇，译 . 北京：中国文联出版社，1984.
[101] 叔本华 . 作为意志和表象的世界［M］. 石冲白，译 . 北京：商务印书馆，1982.
[102] 沃尔夫冈・韦尔施 . 重构美学［M］. 陆扬，张岩冰，译 . 上海：上海译文出版社，2002.
[103] 卡西尔 . 人论［M］. 甘阳，译 . 上海：上海译文出版社，1985.
[104] 卡尔・雅思贝尔斯 . 时代的精神状况［M］. 王德峰，译 . 上海：上海译文出版社，1997.
[105] 鲍桑葵 . 美学史［M］. 张今，译 . 北京：商务印书馆，1985.
[106] 亚里士多德 . 诗学［M］. 陈中梅，译 . 北京：商务印书馆，1996.
[107] 笛卡尔 . 第一哲学沉思集［M］. 庞景仁，译 . 北京：商务印书馆，1986.
[108] 狄德罗 . 狄德罗美学论文选［M］. 张冠光，桂裕芳，徐继曾，等，译 . 北京：人民文学出版社，1984.
[109] 维柯 . 新科学［M］. 朱光潜，译 . 北京：人民文学出版社，1986.
[110] 爱克曼 . 歌德谈话录［M］. 朱光潜，译 . 北京：人民文学出版社，1978.
[111] 尼采 . 悲剧的诞生：尼采美学文选［M］. 周国平，译 . 北京：生活・读书・新知三联书店，1986.
[112] 海德格尔 . 存在与时间［M］. 陈嘉映，王庆节，译 . 北京：生活・读书・新知三联书店，1999.

[113] 阿多诺. 美学理论 [M]. 王柯平，译. 成都：四川人民出版社，1998.
[114] 霍克海默，阿道尔诺. 启蒙辩证法：哲学断片 [M]. 渠敬东，曹卫东，译. 上海：上海人民出版社，2003.
[115] 马尔库塞. 审美之维 [M]. 李小兵，译. 桂林：广西师范大学出版社，2001.
[116] 马尔库塞. 单向度的人 [M]. 刘继，译. 上海：上海译文出版社，1989.
[117] 马尔库塞. 爱欲与文明 [M]. 黄勇，薛民，译. 上海：上海译文出版社，1987.
[118] 伊格尔顿. 审美意识形态 [M]. 王杰，傅德根，麦永雄，译. 桂林：广西师范大学出版社，2001.
[119] 杜夫海纳. 美学与哲学 [M]. 孙非，译. 北京：中国社会科学出版社，1985.
[120] 杜夫海纳. 审美经验现象学 [M]. 韩树站，译. 北京：文化艺术出版社，1996.
[121] 鲍德里亚. 消费社会 [M]. 刘成富，全志钢，译. 南京：南京大学出版社，2008.
[122] 迈克·费瑟斯通. 消费文化与后现代主义 [M]. 刘精明，译. 南京：译林出版社，2000.
[123] 马歇尔·麦克卢汉. 人的延伸：媒介通论 [M]. 何道宽，译. 成都：四川人民出版社，1992.
[124] 本雅明. 经验与贫乏 [M]. 王炳钧，杨劲，译. 天津：百花文艺出版社，1999.
[125] 让-弗朗索瓦·利奥塔. 后现代状况关于知识的报告 [M]. 岛子，译. 长沙：湖南美术出版社，1996.
[126] 詹明信. 晚期资本主义的文化逻辑：詹明信批评理论文选 [M]. 陈清侨，译. 北京：生活·读书·新知三联书店，1997.
[127] 詹姆逊. 后现代主义与文化理论 [M]. 唐小兵，译. 西安：陕西师范大学出版社，1987.
[128] 奥利维耶·阿苏利. 审美资本主义：品味的工业化 [M]. 黄琰，译. 上海：华东师范大学出版社，2013.
[129] 亚当·斯密. 国富论 [M]. 陈虹，译. 北京：中国文联出版社，2016.
[130] 约翰·罗尔斯. 正义论 [M]. 何怀宏，何包钢，廖申白，译. 北京：中国社会科学出版社，2009.
[131] 卡尔松. 环境美学：自然、艺术与建筑的鉴赏 [M]. 杨平，译. 成都：四川人民出版社，2006.

[132] 阿诺德·伯林特.环境美学［M］.张敏，周雨，译.长沙：湖南科学技术出版社，2006.
[133] 梭罗.瓦尔登湖［M］.苏福忠，译.北京：人民文学出版社，2015.
[134] 埃德蒙·伯克.关于我们崇高与美观念之根源的哲学探讨［M］.郭飞，译.郑州：大象出版社，2010.
[135] 温克尔曼.希腊美术模仿论［M］.潘襎，译.北京：中国社会科学出版社，2014.
[136] 康德.论优美感和崇高感［M］.何兆武，译.北京：商务印书馆，2001.
[137] 朗吉努斯.论崇高［M］//章安祺.缪灵珠美学译文集：第一卷.缪灵珠，译.北京：中国人民大学出版社，1987.
[138] 贡布里希.艺术的故事［M］.范景中，译.南宁：广西美术出版社，2011.
[139] 阿纳森.西方现代艺术史［M］.邹德侬，巴竹师，刘珽，译.天津：天津人民美术出版社，1994.
[140] 莱辛.拉奥孔［M］.朱光潜，译.北京：人民文学出版社，1979.
[141] 孟德斯鸠.论法的精神［M］.许明龙，译.北京：商务印书馆出版，2012.
[142] 亚当·斯密.道德情操论［M］.谢宗林，译.北京：中央编译出版社，2008.
[143] 稻盛和夫.活法［M］.曹岫云，译.北京：东方出版社，2012.
[144] 弗雷德里克·泰勒.科学管理原理［M］.马风才，译.北京：机械工业出版社，2013.

郑重声明

高等教育出版社

教学资源索取单

尊敬的老师：

您好！

感谢您使用沙家强编著的《大学美育十六讲》。为便于教学，本书另配有课程相关的教学资源，如贵校已选用了本书，您只要添加服务QQ号800078148，或者把下表中的相关信息以电子邮件或邮寄方式发至我社即可免费获得。

我们的联系方式：

联系电话:(021)56718921/56718739　　电子邮箱：800078148@b.qq.com

大学语文、写作教师QQ群：279433803　　大学通识论坛QQ群：278499548

地址：上海市虹口区宝山路848号　　邮编：200081

姓　　名		性别		出生年月		专　业	
学　　校				学院、系		教研室	
学校地址						邮　　编	
职　　务				职　　称		办公电话	
E-mail						手　　机	
通信地址						邮　　编	
本书使用情况	用于_____学时教学，每学年使用_____册。						

您对本书有什么意见和建议？

您还希望从我社获得哪些服务？

□ 教师培训　　□ 教学研讨活动

□ 寄送样书　　□ 相关图书出版信息

□ 其他 ________________________________